사르트르 vs 보부아르

세창프레너미Frenemy   011

사르트르 vs 보부아르

초판 1쇄 인쇄   2023년 2월 3일
초판 1쇄 발행   2023년 2월 10일
—

지은이   변광배
펴낸이   이방원

책임편집   박은창   **책임디자인**   양혜진
마케팅   최성수·김 준   **경영지원**   조성규·이석원
—

펴낸곳   세창출판사
　　　　신고번호 제1990-000013호 **주소** 03736 서울시 서대문구 경기대로 58 경기빌딩 602호
　　　　전화 02-723-8660 **팩스** 02-720-4579 **이메일** edit@sechangpub.co.kr **홈페이지** http://www.sechangpub.co.kr
　　　　블로그 blog.naver.com/scpc1992 **페이스북** fb.me/Sechangofficial **인스타그램** @sechang_official
—

ISBN   979-11-6684-157-6   03160

ⓒ 변광배, 2023

세창프레너미 Frenemy   011

Sartre vs Beauvoir

사르트르 VS 보부아르

변광배 **지음**

세창출판사

20세기 프랑스를 대표하는 철학자, 작가, 지식인이자 '계약결혼'으로 유명한 사르트르와 보부아르! 거의 신화가 되어 버린 관계를 정립했던 두 사람은 일심동체, 곧 '하나'로 여겨진다. 두 사람은 각자 상대방과의 만남을 최고의 행운으로 생각했고, 또 각자의 인생에서 성공을 증명해 주는 징표로 여겼다.

사르트르와 보부아르는 세계를 같은 눈으로 바라보고자 했다. 이를 위해 두 사람은 '실존주의'에 의지했다. 20세기의 철학과 문학의 사조 중 하나인 실존주의, 더 구체적으로 '무신론적 실존주의'는 그들의 사유의 바탕에 놓여 있는 공통분모였다. 또한 두 사람은 문학에 대한 남다른 열정으로 창작에 전념했다. 그 결과 보부아르는 1954년 『레 망다랭 *Les Mandarins*』으로 공쿠르상을 수상했다. 사르트르는 1964년 노벨문학상 수상 작가로 선정되었다. 비록 그가 수상을 거절했지만 말이다.

사르트르와 보부아르는 참여 지식인으로서 사회변혁에 적극 가담했다. 사르트르는 『문학이란 무엇인가Qu'est-ce que la littérature?』(1948)를 통해 참여문학의 토대를 마련했다. 또한 그는 『지식인을 위한 변명 Plaidoyer pour les intellectuels』(1972)에서 지식인의 역할을 검토했다. 보부아르는 『제2의 성Le Deuxième Sexe』(1949)을 집필함으로써 여성해방운동의 최전선에서 활동했다. 또한 그녀는 『노년La Vieillesse』(1972)을 집필함으로써 노인문제에 큰 관심을 표명했다.

사르트르와 보부아르는 서로에게 '검열관'이자 '인쇄 허가자'였다. 두 사람은 저서 집필을 위해 항상 의견을 교환했다. 각자는 상대방이 쓴 원고를 첫 번째로 읽을 수 있는 "특권을 부여받은 독자"[1]였다. 열띤 토론과 혹독한 비판이 뒤따랐다. 각자는 상대방의 원고가 인쇄되어도 좋은가를 최종적으로 판단해 주었다. 이것은 프랑스에서 어렵기로 소문난 교수자격시험agrégation 철학 분야 합격자들인 그들이 서로에게 가장 확실한 학문적 보증인이었다는 것을 의미한다. 학문 세계에서 이런 특권과 행운을 누리는 사람은 그리 많지 않을 것이다.

사르트르와 보부아르는 서로 주고받은 편지에서 '나는 당신의 반쪽', '나는 곧 당신', '나의 분신' 등과 같은 표현을 사용했다. 두 사람이 하나임을 강조한 것이다. 정신적으로도 그렇고 육체적으로도 그렇다. 계약결혼에 포함된 우연적 사랑을 허용한다는 조건으로 인해 두 사람은 여러 차례 위기에 봉착하기도 했다. 하지만 결국 사르트르의

---

1   『보전』, 577쪽.

옆자리를 차지한 것은 보부아르였다. 죽어서도 마찬가지다. 두 사람은 파리에 있는 몽파르나스Montparnasse 묘지에 나란히 잠들어 있다.

이렇듯 사르트르와 보부아르 사이에는 공통점과 친연성親緣性만 있는 것처럼 보인다. 두 사람 사이에 어떤 차이점이나 대립점이 있으리라고 생각하기 어렵다. 그것이 아무리 사소한 것이라고 해도 그렇다. 사르트르 연구자들은 보부아르가 그로부터 큰 영향을 받았다고 생각한다. 사르트르는 '실존주의의 교황'으로, 보부아르는 '실존주의의 여사제'로 지칭되었다. 심지어 보부아르는 자신을 '사르트르의 제자'로 규정하고 있기도 하다.

하지만 보부아르 연구자들의 입장은 다르다. 그것도 많이 다르다. 그들은 보부아르가 없었다면 지금의 사르트르는 없었을지도 모른다는 주장을 편다. 사르트르 자신도 보부아르에게 많은 것을 빚졌다는 것을 인정한다. 가령, 보부아르는 제2차 세계대전 중에 독일군의 포로가 되어 수용소에 갇혀 있는 사르트르에게 하이데거의 『존재와 시간』을 일부 번역해 주기도 했다. 그때 사르트르는 『존재와 무*L'Être et le néant*』(1943)를 구상하고 집필하고 있었다.

이렇듯 사르트르의 사유 형성에서 보부아르의 도움이 있었다는 것이다. 아니, 있었다는 정도가 아니라 결정적이었다는 것이다. 심지어 『존재와 무』에서 '존재'와 '무' 개념은 사르트르의 것이 아니라 보부아르의 것이라는 주장, 또 이 저서에서 중요한 개념 중 하나인 '자기기만mauvaise foi' 개념이 그와 보부아르의 공동 개념이라는 주장까지 제기되고 있다. 또한 '상황situation' 개념을 통해 사르트르에 대한 보부아르 사유의 독립성을 주장하기도 한다.[2] 이런 주장들에서는 당연히 보부아르만의 고유한 사유가 있다는 견해가 우세하다.

사르트르와 보부아르는 사유 면에서 상대방의 취약점이 무엇인지를 가장 잘 알았을 것이다. 두 사람은 그 누구보다도 상대방의 의중을 잘 알았기 때문이다.[3] 그렇기 때문에 사르트르는 보부아르를 도울 수 있었을 것이고, 보부아르도 사르트르의 사유에서 미진한 부분, 나아가서는 잘못된 부분을 보완하고 바로잡으려 했을 것이다. 그렇다면 그곳에 두 사람의 사유의 차이점, 나아가서는 대립점이 있지 않을까?

이 책은 정확히 이와 같은 문제의식에서 출발한다. 모든 면에서 하나가 되기를 희망했던 사르트르와 보부아르! 두 사람 사이에 과연 그들을 차별화시키고, 또 나아가서는 대립시키기까지 하는 요소들이 존재할까, 만일 그것들이 존재한다면 그것들이 어떤 것일까라는 문제의식이 그것이다. 비록 그것들이 사소한 것이라고 해도 말이다. 실제로 이것이 두 사람에 대해 관심을 가진 사람들이 가장 궁금해하는 점이기도 하다. 물론 이 책에서 두 사람 사이의 공통점과 차이점, 혹은 대립점에 대한 '진리'를 밝히는 일은 우리의 능력을 넘어서는 일이다. 하지만 이 책이 두 사람의 삶, 사상, 문학에 대한 이해의 폭과 넓이를 심화시키고 확장하는 데 도움이 되길 바란다.

---

[2]   Margaret A. Simons, "L'indépendance de la pensée philosophique de Simone de Beauvoir", *Les Temps modernes,* no. 619, 2002(Présences de Simone de Beauvoir), pp. 43-52 참조.

[3]   *Sartre*, un film réalisé par Alexandre Astruc et Michel Contat, texte intégral, Gallimard, 1977, pp. 113-114.

들어가는 글 • 4

시작하며 • 11

1. 프레너미, 사르트르와 보부아르? • 13

2. 무엇을 비교하나 • 18

제1장 계약결혼 • 23

1. 운명적 만남 • 25

2. 계약결혼: 조건과 의미 • 39

3. 계약결혼의 문학적 형상화 • 56

제2장 같은 듯 다른 사유 • 89

1. 사유의 공통분모: 무신론적 실존주의 • 91

2. 보부아르의 애매성 찬가 • 118

제3장 **참여에서의 차이** • 171

1. 1939-1947년까지 • 173

2. 『파리떼』와 『군식구』 비교 • 180

3. 1949년 이후의 참여 • 257

마치며 • 305

1. 비교하지 못한 것 • 307

2. 프레너미 • 310

3. 남긴 것 • 315

참고문헌 • 317

일러두기

1. 이 책에서는 일부 번역본을 참고했다. 거기에는 지금까지 우리나라에서 이루어진 연구 성과에 대한 인정과 감사의 뜻이 포함되어 있다. 다만 필요한 경우에 번역은 수정했다. 저자의 이름과 저작의 제목은 번역본에 있는 대로 표기했으며, 필요하다고 여겨지는 경우에 원어를 병기했다.
2. 일러두기, 각주, 참고문헌 등에는 번역본에 사용된 사르트르와 보부아르 표기를 그대로 표기하였으나 본문 내에서는 혼란을 피하기 위하여, 한국어 어문규정에 따라 일관되게 '장폴 사르트르', '시몬 드 보부아르'로 표기하였다.
3. 본문에 등장하는 사르트르와 보부아르의 다양한 저작이 다수 반복되므로 몇몇 저작에 대한 약어를 다음과 같이 표기한다.

『철』 – 장-폴 사르트르, 『자유의 길』, 『철들 나이』, 최석기 옮김, 고려원, 1991.

『초』 – 시몬느 드 보브와르, 『초대받은 여자』, 전성자 옮김, 홍성사, 1987(1978).

『보여』 – 케이트 커크패트릭, 『보부아르, 여성의 탄생』, 이세진 옮김, 교양인, 문제적 인간 15, 2021.

『보전』 – 데어드르 베어, 『시몬 드 보부아르: 보부아르 전기』, 김석희 옮김, 웅진문화, 1991

『EN』 – Jean-Paul Sartre, *L'Etre et le néant: Essai d'ontologie phénoménologique*, Gallimard, coll. Biblliothèque des idées, 1943.

『EH』 – Jean-Paul Sartre, *L'Existentialisme est un humanisme*, Nagel, coll. Pensées, 1946.

『CRDI』 – Jean-Paul Sartre, *Critique de la raison dialectique*, t. I: *Théorie des ensembles pratiques*, Gallimard, coll. Biblliothèque de philosophie, 1960.

『SX』 – Jean-Paul Sartre, *Situations X*, Gallimard, 1976.

『LN』 – Jean-Paul Sartre, *La Nausée*, in *Œuvres romanesques*, Gallimard, coll. Bibliothèque de la Pléiade, 1981.

『LMC』/『TH』 – Jean-Paul Sartre, *Les Mouches*(『LMC』), in *Théâtre complet*(『TH』), Gallimard, coll. Biblliothèque de la Pléiade, 2005.

『LM』 – Jean-Paul Sartre, *Les Mots*, in *Les Mots et autres écrits autobiographiques*, Gallimard, coll. Biblliothèque de la Pléiade, 2010.

『PM』/『PC』 – Simone de Beauvoir, *Pour une morale de l'ambiguïté*(『PM』) suivi de *Pyrrhus et Cinéas*(『PC』), Gallimard, coll. Idées, 1974(1944).

『LB』 – Simone de Beauvoir, *Les Bouches inutiles*, Gallimard, 1945.

『DSI』/『DSII』 – Simone de Beauvoir, *Le Deuxième sexe*, I: *Les faits et les myths*(DSI), II: *L'expérience vécue*(『DSII』), Gallimard, 1949.

『MF』 – Simone de Beauvoir, *Mémoires d'une jeune fille rangée*, Gallimard, coll. Folio, 1958.

『FA』 – Simone de Beauvoir, *La Force de l'âge*, Gallimard, coll. Folio, 1960.

『LF I』 – Simone de Beauvoir, *La Force des choses*, I, Gallimard, coll. Folio, 1963.

『LV』 – Simone de Beauvoir, *La Vieillesse*, Gallimard, 1970.

『LC』 – Simone de Beauvoir, *La Cérémonie des adieux* suivi de *Entretiens avec Jean-Paul Sartre, août-septembre 1974*, Gallimard, 1981.

시작하며

1
프레너미, 사르트르와 보부아르?

'프레너미, 사르트르와 보부아르' 또는 '사르트르 vs 보부아르'라는
표현이나 제목에 사람들이 고개를 갸우뚱할 수 있다. 고개를 갸우뚱
하지 않으면 오히려 이상할 정도이다. 심지어 이런 표현이나 제목이
터무니없다고 생각할 수도 있다. 두 사람 사이에 'vs'를 넣을 수 있다
고? 이 질문에 긍정적으로 답하는 것은 그들의 사유에 뭔가 다르고
대립적인 것이 있다는 것을 상정하는 것이리라. 그런데 두 사람은 사
유 면에서 일란성 쌍둥이처럼 닮았다는 것이 통념이다.[4] "그들은 끊
임없는 대화, 모든 것을 공유하는 방식을 통하여 서로를 너무 밀접하

---

[4]   사르트르와 보부아르를 플라톤의 『향연』에 나오는 자웅동체(androgyne)로 간주하는 견
      해도 있다.(Anna Lewina, "La relation Beauvoir-Sartre ou le dialogue existentiel et intellectuel
      maître(sse)-disciple", *Quêtes littéraires*, no.9, 2019, p. 129.

게 비춘 나머지 둘을 분리하려야 분리할 수 없게 됐다."[5]

실제로 '프레너미' 시리즈에서 이미 출간된 여러 권의 저서에서 비교되는 두 인물 사이에는 다소 차이점이 존재한다. 사소하지만 대립되는 뭔가도 있다. 특히 그들의 사유 면에서 그렇다. 그런 만큼 그 저서들의 도입부에서 '프레너미, A와 B'라는 표제에 '의문 부호'를 붙인 경우는 없다. 하지만 여기에서는 '프레너미, 사르트르와 보부아르?'와 같이 의문 부호를 붙였다. 두 사람 사이의 "사상의 친연성affinité d'idées"[6]이 그만큼 크기 때문이다.

필자는 '프레너미' 시리즈에서 『사르트르 vs 카뮈』[7]를 출간한 바 있다. 기회가 주어지면 '사르트르 vs 아롱'을 집필할 계획도 가지고 있다. 그런데 『사르트르 vs 카뮈』를 집필했을 때와 '사르트르 vs 보부아르'의 집필을 시작하는 지금의 느낌은 전혀 다르다. 그도 그럴 것이 사르트르와 카뮈 사이에는 그들의 돈독한 우정에도 불구하고 사유에서 대립이 뚜렷하기 때문이다. 이런 사정은 '사르트르 vs 아롱'의 경우에도 마찬가지일 것으로 예상된다. 사르트르와 아롱도 '절친petits camarades'으로 지냈지만, 후일 이념적 차이로 완전히 갈라섰기 때문이다.

하지만 사르트르와 보부아르의 경우는 사르트르와 카뮈, 사르트르와 아롱의 경우와는 전혀 다르다. 사르트르와 보부아르는 본격적으

---

5 『보어』 참조.
6 『보전』, 575쪽.
7 변광배, 『사르트르 vs 카뮈』, 세창출판사, 세창프레너미 7, 2020.

로 만나기 시작한 1929년부터 사르트르가 세상을 떠난 1980년까지 51년을 함께 지냈다. 반세기 이상을 같이 지낸 것이다. 그것도 그냥 같이 지낸 것이 아니라 계약결혼 형태로 거의 한 식구처럼 지냈다. 심지어 두 사람은 죽어서도 몽파르나스 묘지에 나란히 묻혀 있다.

두 사람 사이에는 3년의 나이 차이가 있다. 사르트르는 1905년에, 보부아르는 1908년에 태어났다. 두 사람은 2차 세계대전 이후에 프랑스를 위시해 전 세계적으로 널리 유행한 실존주의라는 철학, 문학 사조를 대표한다. 사르트르가 '실존주의의 교황'으로 불리든 보부아르가 '실존주의의 여사제'로 불리든, 두 사람은 실존주의, 더 정확하게는 무신론적 실존주의를 공유한다. 이런 의미에서 두 사람은 사상적으로 한 '학파école'를 넘어 한 '가족famille'이라고 할 수 있다.

이런 사실들에도 불구하고 필자는 '프레너미' 시리즈에 포함될 '사르트르 vs 보부아르'라는 제목에 부합하게 그들 사이에 어떤 차이점이 있는지, 또 어떤 대립점이 있는지를 밝혀야 하는 입장에 있다. 아주 곤란한 입장이다.[8] 더군다나 이런 곤란함은 다음 사실로 인해 배가된다. 필자가 사르트르 연구자라는 사실이 그것이다. 왜 그런가?

사르트르 연구자들은 대부분 보부아르가 그로부터 큰 영향을 받았다는 사실에 동의한다.[9] 그녀 자신도 "사르트르의 사상에 의해 낙인

---

[8] *Dictionnaire Sartre*, sous la direction de François Noudelmann & Gilles Philippe, Honoré Champion, 2004, p. 59 참조.

[9] Elian Lecarme-Tabone, "Le couple Beauvoir-Sartre face à la critique féministe", *Les Temps modernes,* no.619, 2002(Présences de Simone de Beauvoir), pp. 35-38.

이 찍혔다"[10]고 생각했다. 다시 말해, 사르트르에 대한 자신의 "추종주의suivisme"[11]를 인정한 것이다. 반면, 보부아르 연구자들은 두 부류로 나뉘어, 그녀가 "그저merely" 사르트르의 추종자에 불과하다고 주장하거나, 또는 그녀가 "독립적이고 독창적인 사상가an independent and original thinker"라고 주장한다.[12]

그로 인해 다음과 같은 두 개의 상황이 발생할 수 있다. 하나는 만일 사르트르 연구자가 '프레너미, 사르트르 vs 보부아르'라는 주제로 책을 쓴다면, 그들 사이에 차이점과 대립점이 거의 없다는 결론에 이를 공산이 크다. 다른 하나는 만일 보부아르 연구자가 같은 주제로 책을 쓴다면, 보부아르의 사유가 사르트르와는 차별화될 뿐 아니라 대립되기까지 하는 보부아르만의 특별한 요소들이 있다는 결론에 이를 수 있다. 그런데 필자는 사르트르 연구자이다. 따라서 사르트르의 입장에서 보부아르를 바라볼 가능성이 크다.

물론 양측 학자들이 중립적이라고 여길 수 있는 책을 쓰고자 한다면 사르트르 연구자와 보부아르 연구자가 공동으로 작업하는 것이

---

10   『보전』, p. 578.

11   Elian Lecarme-Tabone, 앞의 글, 2002, p. 20.

12   Christine Daigle & Jacob Golomb (Ed.), *Beauvoir and Sartre: The Riddle of influence*, Indiana University Press, 2009, p. 7; Eva Gothlin, *Sexe et existence: La philosophie de Simone de Beauvoir*, Editions Michalon, 2001, pp. 9-22 참조. (이 부분에서 보부아르의 사유가 사르트르의 그것과 구별된다는 주장을 펴는 연구자들과 그들의 저작들이 잘 정리되어 있다.) '보부아르-사르트르'의 관계에 대한 보부아르 연구자들의 견해는 크게 다음 세 가지로 정리될 수 있다. 보부아르 자신의 자기과소평가(autodépréciation), 보부아르 사상의 자율성(autonomie) 인정, 사르트르 사상의 보부아르 사상에 대한 종속(dépendance)이 그것이다.(Elian Lecarme-Tabone, 앞의 글, 2002, p. 21.)

바람직할 것이다. 하지만 이미 필자가 혼자서 이 책을 쓰기 시작한 상황이다. 따라서 필자에게 요구되는 것은 두 사람 중 누구에게도 치우치지 않고 최대한 객관적인 입장을 견지하는 것이다. 그래야만 조금이라도 중립적인 위치에 서서 이 책을 집필할 수 있을 것이다.

이 책의 집필을 어렵게 하는 또 하나의 요소가 있다. 이 요소 역시 필자가 사르트르 연구자라는 사실과 무관하지 않다. 필자는 사르트르를 연구해 오면서 그의 철학서를 비롯해서 문학작품을 읽으면서 꽤 많은 시간과 노력을 쏟아부었다. 물론 그 과정에서 보부아르의 저작을 두루 읽은 것도 사실이다.

실제로 필자는 2007년에 『사르트르와 보부아르의 계약결혼』과 『《제2의 성》: 여성학 백과사전』을 출간한 바 있다. 특히 두 번째 책은 보부아르가 태어난 지 100주년이 되는 2008년을 혼자 조촐하게 기념한다는 생각의 산물이었다. 그 당시에 우리나라에서는 기념 학술 행사도 저술 집필도 거의 없었다. 또한 보부아르의 소설 『모든 인간은 죽는다Tous les hommes sont mortels』(1946)를 우리말로 옮겼으며, 보부아르에 대한 몇 편의 논문을 쓰기도 했다.

그 과정에서 필자는 보부아르의 저작들을 가능하면 상세하게 읽고 이해하고자 노력했다. 하지만 객관적으로 보아, 다시 말해 사르트르의 저작들을 읽고 연구하면서 쏟아부은 시간과 노력에 비해 그녀의 저작들을 읽고 연구하면서 쏟아부은 시간과 노력이 턱없이 부족하다. 게다가 사르트르 이외의 다른 사람들과 주고받은 보부아르의 서간문 등이 새로이 출간되었는데, 그런 자료들을 직접 검토할 기회를 갖지 못했다.[13] 이런 이유로 이 책을 집필하는 과정에서 두 사람의 저작들에 대한 이해의 정도에서 불균형이 있을 수도 있다.[14]

2

무엇을 비교하나

'프레너미' 시리즈에 포함된 저서들은 대부분 집필의 대상이 되는 두 인물이 처음에는 가까이 지내다가 특별한 사건, 철학적 입장, 이념적 신조 등의 차이로 갈라서는 과정에 초점이 맞춰져 있다. 물론 두 인물의 사유 또는 이념적 신조의 차이나 대립에 대한 구체적인 내용에 더 큰 비중이 주어져 있다. 그런 만큼 그 저서들에서는 비교 대상이 되는 두 사람이 가까이 지내게 된 배경과 과정을 먼저 기술하고, 이어서 그들의 사유나 이념에서의 차이와 대립 등을 기술하는 방식을 취하는 공통점을 찾아볼 수 있다.

---

[13] 보부아르가 연인이었던 자크 로랑 보스트(Jacques Laurent Bost), 클로드 란츠만(Claude Lanzmann)과 주고받았던 서간문, 젊은 시절의 일기 등이 그것이다. 이런 자료들에 대해서는 2019년 영국에서 출간되고 2021년 우리말로 번역된 케이트 커크페트릭(Kate Kirkpatrick)의 『보부아르, 여성의 탄생(Becoming Beauvoir)』을 참고함으로써 부족함을 부분적으로나마 메꾸려고 노력했다.

[14] 이 책을 집필하는 과정에서 사르트르 전공자 연세대 윤정임 선생님과 보부아르 전공자 서울대 강초롱 선생님으로부터 많은 도움을 받았다. 많은 조언과 비판을 해 준 두 분 선생님에게 깊은 감사의 말씀을 전해드린다.

이런 기술 방식에 따라 이 책에서도 사르트르와 보부아르 사이에 사랑이 싹트는 배경, 동기, 과정에 먼저 주목할 것이다. 주지의 사실이지만 두 사람은 만나서 얼마 되지 않아 계약결혼을 했다. 그 당시 프랑스 사회의 눈으로 보면 파격에 가까운 이런 결혼은 어떤 원칙하에서 이루어졌고, 그 계약의 구체적인 내용은 무엇이며, 거기에는 어떤 문제점이 있는지 등을 살펴보고자 한다. 또한 두 사람이 계약결혼을 어떤 방식으로 문학적으로 형상화하고 있는지를 『자유의 길Les Chemins de la liberté』(1945)의 1권 『철들 나이L'Age de raison』와 『초대받은 여자 L'Invitée』(1943)를 통해 살펴보게 될 것이다.

제2장에서는 사르트르와 보부아르 사유의 차이점이나 대립점에 주목하고자 한다. 두 사람은 무신론적 실존주의라는 공통의 사상 지반을 가지고 있다. 하지만 그 위에서 각자 다른 꽃을 피우고 있다. 두 사람 사유의 갈림길은 '나'와 '타자' 사이의 관계라고 할 수 있다. 이 관계를 주로 대립과 갈등으로 보는 사르트르와 그것을 인정하면서도 화해와 상생을 지향하는 보부아르의 사유에서 그 차이점을 보인다. 이 장에서는 인간들의 '공동-존재'의 실현을 이론화하고 그 실현 가능성을 탐색하고 있는 보부아르의 노력을 『피로스와 키네아스Phyrrus et Cinéas』(1944), 『애매성의 윤리를 위하여Pour une morale de l'ambiguïté』(1947)를 중심으로 살펴보면서 그녀의 '실존주의 윤리'[15]의 조감도를 그려

---

[15] 보부아르의 윤리(학)를 가리키는 용어들로는 '실존주의(적) 윤리(학)la morale existentialiste', '윤리적 실존주의(l'existentialisme moral)', '애매성의 윤리(학)(la morale de l'ambiguïté)' 등이 있다. 특히 '윤리적 실존주의'는 사르트르의 '존재론적 실존주의

볼 것이다. 또한 그녀의 이런 사유가 어떤 점에서 사르트르의 그것과 다르고 또 대립되는가를 규명하게 될 것이다.

제3장에서는 두 사람의 현실 참여에서의 차이에 주목해 볼 것이다. 먼저 1939-1948년까지의 현실 참여를 비교할 것이다. 두 사람에게 1939년은 의미가 큰 해이다. 이 해에 두 사람에게서 '전회conversion'가 시작되기 때문이다. 이 전회의 초기에 그들은 방관자적 개인주의를 표방하던 고립된 개인에서 사회적, 역사적 지평 위에 선 자들로 변신하게 되며, 이를 계기로 현실 참여의 길로 접어들게 된다. 초기에는 보부아르가 사르트르보다 더 급진적이고 더 과격한 참여를 주장하는 것으로 보인다. 이 장에서는 두 사람의 초기 참여에 나타나는 이런 차이를 『파리떼Les Mouches』(1943)와 『군식구Les Bouches innutiles』(1945)의 비교를 통해 보게 될 것이다.

또한 1949년 이후의 두 사람의 참여에서의 차이에 주목할 것이다. 『제2의 성』이 출간된 해를 기점으로 보부아르와 사르트르는 각자의 참여에서 뚜렷한 차이를 노정하게 된다. 사르트르의 참여는 주로 마르크스주의를 원용하면서 계급투쟁에 입각한 사회 전체의 변혁과 인간의 해방을 겨냥하는 '거시적' 성격을 띠는 것으로 보인다. 이런 그의 참여는 『변증법적 이성비판Critique de la raison dialectique』(1960)과 『지식인을 위한 변명』의 출간, 1968년 5월 혁명에의 참여, 그 이후로 마오

(l'existentialisme ontologique)'와 대조적으로 사용되기도 한다. 여기에서는 경우에 따라 '실존주의(적) 윤리(학)', '윤리적 실존주의', '애매성의 윤리(학)'을 사용하기로 한다.

20

주의자들과의 교류 등으로 이어진다.

　반면, 보부아르의 참여는 『제2의 성』을 계기로 여성해방운동으로
나아가고, 1970년 『노년』의 출간을 계기로 노인문제로 나아가면서
'미시적' 참여의 성격을 띠는 것으로 보인다.[16] 이 장에서는 이와 같은
두 사람의 참여에서 드러나는 차이점에 주목하게 될 것이다.

---

[16]　이 책에서 사르트르의 참여를 '거시적'으로, 보부아르의 그것을 '미시적'으로 구분하
　　는 것은 들뢰즈(Deleuze), 과타리(Guattari)의 '몰적 혁명(révolution molaire)'과 '분자적 혁
　　명(révolution moléculaire)'에서 착안한 것이다. 들뢰즈와 과타리는 프랑스대혁명, 러시
　　아혁명 등과 같은 큰 규모의 혁명을 몰적, 거시적 혁명으로, 그보다 규모가 작은 혁명
　　을 분자적, 미시적 혁명으로 이해한다. 여기에서는 사르트르의 참여가 마르크스주의
　　에 입각한 계급투쟁을 통한 인류 사회 전체의 변혁을 겨냥하는 데 비해, 보부아르의 참
　　여는 어린아이, 여성, 노인의 해방과 같은 구체적인 목표를 겨냥한다는 의미에서 두 사
　　람의 참여를 각각 '거시적', '미시적' 참여로 규정짓고자 한다. 이렇게 하는 것은 결코 두
　　사람의 참여의 질적 우월성을 주장하고자 함이 아니라, 단지 그 성격상의 차이를 드러
　　내기 위한 용어 선택일 뿐이라는 점을 지적하자. 이와 관련해 보부아르의 전기를 쓴 데
　　어드르 베어의 "보부아르의 작업은 주로 내성적인 자기 성찰이었고, 사르트르의 작업
　　은 광범위하고 외향적이었다"(『보전』, 143쪽.)는 지적으로부터 이런 용어 사용의 의미를
　　간접적으로나마 유추해 볼 수 있을 것이다.

제1장

계약결혼

$$1$$

운명적 만남

계약결혼: 부적절한 번역어?

사르트르와 보부아르라는 이름을 들으면 제일 먼저 떠오르는 단어
가 있다. '계약결혼'이 그것이다. 두 사람을 따로 생각하면 사정이 다
르다. 사르트르의 이름은 '자유'와 밀접한 반면, 보부아르의 이름은
『제2의 성』이나 '페미니즘'과 밀접하다. 그런 만큼 사르트르는 자유
의 철학자로, 보부아르는 여성해방운동의 선구자로 지칭되곤 한다.[17]
하지만 두 사람을 한꺼번에 생각하면 오히려 계약결혼이라는 단어가

---

[17] 보부아르 역시 자유를 사르트르 못지않게 중요하게 여긴다. 여기에서는 그녀의 이름
이 오히려 『제2의 성』과 더 밀접하다는 것을 강조하기 위해 이렇게 표현했다.

제일 먼저 연상된다.

'계약결혼'은 불어 표현 'mariage morganatique'의 번역어이다. '계약결혼'은 '계약'과 '결혼'의 합성어이다. 따라서 이 단어에 해당하는 불어 표현을 'mariage de contrat' 등으로 생각하기 쉽지만, 사실은 그렇지 않다. 이 표현에 포함된 'morganatique'라는 단어의 의미가 권리와 의무 면에서의 동등한 위치를 전제로 하는 보통의 계약과는 사뭇 다르다.

프랑스어 사전에 따르면 'morganatique'는 '귀천상혼貴賤相婚의'라는 의미를 가지고 있다. 즉, 자기보다 낮은 신분의 배우자와 하는 결혼이라는 의미이다.[18] 이런 의미를 제대로 살리려면 'mariage morganatique'는 '계약결혼'보다는 오히려 '강혼降婚'으로 번역되어야 하지 않을까?[19] 한 예로 'épouse morganatique'라는 표현은 '귀천상혼

---

[18] 자기보다 낮은 신분의 배우자와의 결혼은 왕족이나 귀족이 평민이나 천민과 하는 결혼은 물론, 왕족이 귀족과 결혼하거나 심지어는 귀족이 급이 낮은 귀족과 하는 결혼에도 해당된다. 우리나라에서는 자기를 기준으로 배우자가 낮은 신분이면 낙혼(落婚) 또는 강혼(降婚)이라는 단어를, 자기를 기준으로 배우자가 높은 신분이면 앙혼(仰婚) 또는 상혼(上婚)이라는 단어를 사용한다.

[19] 고등사범학교(Ecole normale supérieure) 재학 시절에 이른바 '3인방'을 형성했던 사르트르, 폴 니장(Paul Nizan), 르네 마외(René Maheu)는 특유의 엘리트 의식을 가졌다. 그들은 장 콕토(Jean Cocteau)의 소설 『르 포토마크(Le Potomak)』(1919)에 등장하는 '으젠가(家)(les Eugènes)'의 인물들에서 힌트를 얻어 자신들이 다른 사람들과 신분상으로 구별된다는 생각을 가지고 있었다. 불어 단어 'eugène'는 '잘 태어난', '우월하게 태어난'의 의미를 가지고 있다. 사르트르가 보부아르와의 계약결혼을 'mariage morganatique'라고 표현한 것은 어느 정도 고등사범학교 출신인 그 자신과 소르본대학 출신인 보부아르 사이에 차이가 있다는 것을 보여 주기 위함이었다고 할 수 있다. 실제로 그들 3인방은 소르본 학생들을 무시하면서 그곳에서 들어야 할 강의에도 참석하지 않은 적이 많았다. 보부아르도 그녀 자신을 한갓 "소르본대학의 여학생(sorbonnarde)"으로 부른 적도

에 의한 아내'로 번역된다. 이 표현에는 자기보다 신분이 높은 남자와 결혼한 아내라는 의미, 또는 결혼한 아내가 법적으로 정당한 권리를 누리지 못한다는 의미가 포함되어 있다.

이런 용어상의 문제점을 안고 있는 계약결혼과 관련해 다음과 같은 의문들이 이어진다. 사르트르와 보부아르의 계약결혼은 구체적으로 어떤 조건 위에 이루어졌을까? 또 그 조건의 의미는 무엇일까? 두 사람이 여러 차례의 위기를 극복하면서 반세기 동안 계약결혼을 유지할 수 있었던 주된 원동력은 무엇이었을까? 두 사람이 각각 이 계약결혼과 그로 인한 문제점들을 문학작품으로 형상화하지는 않았을까? 했다면 그것은 어떤 작품이고, 또 어떤 내용일까? 그 내용 면에서는 차이가 없을까? 이 장에서는 이와 같은 질문에 답을 해 보고자 한다. 이를 위해 먼저 두 사람의 만남에서 계약결혼까지의 과정을 따라가 보자.

운명적 만남

세계사에서 1929년은 암울했던 해로 기록된다. 경제 대공황이 전 세계를 강타했기 때문이다. 하지만 사르트르와 보부아르에게서 1929년은 전혀 다른 의미를 갖는다. 두 사람의 찬란한 미래를 예비하

있다.(*Simone de Beauvoir,* un film de Josée Dayan et Malka Riwoska, réalisé par Josée Dayan, texte intégral, Gallimard, 1979, p. 18.)

는 '운명적 사랑Amor fati'이 그 해에 시작되었기 때문이다. 두 사람은 각자의 생을 되돌아보면서 상대방과의 만남을 가장 큰 행운과 성공으로 생각하고 있다.

두 사람의 만남은 1929년 7월에 시작되었다. 어렵다고 정평이 나 있는 교수자격시험 철학 분야의 구두시험을 준비하면서였다. 사르트르는 1928년 고등사범학교를 졸업하면서 이 시험에 응시했다가 떨어져 재수를 하고 있었다. 보부아르는 가톨릭 사립학교인 데지르 학원Cours Desir을 마치고 소르본대학에서 수학하고 이 시험에 응시했다. 그녀는 주로 소르본대학 도서관과 국립도서관에서 공부를 했다. 그러면서 그녀는 사르트르, 니장과 더불어 3인방의 일원이었던 마외를 먼저 알게 된다.

보부아르는 3인방의 존재를 알고 있었다. 소르본의 복도나 고등사범학교의 뜰에서 그들을 스친 적도 있었다. 하지만 그들은 같이 붙어 다니면서 자기들끼리만 통하는 암호로 이야기했으며, 다른 사람들에게는 아주 배타적이었다. 그녀가 그들과 가까워지는 것은 쉬운 일이 아니었다.[20] 하지만 그녀는 국립도서관에서 3인방의 일원이었던 마외를 가끔 만났다. 그때 그녀는 결혼까지 염두에 두었던 사촌 오빠 자크 샹피뇌유Jaqcques Champigneuille와의 관계가 완전히 해결되지 않고 있었다. 마외는 결혼한 몸이었다.

그렇지만 마외와 보부아르는 도서관에서 옆자리에 앉기도 했고,

[20]   『MF』, p. 433.

식사도 같이 했으며, 흄이나 칸트 등에 대해 토론도 했다. 두 사람은 사이에는 우정 이상의 감정이 있었던 것 같다.[21] 실제로 보부아르에게 '카스토르Castor'라는 별명을 붙여 준 것도 마외였다. 그는 공부에만 열중하는 그녀를 "항상 안달하면서 일만 하는 비버Beaver 같다"고 하면서 영어 단어 '비버' —'Beauvoir'의 이름과 'Beaver'의 발음이 비슷한 것에서 착안했다— 에 해당하는 불어 단어 'Castor'를 찾아냈다.[22]

마외는 보부아르와 만나면서 자주 3인방을 입에 올렸다. 하지만 니장은 기혼자였고, 사르트르는 그 당시 고등사범학교 학생이었던 알프레드 페롱Alfred Péron의 사촌 누이와 약혼한 상태였다. 이런 이유로 사르트르와 보부아르는 가까워질 수 있는 기회가 없었다. 하지만 사르트르는 1928년에 교수자격시험에서 낙방하고 그 여자와 헤어졌다. 그 여자의 집에서 시험에 떨어져 장래가 불투명한 남자와 교제하는 것을 반대했기 때문이다. 이런 상황에 있던 사르트르는 1929년에 보부아르가 할아버지 장례식에 참석하기 위해 메리냑Meyrignac[23]에 다녀온 뒤부터 그녀에게 적극적인 태도를 보이기 시작한다.

---

21 헤이젤 로울리, 『보부아르와 사르트르: 천국에서 지옥으로』, 김선형 옮김, 해냄, 삶과 진실10, 2006, 34쪽.

22 『MF』, p. 452.(보부아르에 '비버', 즉 '카스토르'라는 별명을 붙여 준 장본인은 마외다. 하지만 후일 그녀가 사르트르와 전설의 한 쌍을 이루면서 '카스토르'를 그리스, 로마 신화에 나오는 '폴룩스(Pollux)'와 연결지어 '쌍둥이'와 같은 의미로 해석하는 연구자도 있다.(Anna Ledwina, 앞의 글, 2019, p. 129) 그리스, 로마 신화에서 카스토르와 폴룩스는 제우스와 레다의 쌍둥이 아들이며, 이들이 속한 별자리 이름 또한 '쌍둥이좌'이다.

23 프랑스 중남부에 위치한 코레즈(Corrèze) 도에 있는 지역으로, 그곳에 보부아르 할아버지의 집이 있었다. 보부아르는 21세까지 이곳에서 여름을 보내곤 했다.

사르트르는 보부아르에게 작은 선물을 보냈다. 마외를 통해서였다. 사르트르가 직접 그린 라이프니츠Leibniz와 목욕하는 미녀들의 데생이었다. 미녀들은 라이프니츠의 단자들monades의 상징이었다.[24] 그녀는 논문 주제로 라이프니츠를 선택한 참이었다. 또 한 번은 사르트르가 그녀에게 정식으로 만나자고 제안했다. 역시 마외를 통해서였다. 그녀는 이 제안을 수락하고도 약속을 지키지 않았다. 그녀는 자기에 대해 우정 이상의 감정을 품고 있던 마외의 마음을 고려했던 것이다. 마외는 두 사람의 만남을 달가워하지 않았다. 약속 한 시간 전에 보부아르는 핑계를 대고 동생 엘렌 드 보부아르Hélène de Beauvoir를 자기 대신 보냈다. 이렇게 해서 사르트르와 보부아르의 만남은 조금 더 뒤로 미루어졌다.[25]

이윽고 만남의 기회가 찾아왔다. 3인방은 교수자격시험의 구두시험을 준비하기 위해 함께 공부하기로 했다. 그 기회에 그들은 보부아르에게 라이프니츠에 대한 발표를 부탁했다.[26] 그녀가 정식으로 초대된 것이다. 장소는 사르트르가 묵고 있던 대학 기숙사Cité universitaire[27]의 방이었다. 3인방은 그녀의 발표를 몇 차례에 걸쳐 듣고 라이프니츠에 대해 충분히 알게 되었다는 결론을 내렸다. 그러자 그녀가 사르트르의 방을 다시 방문할 이유가 없어졌다.

[24] 『MF』, p. 449.
[25] Claudine Monteil, *Les Amants de la liberté: L'Aventure de Jean-Paul Sartre et Simone de Beauvoir dans le siècle*, Editions I, 1999, pp. 46-47.
[26] 『MF』, p. 467.
[27] 파리 남부 제14구에 위치한 국제대학기숙사 이름이다.

하지만 3인방 중 누구도 보부아르에게 그만 오라고 말하지 않았다. 오히려 그들은 2주 동안 매일 만났다. 사르트르는 그녀를 편안하게 해 주려고 오펜바흐Offenbach의 곡에 우스꽝스러운 철학적 가사를 붙여 노래를 부르기도 했다. 또한 루소의 『사회계약론Le Contrat social』(1762)에 대해 토의를 계속했다. 이때 그녀는 그의 진가를 알아보게 된다. 그녀는 그의 주장을 반박하면서 논쟁을 했지만 그를 이길 수가 없었다. 그가 거기에 있던 모든 다른 사람들보다 더 풍부한 지식을 가지고 있었기 때문이었다.[28]

그때 보부아르는 누군가에게 지적으로 지배당했다는 느낌을 처음 받았다. 그녀는 후일 이렇게 회상하고 있다. "사르트르는 지적으로 훌륭한 훈련 파트너이다", "사르트르는 정확히 내 15세의 꿈에 부응했다."[29] 또한 그녀는 1929년 7월 22일자 일기에 이렇게 적고 있다. "나는 이 남자를 완전히 신뢰하고 나 자신을 맡길 것이다."[30] 사르트르 역시 그녀를 "완벽한 대화 상대자"[31]로 생각했다고 회상한다.

반세기 이상 지속될 두 사람의 운명적 만남은 이렇게 시작되었다. 1929년 7월의 일이다. 그 후로 두 사람이 더 가까워지는 계기가 발생한다. 마외가 교수자격시험의 필기시험에서 떨어진 반면, 사르트르와 보부아르는 합격했던 것이다. 마외는 그녀에게서 멀어지게 되었

28 『MF』, p. 468.
29 같은 책, p. 468, 482.
30 『보어』, 128쪽.
31 『SX』, p. 190.

고, 사르트르가 그녀에게 더 가까이 갈 수 있게 되었다. 사르트르는 필기시험에 그녀가 합격했다는 소식을 전하면서 이렇게 말했다. "이제부터는 내가 당신을 책임지겠소."[32]

사르트르와 보부아르는 구두시험도 잘 치렀다. 그 결과 1929년 철학 교수자격시험에서 사르트르는 수석으로, 보부아르는 차석으로 합격했다. 그 당시 시험을 주관했던 교수들의 회상에 의하면, 두 사람이 공동 수석을 차지해도 무방할 정도였다고 한다. 어쨌든 합격자 발표가 난 후에 그녀는 니장과 마외를 제치고 사르트르의 가장 가까운 자리를 차지하게 된다.

시험이 끝난 뒤 보부아르는 가족과 함께 시간을 보내기 위해 메리이냐과 라그리예르La Grillère[33]로 가야 했다. 하지만 사르트르와 떨어져 그곳에서 한동안 지내야 하는 것이 그녀에게는 힘든 일이었다. 이런 그녀의 마음을 알았는지 그는 아무런 예고 없이 메리냑으로 그녀를 찾아왔다. 이를 계기로 두 사람의 관계는 더 가까워지게 된다.

문제는 보부아르의 부모였다. 그녀의 아버지는 사르트르에게 더 이상 자기 딸을 만나지 말 것을 요구했다.[34] 물론 사르트르와 보부아르는 이런 충고에 따를 정도의 관계를 이미 넘어서 있었다. 보부아르는 파리로 돌아오고 나서 바로 외할머니의 아파트로 거처를 옮기게 된다. 부모의 감시에서 벗어나 자유로운 생활을 하고자 했기 때문이

---

[32] 『MF』, p. 473.
[33] 메리냑에서 약 20km 떨어진 곳으로, 그곳에는 보부아르의 고모의 집이 있었다.
[34] 『보전』, 171-172쪽.

다. 거기에는 사르트르와 같이 보낼 수 있는 시간과 공간을 확보하려는 그녀의 의지도 포함되어 있었다.

보부아르의 방은 외할머니 방과는 꽤 떨어져 있었고, 게다가 외할머니는 가늘게 귀를 먹은 상태였다. 사르트르가 보부아르의 방으로 와서 몰래 시간을 보내기에는 안성맞춤이었다. 사르트르가 몰래 그녀의 방을 찾는 장면은 사르트르의 『철들 나이』의 두 중심인물인 마티외Mathieu와 마르셀Marcelle이 마르셀의 어머니 몰래 만나는 장면을 통해 문학적으로 형상화된다. 보부아르의 부모로부터 인정을 받지 못했지만 사르트르와 그녀의 관계는 그들을 아는 사람들에게 있어서는 이미 정식으로 결혼한 부부로 공공연하게 인정을 받게 된다. 이 모든 일이 1929년 7월부터 10월 사이에 일어났다.

계약결혼

사르트르와 보부아르는 본격적으로 만나자마자 곧 떨어져 지내야 했다. 사르트르가 입대해야 했기 때문이었다. 그때 그는 그녀에게 처음으로 결혼을 암시했다. 하지만 청혼을 거절한 것은 그녀였다. 입대를 앞두고 두 사람은 장래에 대해 많은 얘기를 나누었다. 그가 어느 날 보부아르에게 이런 제안을 했다. "우리 2년간 계약을 맺읍시다."[35] 반세기 이상 지속될 두 사람의 계약결혼의 막이 오른 것이다.

---

[35] 『FA』, pp. 28-29.

이렇게 시작된 두 사람의 계약결혼은 그 당시의 사회 분위기로 보면 파격 그 자체였다. 계약 조건을 보면 파격성이 뚜렷하게 드러난다. 첫째, 두 사람은 자신들의 사랑을 필연적인 것으로 간주하지만 서로의 우연적인 사랑을 허락한다는 데 동의했다. 둘째, 두 사람은 서로 모든 것을 말한다는 데 합의했다.[36] 셋째, 두 사람은 독립채산제를 실시하기로 했다. 뒤에서 앞의 두 조건의 의미를 자세히 살펴볼 것이다. 어쨌든 두 사람은 계약조건에 합의하고 1929년 10월부터 계약결혼의 대장정에 오르게 되었다.

하지만 사르트르는 곧 입대해야 했고, 보부아르는 파리에 혼자 남아야 하는 상황이었다. 교수자격시험에는 합격했지만 아직 정식으로 발령을 받기 전이었기 때문에, 그녀는 파리에 남아 시간제 교사로 학생들에게 라틴어 등을 가르치면서 생활을 꾸려 나갔다.[37] 사르트르가 훈련을 마치고 프랑스 중부에 있는 도시 투르Tours에서 근무를 하게 되자 그녀는 그를 만나러 주말마다 그곳으로 가곤 했다.

사르트르는 1931년에 군복무를 마쳤다. 그는 그 이후에 일본에 가서 1년간 가르치려는 계획을 가지고 있었다. 하지만 일이 여의치 않게 되었다. 그 대신에 그는 프랑스의 북부 항구도시인 르아브르Le Havre로 가게 된다. 그곳에 있는 한 고등학교로 발령을 받은 것이다. 반면, 보부아르는 지중해 연안의 마르세유Marseille에 있는 한 고등학

---

[36]   같은 책, pp. 29-30.
[37]   『보어』, 138쪽.

교로 발령을 받았다. 생이별이었다. 800km 이상의 거리가 두 사람을 갈라놓고 있었다.

계약결혼을 한 후 얼마 되지 않아 서로 멀리 떨어져 지내야 한다는 생각에 보부아르는 의기소침해 했다. 사르트르와 멀리 떨어져 혼자 지내야 한다는 생각에 그녀는 불안과 두려움을 느꼈다. 그녀는 마르세유에서 보낸 일 년을 자신의 인생에서 "가장 불행했던 한 해"[38]로 여겼다. 사르트르는 그런 그녀에게 다시 한 번 결혼을 제안한다. 결혼만이 모든 것을 해결해 줄 수 있었다. 그 당시에 교수자격시험에 합격하고 발령을 받을 때 부부는 같은 지역에 배정을 받을 수 있었다. 하지만 보부아르는 결혼 제안을 또 다시 거절했다.

이런 상황에서 사르트르는 보부아르에게 계약결혼을 30세까지 연장하자고 제안했고, 그녀는 이 제안을 받아들였다. 그 이후에는 두 사람을 갈라놓는 지리상의 거리는 계속 줄어들었다. 예컨대 1932년 10월에 보부아르는 루앙Rouen에 있는 잔 다르크고등학교에 배정을 받게 되었다. 두 사람이 만날 수 있는 기회가 훨씬 더 많아졌다.

하지만 지리상의 거리가 가까워짐에 따라 사르트르와 보부아르의 만남이 잦아지자 여태까지 드러나지 않았던 각자의 습관이나 버릇으로 인해 부딪치는 일이 종종 발생했다. 예컨대 사르트르는 외모에 많은 신경을 썼다. 그는 어려서 사팔뜨기가 되었다. 그로 인해 그는 신체적 결함을 보상하고자 하는 심리가 강했다. 하지만 수수하고 털털

---

[38]   같은 책, 163쪽.

했던 보부아르는 그의 그런 태도를 잘 이해하지 못했다. 그는 그녀의 옷이 더럽거나 스타킹이 찢어졌다는 이유로 함께 외출하는 것을 거절한 적도 있었다.

또한 사르트르는 현실을 항상 종합적으로 보면서 기술記述하고자 하는 관념론적 태도에 익숙해 있었다. 하지만 보부아르는 현실이란 말로 설명할 수 있는 것 이상으로 복잡하다는 생각을 가지고 있었다. 그렇지만 두 사람은 이와 같은 외관적인 차이를 쉽게 극복해 나갔다. 함께 생각하든 따로 생각하든 그들은 결국 같은 결론에 도달했다. 실제로 두 사람 사이의 계약은 '열정'보다는 '진실' 위에 맺어졌기 때문이었다.[39]

파경의 위기

하지만 사르트르와 보부아르의 계약결혼은 심각한 위기에 부딪치기도 했다. 주로 계약결혼의 첫 번째 조건, 즉 우연적 사랑에 대한 동의 때문이었다. 첫 번째 심각한 위기는 보부아르의 제자였던 올가 코사키에비치Olga Kosakievicz 때문이었다. 보부아르는 그 전에도 사르트르의 곁에 있었던 시몬 졸리베Simone Jolivet, 베를린 프랑스 연구소 체류 시절에 만났던 '달의 여인'이란 별명을 가졌던 마리 지라르Marie Girard 등으로 인해 힘든 시기를 보냈다. 게다가 보부아르 역시 다른 남자와

---

[39] 『보전』, 210쪽.

교제했다. 하지만 올가의 경우에는 특히 심각했다. 러시아 출신이었던 그녀가 두 사람 사이에 끼어들면서 그들의 관계는 듀오duo에서 '지옥의 기계'라고 불렸던 트리오trio로 바뀌게 된다. 1935년의 일이다.

이런 위기 상황에서도 사르트르는 1938년 『구토La Nausée』를, 보부아르는 1943년 『초대받은 여자』를 출간하면서 각자 작가로서의 입지를 굳힌다. 하지만 두 사람이 유명세를 타면서 각자의 우연적 사랑의 기회가 더 잦아졌다. 사르트르는 올가의 동생인 완다Wanda, 보부아르가 몰리에르고등학교에서 가르쳤던 비앙카 비넨펠트Bianca Binenfeld 등과 관계를 맺었고, 보부아르는 사르트르의 제자였던 자크 로랑 보스트와 관계를 맺었다. 이런 복잡한 상황으로 인해 사르트르와 보부아르는 자신들의 관계를 재검토해야 할 필요성을 강하게 느끼게 된다.

사르트르와 보부아르는 1929년 이후에 해마다 10월이 돌아오면 계약결혼을 기념하곤 했다. 그런데 1939년 여름 어느 날, 그는 그녀에게 결혼계약의 연장이 더 이상 필요 없다고 선언하기에 이른다. 그녀는 이 제안에 놀랐으나 그것을 수용했다. 하지만 그 이후에도 두 사람의 관계는 여전히 위기에 봉착했다.

한 번은 돌로레스 바네티Dolorès Vanetti 때문이었다. 사르트르는 1945년 미국을 방문했을 때 그녀를 만났다. 보부아르는 그녀를 자신의 진정한 경쟁자로 여겼다. 사르트르는 돌로레스로 인해 보부아르에게 모든 것을 다 말한다는 두 번째 계약 조건을 어기기도 했다. 또다른 위기는 보부아르 때문에 발생했다. 그녀 역시 1947년 미국을 방문하는 기회에 작가 넬슨 올그런Nelson Algren을 만나게 되는데, 그녀는 그를 통해 진정한 육체적 쾌락에 눈을 뜨게 된다.

보부아르가 진심으로 '남편'이라고 불렀으며,[40] 그녀의 "인생에 단 하나뿐인 진실로 열렬한 사랑"[41]이라고 불렀던 올그런과의 관계에 대해 사르트르는 별다른 반응을 보이지 않았다. 괴로움은 오히려 보부아르의 몫이었다. 그녀는 한때 미국으로 건너가 오직 올그런과 살기 위해 평범한 주부 노릇까지도 받아들이겠다고 할 정도였다. 그녀는 사르트르 곁으로 다시 돌아오기까지 상당한 어려움을 겪었다.

사르트르가 양녀로 삼았던 아를레트 엘카임Arlette Elkaïm에게 그의 저작권에 대한 상속권을 넘겼을 때에도 위기가 발생했다. 그때 보부아르는 배신감을 느꼈다. 사르트르와 보부아르의 주위에는 돌봐야 할 사람들이 많았기 때문이다. 하지만 보부아르는 사르트르의 결정을 이해하고 받아들였다. 사르트르는 그녀도 머지않아 세상을 떠날 것이기 때문에 저작권을 상속한다고 해도 소용이 없을 것이라는 사실을 설명하면서 그녀를 설득했다.

두 사람의 계약결혼을 위기로 빠뜨린 마지막 위기는 베니 레비 Benny Lévy 때문이었다. 사르트르는 말년에 그를 개인 비서로 고용했다. 레비는 눈이 거의 보이지 않게 되고 건강도 나빠진 사르트르를 돕는 일을 맡았다. 하지만 보부아르는 베니가 그런 사르트르에게 일종의 자기비판을 강요한다고 생각했다. 그로 인해 그녀는 격분했다.

40　시몬느 드 보부아르, 『연애편지』 I, 이정순 옮김, 열림원, 1999, 22쪽(1947년 5월 21일자 편지).

41　『보전』, 398쪽.

그도 그럴 것이 사르트르의 과거 부정, 특히 신神의 부재를 바탕으로 한 사유의 부정은 곧 그녀 자신의 과거에 대한 부정을 의미하기 때문이었다. 게다가 레비는 사르트르의 양녀인 아를레트와 친하게 지내면서 보부아르를 경계하기도 했다. 하지만 이와 같은 위기를 겪으면서도 사르트르와 보부아르는 계약결혼 상태를 끝까지 유지했다.

2
|
계약결혼: 조건과 의미

사랑: '우리-주체'의 형성

이렇듯 사르트르와 보부아르는 1929년부터 시작된 계약결혼 상태를 반세기 이상 유지했다. 여러 차례의 위기가 있었음에도 그랬다. 거기에는 무엇보다도 그 상태를 유지하고자 했던 두 사람의 강한 의지가 작용했을 것이다. 그들은 과연 그런 의지만으로 계약결혼을 반세기 동안 지탱할 수 있었을까? 그런 의지만이 두 사람의 계약결혼의 주된 원동력이었을까?

물론 그 원동력으로 다음 요소들을 꼽을 수도 있을 것이다. 두 사람의 문학에 대한 예외적인 열정, 무신론적 입장, 부르주아적 전통과 관습에 대한 강한 거부 등이 그것이다. 특히 보부아르는 자기에 대한 사르트르의 배려심 깊은 태도, 지적 능력, 그의 주위에 있었던 메를로 퐁티, 아롱 등과의 수준 높은 대화와 끊임없는 지적 자극을 소중하게 여겼다. 하지만 이런 요소들만으로는 반세기 동안 지속된 두 사람의 계약결혼을 설명하기에는 충분하지 않아 보인다. 그렇다면 그 주된 원동력은 무엇이었을까?

이 질문에 대한 대답의 실마리를 사르트르의 회상에서 찾아볼 수 있을 것 같다. 앞에서 본 것처럼 그는 보부아르를 그의 완벽한 대화 상대자로 생각했다. 완벽한 대화 상대자란 무엇을 말하는 것일까? 일단 대화에 참여하는 두 사람의 평등이 전제되어야 할 것이다. 그다음으로는 두 사람의 대화의 수준이 높아야 하고, 또 각자의 이해의 정도가 높아야 한다는 것이 전제되어야 할 것이다. 그렇지 않다면 '완벽한'이란 단어의 의미가 증발될 것이다.[42] 결국 완벽한 대화 상대자란 완벽한 인간관계, 즉 이상적인 인간관계의 정립을 가능케 하는 자와 동의어라고 할 수 있다.

사르트르의 증언에서 주목을 요하는 것은 바로 이상적인 인간관계의 정립 가능성이라고 할 수 있다. 이것은 그가 보부아르와 반세기 이상 계약결혼을 유지할 수 있었던 주된 원동력은 그들 사이에 이와 같은 인간관계를 정립하고자 하는 노력이었을 수도 있다는 것을

---

[42] 사르트르는 보부아르를 "완전(perfection)" 그 자체라고 말하고 있기도 하다.(Jean-Paul Sartre, *Carnets de la drôle de guerre, septembre 1939-mars 1940*, Gallimard, 1995, p. 103.) 또한 보부아르도 사르트르를 1929년에 처음 만났을 때, 그가 그녀에게 "부모"나 "신"과 같이 안정감을 줄 수 있는 존재로 생각했다.(『FA』, p. 33.)

짐작케 한다. 이 단계에서 근본적인 질문이 제기된다. '대체 어떤 유형의 인간관계가 이와 같은 인간관계에 해당할까'라는 질문이 그것이다.

이 질문은 두 사람의 계약결혼의 첫 번째, 두 번째 조건과 밀접하게 연결되어 있는 것으로 보인다. 앞에서 언급한 것처럼 첫 번째 조건은 '사랑' —필연적 사랑과 우연적 사랑— 에 관련된 것이고, 서로 모든 것을 말한다는 두 번째 조건은 '언어'와 관련된 것이다. 그런데 사랑과 언어가 사르트르의 사유에서 가장 이상적인 인간관계, 곧 '우리-주체nous-sujet'의 형성으로 제시된다는 점은 흥미롭다.

사랑과 언어는 사르트르의 전기 사상[43]을 대표하는 『존재와 무』에서 '나'와 '타자' 사이에 맺어지는 '구체적인 관계들relations concrètes'에 속한다. 따라서 사르트르와 보부아르의 계약결혼의 주된 원동력이 무엇인지를 알아보기 위해서는 이 구체적 관계들에 속하는 사랑과 언어가 어떤 유형의 관계인지를 살펴볼 필요가 있다.[44]

---

[43] 사르트르의 사상은 『존재와 무』로 대표되는 전기 사상과 『변증법적 이성비판』으로 대표되는 후기 사상으로 구분된다. 하지만 그의 사상을 좀 더 세분화해서 4기로 구분할 수도 있다. 『존재와 무』 이전의 전(前)현상학기, 『존재와 무』의 현상학적 존재론 시기, 윤리학적 전회의 시기(후일 유고집으로 출간된 『윤리를 위한 노트』에 포함된 노트가 작성된 시기), 『변증법적 이성비판』의 인간학 시기가 그것이다. 윤리학적 전회의 시기에 대해서는 뒤에서 다시 거론하게 될 것이다.

[44] 다만 다음과 같은 문제를 지적하자. 과연 보부아르가 좁게는 사르트르의 『존재와 무』에서 다루어진 사랑과 언어의 의미를, 넓게는 이 저서에서 소묘된 현상학적 존재론을 이의 없이 수용했는가의 여부가 그것이다. 이 문제는 미묘하다. 그도 그럴 것이, 제2장에서 다시 보겠지만, 보부아르는 사르트르에 의해 주창된 '나'와 '타자' 사이의 '갈등(conflit)', '투쟁(lutte)'보다는 오히려 '연대(solidarité)'와 '협력(collaboration)'을 더 강조하

먼저 사랑의 관계를 보자. 사르트르는 사랑을 나와 타자가 모두 주체성의 상태를 유지하면서 맺는 구체적인 관계로 규정한다. 나와 타자 사이에 사랑의 관계가 정립되기 위해서는 둘 모두 주체성을 보유하고 있어야 한다. 그리고 내가 사랑하는 타자를 통해 얻고자 하는 것은 바로 나라고 하는 이 잉여 존재의 정당화이다.[45] 이것이 사랑의 이상理想이다. 이유를 알 수 없이 그냥 여기에 존재하는 내가 사랑을 통해 사랑하는 사람인 타자에게 절대적으로 필요한 존재로 여겨지는 상태가 그것이다. 요컨대 사랑의 주체인 나는 타자를 사랑함으로써 나 자신의 잉여 존재로부터 벗어나고자 한다.

또한 사르트르는 사랑을 상호적인 관계로 본다. 타자를 사랑하는 나는 이 타자에게 역으로 나를 사랑해 줄 것을 요구한다. 타자가 이런 나의 요구에 응할 때, 나를 사랑하는 타자 역시 나에게 필요한 존재로 여겨진다. 타자의 잉여존재 역시 정당화되는 것이다. 이처럼 내가 타자와 서로 주체성을 유지한 채 맺는 사랑의 관계를 통해 얻고자 하는 것은 결국 '우리-주체'의 형성이다. 그 결과 이 관계에서는 '우리 nous'라는 인칭대명사가 중요한 의미를 갖게 된다.

1929년 10월부터 시작되었던 사르트르와 보부아르의 계약결혼의 바탕에는 이런 생각이 놓여 있었던 것으로 보인다. 두 사람은 이렇듯

고 있는 것으로 보이기 때문이다. 그럼에도 보부아르가 사랑과 언어에 대한 사르트르의 사유를 부정하지는 않는 것으로 보인다. 그런 만큼 여기에서는 사랑과 언어에 대한 사르트르의 사유를 통해 두 사람의 계약결혼의 두 조건의 의미를 살펴보기로 한다.

[45] 『EN』, p. 439.

계약결혼을 통해 서로 주체성을 인정하면서 궁극적으로는 '우리-주체'를 형성하고자 했던 것이다. 몇몇 예를 통해 이 사실을 확인해 볼수 있다. 우선 사르트르와 보부아르는 처음 만나면서부터, 또 그 이후에도 여전히 서로에게 '당신vous'이라는 인칭대명사를 사용했다. 두사람은 이와 같은 존칭형 인칭대명사를 사용함으로써 서로를 하나의온전한 주체로 인정하고자 했다.[46]

또한 사르트르와 보부아르는 반세기 이상 계약결혼을 유지하면서가까이에서 많은 시간을 보냈지만, 그래도 서로 떨어져서 지내야만하는 경우에는 자주 편지를 교환했다. 두 사람이 각각 세상을 떠나고나서 그 편지들이 공개되었다. 그런데 그 편지들을 통해 우리는 두사람이 서로에 대해 부여하고 있던 의미가 어떤 것이었는지를 유추해 볼 수 있다.

두 사람은 각자의 편지에서도 상대방을 지칭하면서 '당신'이라는 칭호를 사용한다. 그리고 사르트르의 편지에서는 "작은 절대petit absolu", "당신이 곧 나예요", "아니, 당신은 나 이상이에요" 등의 표현이등장한다. 보부아르의 편지에서도 마찬가지다. 물론 이런 표현들을연인들의 편지에서 볼 수 있는 의례적인 표현들로 간주할 수도 있다.하지만 사랑에 대한 철학적 의미를 고려한다면 이런 표현들을 적극적으로 해석하는 것도 가능할 것이다. 서로가 서로를 주체성의 상태

---

[46] Alice Schwarzer, *Simone de Beauvoir aujourd'hui: Six entretiens,* Mercure de France, 1984, p. 63.

에 있다고 여기면서 '우리-주체'를 형성하고자 했던 노력의 표현으로 말이다.

두 사람이 서로에게 인쇄 허가자였다는 사실을 언급한 바 있다. 실제로 사르트르는 그녀를 "재판관", "검열관"[47] 등으로 부르고 있다. 이런 칭호들은 사르트르가 그녀에게 많은 것을 빚지고 있다고 한 말이 허언이 아님을 단적으로 보여 준다. 그런데 이 말은 그대로 보부아르에게도 적용될 수 있다. 예컨대 그녀의 기념비적인 역작인『제2의성』도 사르트르의 끊임없는 관심과 격려 속에서 태어났다. 이런 사실은 두 사람이 지적인 면에서도 '우리-주체'를 형성하고자 했다는 것을 여실히 보여 준다.

곧 살펴보겠지만, 사르트르는 인간관계에서 쌍방이 모두 주체성의 상태에 있는 것을 요구하는 사랑은 결국 '실패'로 끝난다고 주장한다. 다시 말해 사랑은 실현 불가능한 관계로 여겨진다. 이런 의미에서 사르트르와 보부아르의 계약결혼은 그들의 사유 체계에서 실현 불가능한 이상적인 인간관계, 곧 '우리-주체'에 도달하고자 하는 실험적이고 도전적인 시도라고 할 수 있다.[48] 이것이 바로 여러 차례의 위기에도 불구하고 두 사람이 계약결혼을 반세기 동안 유지할 수 있었던 참된 원동력이었던 것으로 보인다.

---

[47] 같은 책, p. 92;『보전』, 396쪽.

[48] 사르트르와 보부아르의 사유와 문학작품에서 '우리'가 가진 중요성에서 대해서는 특히 다음 저서를 참고하기 바란다. Christine Poisson, *Sartre et Beauvoir: Du je au nous*, Rodopi, coll. Faux titre 225, 2002; 안니 코엔솔랄,『사르트르』상, 우종길 옮김, 창, 3vols., 1993, 230쪽.

언어: 이상적인 의사소통

　사르트르와 보부아르의 계약결혼의 두 번째 조건은 서로 거짓 없이 모든 것을 다 말한다는 것이다. 이 조건을 잘 이해하기 위해 사르트르가 언어에 대해 부여하고 있는 의미를 살펴보자. 그에 따르면 언어는 나와 타자가 모두 주체성의 상태에 있으면서 서로 관계를 맺고자 하는 사랑과 유사하다. 아니, 언어는 사랑을 표현하는 주요 수단이기도 하다. 그도 그럴 것이 언어는 사랑을 구하는 자가 동원하는 모든 수단의 바탕에 놓여 있는 공통분모이기 때문이다.

　나는 타자의 사랑을 구하면서, 또 그를 사랑하면서 언어를 통해 나의 존재를 표현하고, 또 나의 의사를 전달한다. 사르트르는 하이데거를 따라 "나는 내가 말하는 것으로 존재한다Je suis ce que je dis"[49]라고 주장한다. 이때 언어는 단지 구어만을 의미하지 않는다. 사르트르에 의하면 내가 나의 존재를 표현하기 위해 생산해 내는 모든 기호가 언어에 포함된다.

　그런데 언어를 통해 정립되는 관계의 한 당사자인 나는 항상 주체성의 상태에 있어야 한다는 것이 사르트르의 주장이다. 말하는 주체인 나는 자유와 초월의 상태에 있어야 한다.[50] 만일 내가 그런 상태에 있지 못하다면, 나는 타자에게 내가 어떤 사람인지를 제대로 표현하

---

[49]　『EN』, p. 440.
[50]　사르트르와 보부아르에게서 인간이 주체성의 상태에 있다는 것과 그가 자유이고 초월이라는 것은 거의 같은 의미로 사용된다는 점을 지적하자.

지 못할 것이며, 또 나는 내가 전하고자 하는 메시지를 타자에게 제대로 전달할 수 없게 될 것이다.

또한 이 언어 관계에 참여하는 다른 당사자인 타자 역시 주체성의 상태로 있어야 한다. 그렇지 않다면 내가 그에게 언어를 통해 전달하고자 하는 바를 그는 제대로 이해할 수 없을 것이다. 게다가 타자가 자유와 초월의 상태에 있지 않다면, 그는 나에게 자기가 누구인지를 제대로 표현할 수 없을 것이며, 또 그가 나에게 전하고자 하는 메시지를 제대로 전달할 수 없게 될 것이다.

이런 사실을 고려해 보면 사르트르와 보부아르의 계약결혼의 두 번째 조건, 즉 서로 모든 것을 다 얘기한다는 조건은 의미심장하다. 그도 그럴 것이 이 조건은 인간들 사이에 정립될 수 있는 가장 이상적인 의사소통의 확립과 무관하지 않기 때문이다. 두 사람은 그들의 관계에서 각자 자신의 인격을 송두리째 싣는 의사소통, 나아가 그 어떤 것도 숨기지 않고 모두 말하는 투명한 의사소통의 확립을 목표로 한 것이다. 그리고 이런 목표는 그들이 계약결혼을 통해 추구했던 그들 사이의 이상적인 관계인 사랑에 수반되고 있다.

이런 사실들을 종합해 이제 사르트르와 보부아르의 계약결혼이 갖는 총체적인 의미를 말할 수 있다. 두 사람이 반세기 이상 유지했던 계약결혼은 그저 결혼 이전에 서로를 정신적, 육체적으로 더 잘 알기 위해 감행한 실험적인 결혼이 아니다. 오히려 두 사람은 자신들의 계약결혼을 통해 그들 각자의 사유 체계에서 가장 이상적인 의사소통이 수반되는 가장 이상적인 인간관계를 정립하려고 했던 것으로 보인다.

실현 불가능한 이상

이상은 이상으로 머물 공산이 크다. 이와 관련해 흥미로운 사실이 하나 있다. 프랑스어에서 주어가 '이상적인 것'을 의미하는 'l'idéal'인 경우, 보통 문어에서[51] 동사는 영어의 가정법에 해당하는 '조건법'이 사용된다는 사실이 그것이다. 이것은 이상이 실현되지 않을 수도 있다는 가능성과 의미를 내포한다.

이 사실은 사르트르와 보부아르의 계약결혼에도 적용되는 것으로 보인다. 물론 두 사람은 '우리-주체', 그것도 완벽한 의사소통이 수반되는 '우리-주체'의 형성을 위해 노력했을 것이다. 하지만 과연 두 사람의 소망은 의도한 대로 실현되었을까? 두 사람은 자신들이 원했던 그런 인간관계를 실현할 수 있었을까? 두 사람의 계약결혼이 여러 차례의 위기에도 끝까지 유지되었다는 사실을 반복해서 지적했다. 이것은 외관적으로는 그들의 계약결혼이 성공적이었다는 것을 의미한다.

하지만 문제는 두 사람의 계약결혼을 지탱하는 두 조건인 사랑과 언어가 이론상 실패로 끝날 수밖에 없다는 데에 있다. 사르트르에게서 사랑과 언어는 '실현 불가능한' 이상으로 이해된다. 그렇다면 두

[51]   구어에서는 직설법이 사용되기도 한다.

사람은 그 결과를 예상하면서도 처음부터 승산이 없는 게임을 했던 것일까? 또 두 사람은 과연 자신들의 계약결혼에 대해 어떤 판단을 했을까? 이 문제에 답을 하기 전에 사랑과 언어가 어떤 이유에서 실패로 끝날 수밖에 없는지를 보도록 하자.

먼저 사랑의 실패를 보자. 사르트르에 의하면 사랑은 그 내부에 이미 실패의 싹을 안고 있다. 사르트르는 사랑을 자기기만적 행위로 여긴다. 상식적으로 사랑에서 가장 중요한 것은 사랑하는 마음을 확인하는 것이다. 흔히 '밀당'이라는 표현을 사용한다. 이 단어는 상대방의 마음을 얻기 위해 서로 밀고 당기는 것을 의미한다. 하지만 사르트르의 눈으로 보면 이와 같은 사랑의 과정은 그 자체로 모순이다.

예컨대 이성애자인 내가 어떤 여자를 ―그 반대의 경우도 마찬가지다― 사랑하게 되었다고 하자. 이때 내가 그녀에게 원하는 것은 단순히 그녀의 육체가 아니다. 그보다는 오히려 나는 그녀의 마음을 얻고자 할 것이다. 그녀의 마음을 얻지 못한 채 그녀의 육체를 소유한다고 하더라도, 이것은 진정한 사랑과는 거리가 멀다. 내가 아무리 그녀를 열렬히 사랑한다 해도 그 사랑을 받아 주거나 그렇지 않을 권리는 늘 그녀에게 있으며, 나의 사랑을 받아 주지 않는다는 선택은 언제나 가능하다. 이때 그녀가 보여 주는 태도로 인해 나는 초조해한다. 거기에도 사랑의 묘미가 있지 않을까?

어쨌든 내가 사랑하는 여자의 마음을 얻고자 한다는 것은 결국 그 여자의 마음이 항상 나의 가능성 밖에 있다는 것을 보여 주는 증거이다. 이것은 나의 입장에서 보면 그녀가 자유와 초월의 상태, 곧 주체성의 상태에 있다는 것을 의미한다. 그녀는 내가 마음대로 소유할 수 있는 객체가 결코 아니다. 이런 이유로 사랑은 결코 그 사랑을 품는 사람의 마음대로 진행되지 않는다.

이렇듯 사랑은 상호적 관계이다. 짝사랑과 같은 일방적인 사랑도 있다. 하지만 짝사랑만으로 나는 결코 사랑하는 사람의 마음을 차지할 수 없다. 그렇기 때문에 사랑하는 것aimer은 사랑받는 것être aimé을 전제로 한다. 나는 내가 사랑하는 여자에게 나를 사랑해 줄 것을 요구한다. 이를 위해 나는 온갖 노력을 경주한다. 하지만 그 과정 속의 나는 이미 자기기만적인 상태에 빠져 있다는 것이 사르트르의 생각이다. 왜 그런가? 이 문제에 답하기 위해 두 가지 경우를 상정해보자.

먼저, 내가 그녀를 사랑함에도 그녀가 나의 사랑에 대해 아무런 반응을 보이지 않는 경우이다. 이때 그녀는 주체성의 상태에 있다. 이 것이 사랑의 성립 조건이다. 하지만 그녀가 나를 사랑해 주지 않는 이상, 나는 그녀의 마음, 곧 그녀의 주체성을 완전히 얻을 수 없는 상태에 있게 된다. 그다음으로, 그녀가 나의 사랑에 긍정적으로 반응해 나를 사랑해 주는 경우이다. 이때 나의 사랑은 실패로 돌아가고 만다는 것이 사르트르의 주장이다. 왜냐하면 그녀가 나에게 사랑을 고백하는 순간, 그녀는 더 이상 주체성의 상태에 있지 않기 때문이다.

이처럼 나는 그녀를 사랑하면서 내가 소유하고자 하는 그녀의 주체성을 어떤 경우라도 차지할 수 없는 모순되는 상황에 처하게 된다.

내가 그녀를 사랑하는 반면에 그녀가 나를 사랑해 주지 않을 때, 그녀의 주체성은 나의 영역 밖에 있다. 하지만 그 반대로 그녀가 나의 사랑에 응해 나를 사랑한다고 할 때, 그녀는 이미 주체성의 상태에서 벗어나게 되는 것이다. 이런 상태에서는 당연히 사랑의 목표인 '우리-주체'는 형성될 수 없게 된다.

사르트르는 또한 사랑이 제3자의 존재로 인해 실패로 끝난다고 본다. 왜 그런가? 나와 타자의 사랑은 제3자의 시선에 의해 상대화된다는 것이 사르트르의 주장이다. 사랑하는 자와 사랑받는 자만이 존재하는 경우, 두 사람은 서로를 절대적인 존재로 여기게 된다. 각자의 존재는 상대방에 의해 필요한 존재로 '불리워진다appelé.' 이렇게 해서 사랑은 두 사람에게는 절대적인 관계로 비친다. 사랑을 하면서 나와 타자는 '우리-주체', 즉 두 사람의 융합을 형성한다고 여긴다. 설사 그것이 자기기만 속에서라고 해도 그렇다. 하지만 사랑은 제3자에게 노출될 수밖에 없다. 제3자의 시선에 노출된 사랑은 상대화된다. 그렇게 되면 사랑의 두 당사자는 '우리-주체'에서 '우리-객체'로 변모된다는 것이 계속되는 사르트르의 주장이다. 바로 거기에 사랑의 실패를 결정하는 또 하나의 요인이 자리한다.

이런 관점에서 보면 사르트르와 보부아르의 계약결혼의 기저에 놓여 있던 사랑은 궁극적으로는 실패라는 점, 즉 두 사람은 계약결혼을 통해 그들이 실현하고자 했던 이상적인 목표를 실현하지 못했으리라는 것은 분명하다. 그렇다고는 하나 두 사람의 계약결혼이 어떤 의미를 가질 수 있다면, 그것은 오히려 각자의 사유 체계에서 실현 불가능하다고 여겨지는 두 사람의 주체성의 결합, 곧 '우리-주체'의 형성으로 나아가고자 하는 끊임없는 노력에 있는 것이 아닐까?

물론 이런 논의는 사르트르와 보부아르의 계약결혼의 첫 번째 조건에 포함된 두 종류의 사랑 중에서 필연적인 사랑에 해당된다. 그렇다면 이런 논의가 우발적인 사랑에도 해당될까? 답은 긍정적으로 보인다. 이 조건은 당연히 두 사람의 자유를 전제로 한다. 그런데 두 사람의 사유에서 자유는 핵심 개념이다. 앞에서 지적한 대로 사르트르는 자유의 철학자로 불리운다. 보부아르 역시 인간이 자유의 주체라는 사실을 이의 없이 인정한다.

또한 사르트르에 의하면 자유는 자유에 의해서만 제한될 수 있을 뿐이다. 따라서 사르트르와 보부아르가 계약결혼에서 우연적인 사랑을 서로 인정한다는 것은 결국 각자 상대방의 자유를 침범하지 않겠다는 의미를 가지는 것이다. 다만, 문제는 각자의 육체적 쾌락을 위해 이 계약조건이 남용될 소지가 다분하다 것이다. 실제로 두 사람의 계약결혼은 지나치다고 할 정도로 빈번한 우연적 사랑에 의해 위태로워졌다. 물론 그들은 그런 위태로움에도 불구하고 끝까지 계약결혼의 상태를 유지했다. 앞에서 지적했지만 그 동력은 그들의 관계가 육체적 열정보다는 오히려 정신적 열정 위에 기초하고 있다는 사실이었다.

그다음으로 언어의 실패를 보자. 사르트르는 사랑과 마찬가지로 언어 역시 실패로 귀착된다고 본다. 왜냐하면 언어 관계의 정립에 참여하는 일방인 나는 언어를 통해 나를 온전히 표현할 수 없고, 또 내가 원하는 바를 타자에게 온전히 전달할 수가 없기 때문이다. 어떤 이유에서일까? 우선 언어의 불충분성 때문이다.[52] 인간이 자기를 표현하기 위해 활용할 수 있는 언어는 항상 부족하다. 따라서 나는 내가 어떤 사람인지를 타자에게 언어를 통해 온전하게 표현할 수 없고, 또 내가 말하고자 하는 바를 그에게 온전히 전달하는 것도 애초에 불가능할 수밖에 없다.

언어는 또한 내가 타자에게 말한 바를 그가 어떻게 이해했는가를 내 편에서는 전혀 알 수 없기 때문에 실패로 끝나게 된다. 이것은 마치 타자의 '시선'에 의해 포착된 나의 모습이 어떤 것인지를 내가 알 수 없는 것과 마찬가지다.[53] 타자가 그의 시선을 통해 나를 볼 때에 나는 그 시선에 그려진 나의 모습이 어떤 것인지를 결코 알 수 없다.[54] 타자의 시선에 그려진 나의 모습은 마치 카드놀이에서 다른 사람이 숨기고 있는 카드의 안쪽과 같다. 이와 마찬가지로 내가 말한 것을 듣고 그것의 의미를 타자가 이해할 때, 나는 그 의미에 대해 아무런 권리도 가지지 못한다.

---

[52] 작가들에 의한 신조어(néologisme)의 사용, 러시아 형식주의자들의 언어 '낯설게 하기', 폴 리쾨르(Paul Ricœur)가 주장하고 있는 언어의 '의미론적 혁신(innovation sémantique)' 등은 모두 언어의 불충분성을 보여 주는 좋은 예이다.

[53] 사르트르는 타자를 '시선' 개념을 통해 "나를 바라보는 자"로 정의한다. 이 점에 대해서는 다시 거론할 것이다.

[54] 뒤에서 보겠지만, 보부아르는 『노년』에서 노인의 "동일시의 위기"를 다루고 있다. 노인 자신이 자기에 대해 갖는 이미지와 다른 사람들로부터 오는 자기의 이미지가 같지 않은 상태에서 겪는 정체성의 위기가 그것이다. 이때 다른 사람들로부터 노인에게 주어지는 이미지가 바로 그들의 '시선'에 사로잡힌 노인의 모습이다.

물론 예외는 있다. 타자가 내가 말한 것의 의미를 내게 말해 주는 경우가 그것이다. 이 경우에 내가 타자와 맺는 언어 관계는 실패에서 벗어날 수도 있을 것이다. 다만, 이 경우에도 타자는 과연 내가 그에게 말한 바의 의미를 온전히 포착할 수 있는가는 여전히 의문으로 남는다. 타자 또한 내가 그에게 말한 것에 대해 포착한 의미를 나에게 온전히 표현하고 전달하기에는 항상 언어가 부족하다고 느낄 것이다. 이것은 언어 관계가 실패로 끝날 공산이 크다는 것을 보여 준다.

하지만 이런 사실에도 불구하고 언어 관계를 완전한 실패라고 단정지을 수는 없지 않을까? 언어를 통한 관계 정립은 오히려 유예en sursis 상태에 있지 않을까? 언어는 오히려 실패도 성공도 아닌 그 중간 상태에 머물러 있는 것으로 보인다. 그렇다면 그렇게 말할 수 있는 근거는 무엇인가? 그것은 다음 경우를 이론적으로나마 상정할 수 있을 것이기 때문이다. 즉, 나는 내가 타자에게 말하고자 하는 바를 온전히 표현하기 위해 계속 노력하고, 타자 역시 내가 그에게 말한 바의 의미를 온전히 포착하기 위해 노력하며, 또한 그는 이 의미를 나에게 그대로 전해 주려고 계속 노력하고, 나 또한 그가 말하는 것을 이해하기 위해 계속 노력하는 경우가 그것이다. 이런 경우에만 나와 타자는 각자 주체성의 상태에 머물면서 인간들 사이에 맺어질 수 있는 가장 이상적인 의사소통을 실현할 수 있지 않을까? 이것이 바로 언어 관계가 성공과 실패의 중간 상태, 곧 유예 상태에 있다고 볼 수 있는 이유이다.

사르트르와 보부아르가 계약결혼의 조건으로 내세운 두 번째 조건, 즉 모든 것을 서로 말한다는 조건 역시 이런 유예 상태와 무관하지 않아 보인다. 그렇다면 과연 그들은 이런 의사소통을 정립할 수 있다는 확신을 가질 수 있었을까? 이 질문에 대한 대답은 부정적으로 보인다. 특히 보부아르는 이런 이상적인 의사소통의 정립이 불가능했다고 고백하고 있다. 사람은 다른 사람에게 아무것도 말하지 않기 위해서 많은 말을 할 수 있다는 것이 그녀의 주장이다. 다시 말해 핵심이 되는 얘기는 쏙 빼고 별로 중요하지 않은 말만 많이 할 수도 있다는 것이다. 또한 인간들 사이에는 정말로 말하기 부담스러운 내용도 있기 마련이다.

가령, 사르트르는 자신이 다른 여자들과 맺었던 관계에서 여자들이 어떻게 반응했느냐 하는 것까지 시시콜콜 모든 것을 보부아르에게 말하곤 했다. 하지만 정작 보부아르는 그런 얘기를 사르트르에게 하지 못했다. 따라서 모든 것을 말한다는 계약조건은 남자인 그에게 일방적으로 유리한 조건이었다. 이런 점을 고려해 그녀는 이 조건을 남자에게만 유리한 '알리바이alibi'였다고 지적하면서, 결국 이 조건이 지켜지지 못했음을 실토한 바 있다.[55] 이런 고백은 언어 관계를 통한 가장 이상적인 의사소통 역시 현실에서는 실현 불가능하다는 것을 여실히 보여 준다.

그럼에도 두 사람이 반세기 이상 유지시켰던 계약결혼의 기저에는 사랑과 언어, 곧 서로 주체성의 상태에서 맺어지는 가장 이상적인 인

---

[55]   『FA』, p. 31.

간관계의 실현을 위한 노력이 놓여 있다는 것은 분명해 보인다. 물론 사랑을 통한 가장 훌륭한 인간관계, 가장 완벽한 인간관계로서의 '주체-우리'의 형성은 실현 불가능한 것으로 드러났다. 하지만 두 사람은 서로 모든 것을 말한다는 두 번째 조건을 통해 일말의 실현 가능성이 있는 언어,[56] 곧 성공과 실패가 유예 상태에 있는 언어를 통해 가장 이상적인 의사소통을 실현하고자 하면서 가장 완벽한 인간관계의 실현에 도전장을 내밀었다고 할 수 있을 것이다.

[56] 이와 관련해 한 가지 흥미로운 사실은, 사르트르와 보부아르가 남녀 사이의 신체적 언어를 통해서도 완벽한 의사소통에 이를 수 있다고 생각했다는 점이다. 하지만 현실에서 이것은 두 사람에게는 해당되지 않는 것으로 보인다. 그도 그럴 것이 보부아르는 미국 작가 올그런과의 관계에서 처음으로 육체적 만족을 경험했다고 고백하고 있기 때문이다. 또한 그녀는 란츠만에게 보낸 한 통의 편지에서 사르트르를 사랑했음에도 불구하고 "진정한 상호성이 있었다고 하기에는 뭐하고 육체적으로는 아무것도 이루지 못했다고 해도 과언이 아니다"라고 쓰고 있다.(『보여』, 359쪽.) 이렇듯 그녀의 관점에서 보면 이상적인 인간관계는 정신적 관계와 육체적 관계를 모두 아우르는 관계라고 할 수 있을 것 같다. 그녀는 죽어서도 사르트르 곁에 묻히고 싶어 했고, 또 실제로 묻혀 있다. 하지만 그녀는 자기가 죽었을 때 올그런이 자기에게 준 반지를 빼지 말아 달라고 부탁했다고 한다.

3

계약결혼의 문학적 형상화

보부아르의 『초대받은 여자』

사르트르와 보부아르의 직함은 화려하다. 하지만 그 어떤 직함보다도 '작가'라는 직함이 우선한다. 두 사람에게 문학은 '절대'였고, '구원'의 수단이었다. 앞에서 언급한 것처럼 두 사람이 계약결혼을 끝까지 유지했던 원동력 중의 하나는 분명 문학에 대한 그들의 예외적인 열정이었다.

> 하지만 그[사르트르]가 자신하는 진정한 우월성, 그리고 내 눈에도 확실했던 것은 문학작품을 위해 열정을 쏟는 그의 태도였다. 예전에 나는 크리켓이나 공부를 열심히 하지 않는 아이들을 경멸했다. 그런데 나는 여기에서 나의 격렬한 열정을 보잘것없는 것으로 보는 사람을 만난 것이다. 실제로 사르트르와 비교해 볼 때 나의 열정은 부끄러울 뿐이었다. 나는 늘 내가 예외적인 존재라고 믿었다. 나는 글을 쓰지 않고 사는 것은 의미가 없다고 생각해 왔다. 그런데 그는 오로지 책을 쓰기 위해서만 살 뿐이었다.[57] (『MF』, pp. 475-476)

---

[57] 이와 관련해 보부아르는 '삶'에 우선권을 둔 반면, 사르트르는 '글쓰기(또는 '문학')'에 우

그리고 두 사람의 문학 세계의 특징은 무엇보다도 자신들의 삶에서 그 소재를 가져왔다는 점이다. 작가는 세계를 드러내면서 자기 자신도 드러내기 마련이다.[58] 이런 시각에서 볼 때 두 사람이 함께 반세기 이상 유지했던 계약결혼이 그들의 문학작품에서 문학적으로 형상화되는 것은 자연스러운 결과로 보인다.

사르트르는 『자유의 길』 첫째 권이자 1945년 출간된 『철들 나이』에서 마티외와 마르셀을 통해 계약결혼을 문학적으로 형상화시키고 있다. 보부아르는 1943년 출간된 『초대받은 여자』에서 피에르Pierre와 프랑수아즈Françoise를 통해 계약결혼을 문학적으로 형상화시키고 있다. 하지만 사르트르와 보부아르가 각자 문학적으로 형상화시킨 계약결혼에는 약간의 차이가 있다. 이런 차이는 그들 각자가 계약결혼을 어떤 시각에 중점을 두고 바라보았는지를 보여 준다. 여기에서는 출간 순서상 보부아르의 『초대받은 여자』를 먼저 살펴보고, 이어서 사르트르의 『철들 나이』를 살펴보기로 한다.

피에르, 프랑수아즈, 그자비에르Xavière, 제르베르Gerbert는 보부아르의 첫 번째 장편소설인 『초대받은 여자』에 나오는 중심인물들이다. 피에르는 극작가, 연출가, 배우이다. 전직 교사였던 프랑수아즈는

선권을 두었다는 것도 두 사람 사이의 중요한 차이 중 하나에 해당된다는 것을 지적하자. 또한 이런 차이가 나중에 두 사람의 참여에서의 차이, 곧 보부아르가 일상적이고 구체적인 삶(가령, 여성문제, 노인문제)에 더 많은 관심을 가지게 된 반면, 사르트르는 계급투쟁을 통한 사회 전체의 변혁에 더 관심을 가지게 된 것과도 무관하지 않은 것으로 보인다.

[58] 『SX』, p. 147.

30세의 작가이며, 피에르에게 오는 희곡들을 읽고 교정하기도 한다. 그자비에르는 루앙 출신의 소녀로 순수함과 감수성의 상징이다. 제르베르는 피에르를 따르고 존경하는 배우지망생이다.

피에르와 프랑수아즈의 관계는 사르트르와 보부아르의 그것을 모델로 하고 있다.[59] 피에르와 프랑수아즈는 8년 전에 알게 되었다. 두 사람은 같은 집에서 살지 않지만 계약결혼 상태에 있는 것으로 보인다. 우선 그들은 종종 '하나'로 느끼면서 자신들의 사랑을 거의 필연적으로 여긴다. 특히 프랑수아즈는 피에르와 함께하는 일에서도 그와 완벽하게 하나로 결합되어 있음을 느낀다.

가령, 그녀는 한 연극 공연에서 시저 역할을 맡고 있는 피에르를 보며 그의 행동 하나하나, 말 한 마디 등을 모두 그녀 자신의 것인 양 생각하고 있다. 두 사람은 이렇듯 완벽한 "우리",[60] 즉 "일심동체"[61]를 이루고 있는 것으로 보인다.

또한 피에르와 프랑수와즈 사이에는 서로 모든 것을 다 말한다는 계약이 있는 듯하다. 이 조건에 더해 두 사람은 필연적인 사랑을 지켜 가지만 우연적인 사랑을 서로 인정하고 있는 것으로 보인다. 예컨대 피에르는 캉제티Cangetti와 관계를 맺고 있다. 프랑수아즈는 심지어 피에르가 그자비에르를 사랑할 수 있는 권리가 있다는 사실을 먼

[59] Jean-Raymond Audet, *Simone de Beauvoir face à la mort*, L'Age d'homme, coll. Lettera, 1979, p. 13.
[60] 『초』, 62쪽.
[61] 같은 책, 29쪽.

저 인정하기도 한다. 피에르 역시 프랑수아즈에게 자유롭게 행동할 수 있도록 허락했다.

이렇듯 프랑수아즈는 피에르와 계약결혼 상태에 있으면서 자기가 "행복에 갇힌 여자"[62]라고 생각하기도 한다. 물론 그녀는 나중에 제르베르와 육체관계를 맺는다. 어쨌든 피에르와 프랑수아즈는 사르트르와 보부아르가 그랬던 것처럼 그들 사이의 필연적 사랑을 지켜감과 동시에 서로에게 우연적 사랑을 인정하고 있다는 점은 분명해 보인다.

앞에서 언급한 것처럼 사르트르와 보부아르의 계약결혼은 여러 차례의 위기에 봉착했다. 예컨대 그녀의 제자 올가가 두 사람 사이에 끼어들어 트리오를 형성하게 되었을 때 그러했다. 두 사람은 현실에서 올가로 인해 야기되었던 위기를 잘 극복하고 계약결혼 상태를 끝까지 유지했다. 올가와도 끝까지 우정을 나누면서 지내게 된다.

하지만 『초대받은 여자』에서의 피에르와 프랑수아즈의 관계는 그자비에르의 등장으로 인해 결국 프랑수아즈가 그자비에르를 살해함으로써 마침내 끝나게 된다. 이제 피에르와 프랑수아즈의 평탄했던 계약결혼이 어떤 과정을 거쳐 그자비에르의 살해라는 비극적인 결말에 이르게 되었는가를 살펴보자.

『초대받은 여자』에서 프랑수아즈는 그자비에르를 약 6개월 전에 우연히 만난 것으로 설정되어 있다. 그자비에르의 모델이 되고 있는

---

[62]   같은 책, 37쪽.

올가는[63] 실제로 보부아르가 루앙에 있는 학교에서 가르쳤던 제자였다. 하지만 프랑수아즈는 그자비에르를 우연히 만났다. 다만, 올가가 그랬던 것처럼 그자비에르도 루앙 출신으로 나온다. 또한 올가가 보부아르의 눈에 그랬던 것처럼 그자비에르도 30대 초입에 들어선 프랑수아즈의 눈에 젊음, 반항, 신선함 등의 상징이었다.

그런 만큼 프랑수아즈는 "까다로운 요구, 보기 힘든 미소, 그리고 예견할 수 없는 반응을 보이는" 그자비에르, 또한 "모험과 신비의 냄새"를 지니고 있는 그자비에르를 자신의 "작은 동반자"[64]로 삼고 싶었다. 따라서 프랑수아즈는 그자비에르를 옆에 두고자 한다. 프랑수아즈는 결국 그자비에르에게 파리에서 자기와 같이 살 것을 제안한다. 루앙을 떠나고자 했던 그자비에르는 프랑수아즈의 제의를 받아들이고 같은 호텔에서 기거하게 된다.

그런데 프랑수아즈가 그자비에르를 곁에 두고 싶어 하는 데는 더 근본적인 이유가 있는 것으로 보인다. 우선 프랑수아즈는 그자비에르를 소유한다는 기분을 갖고자 한다. 그녀는 피에르 주위에 모여드는 젊은이들에 대해 이미 그런 태도를 보이고 있었다. 또한 프랑수아즈는 무엇보다도 그자비에르에게 필요한 존재가 되고자 한다. 프랑수아즈는 이렇듯 그녀를 돌보며 자신의 잉여 존재를 정당화시키고자 한다. 어쨌든 그자비에르는 파리 생활을 시작하게 되고, 아직 미성년

---

[63]   Claude Monteil, 앞의 책, 1999, p. 65.
[64]   『초』, 38-39쪽.

자인 그녀에 대해 프랑수아즈는 책임감을 느끼며, 또한 그녀를 행복하게 만들어 주겠다는 결심을 하게 된다.

"소중한 재산"으로 여겼던 그자비에르가 파리에서 살기 시작한 지 얼마 되지 않은 상황에서 프랑수아즈는 한동안 자신의 생활에 "새로운 것"이 발생하지 않았다고 느꼈다.[65] 하지만 이런 느낌은 곧 사라진다. 피에르와 그자비에르가 서로의 존재를 알게 되면서부터 상황이 변하기 시작한 것이다. 다만, 피에르가 그자비에르를 보고 첫눈에 반한 것은 아니었다.

피에르는 처음에 그자비에르에 대해 별다른 관심을 갖지 않았다. 그자비에르도 피에르에 대해 특별한 감정을 품지 않았다. 가령, 피에르가 친구가 되는 협약을 맺자고 했을 때, 그녀도 별 다른 느낌 없이 거기에 동의한다. 하지만 만남의 빈도수가 많아짐에 따라 피에르도 그자비에르의 젊음, 신선함, 괴팍함, 길들여지지 않은 야성 등의 매력에 빠지게 된다.

게다가 프랑수아즈는 피에르에게 그자비에르와 연애를 해도 좋다고 허락했다. 이것은 우연적 사랑을 인정한다는 조건에 따른 것으로 보인다. 하지만 프랑수아즈는 점차 피에르와 자기 사이를 비집고 들어오는 그자비에르에 대해 거북함을 느끼기 시작한다.

처음에 프랑수아즈는 그자비에르를 자기를 졸졸 따라다니는 한 마리의 "강아지"[66] 정도로 생각했다. 하지만 그녀는 그자비에르를 점차

---

[65]   같은 책, 48쪽.

부담스러운 존재로 여기기 시작한다. 그녀의 표현을 빌자면 그자비에르는 그녀 자신에게 있어서 "구두창"에 묻은 "몇 킬로그램이나 되는 진흙덩어리"로 변한다.[67] 프랑수아즈는 피에르와의 관계에서도 그자비에르와의 관계로 인해 정상적인 생활을 하는 것에 어려움을 느낀다. 프랑수아즈는 급기야 이런 그자비에르를 "자신의 생활을 음험하게 좀먹어 들어오는 살아 있는 재앙의 화신"[68]으로 묘사한다.

또한 그자비에르는 프랑수아즈로 인해 자신이 하고픈 행동을 할 수 없을 때에는 '자살을 하겠다', '루앙으로 되돌아가겠다'라고 하면서 자기 마음대로 행동하기도 한다. 이렇듯 프랑수아즈의 눈에 그자비에르는 이제 그녀가 마음대로 할 수 있는 어린 아이가 아니라 "하나의 가치체계에 도전하고 있는 또 하나의 가치체계"[69]를 형성하는 것으로 보인다. 요컨대 그자비에르는 완벽한 한 명의 '타자'로 변하고 있었던 것이다.

더군다나 그자비에르는 피에르와 더 많은 시간을 보내게 된다. 그는 취업을 위해 그자비에르에게 연극배우의 길을 제안한다. 이렇게 해서 두 사람은 점차 프랑수아즈의 눈 밖에서 함께 시간을 보내게 된다. 강렬한 순수성을 지녔고 사물을 새로운 각도에서 보는, 따라서 놀랄 만한 참신함을 주는 "진주 같은 존재"[70]라는 별명을 가진 그자비

[66] 같은 책, 44쪽.
[67] 같은 책, 121쪽.
[68] 같은 책, 130쪽.
[69] 같은 책, 124쪽.

에르는 피에르와 프랑수아즈의 관계에 더욱 깊숙이 파고든다.

그 결과 프랑수아즈는 그자비에르를 더 이상 자신의 삶의 한 부분으로 여길 수 없게 된다. 그러기는커녕 오히려 그녀가 중심이 되어 형성된 세계 옆에 그자비에르가 중심이 되어 형성된 "낯선 세계"[71]를 인정해야만 하는 상황이다. 그 세계는 그자비에르만의 영역이다. 거기에는 프랑수아즈의 영향력이 미치지 않는다. 그리고 피에르와 그자비에르의 관계가 가까워짐에 따라 프랑수아즈는 그와 맺었던 계약결혼이 위기에 봉착함을 느낀다. 요컨대 그들의 사랑은 그자비에르로 인해 점차 파괴되고 있었다.

프랑수아즈는 "잿더미와 먼지"[72]만 남아 있을 뿐이라고 느끼는 자신들의 관계가 위기에 부딪쳤음을 피에르에게 털어놓는다. 두 사람 사이에 맺어진 모든 것을 말한다는 조건에 따른 것이다. 하지만 그는 그들의 계약결혼은 유효하며, 또 앞으로도 그럴 것이라고 단언한다. 그자비에르로 인해 자신들의 사랑이 위태로워진다면 그는 당장 그자비에르와의 관계를 끊겠다는 결기를 보여 준다. 프랑수아즈는 심각한 문제가 발생한다면 모든 것을 그에게 털어놓고 말하기로 다시 한번 약속하고 그자비에르로 인해 발생할 수 있는 모든 위험을 감내하기로 작정한다.

하지만 프랑수아즈는 점점 더 곤란한 상황으로 빠져든다. 그녀에

---

[70]   같은 책, 166쪽.

[71]   같은 책, 168쪽.

[72]   같은 책, 102쪽.

게 별다른 문제가 없음을 확인한 피에르는 그자비에르와 더 가깝게 지내게 된다. 피에르와 그자비에르는 '하나'가 되어 피에르와 프랑수아즈의 '하나'와 충돌하게 된다. 이제 프랑수아즈의 선택지는 한정되어 있다. 피에르와의 관계, 그자비에르와의 관계를 전부 포기하는 것, 혹은 두 사람에게 맞서는 것 정도이다. 어쨌든 피에르와 그자비에르의 결합 앞에서 프랑수아즈는 과거 피에르와 함께 '우리' ―당연히 '우리-주체'이다― 를 형성했던 옛날과는 달리 다시 '나'로 되돌아감을 느끼게 된다.

그러던 중에 프랑수아즈가 폐 충혈로 입원하게 된다. 이를 계기로 그녀는 두 가지 일을 겪는다. 하나는 피에르의 여전한 사랑이다. 매일 병문안을 와서 그는 위로의 말을 건넨다. 다른 하나는 그 와중에도 프랑수아즈가 피에르와 그자비에르의 관계로 인해 괴로움을 겪는다는 것이다. 그들은 프랑수아즈 앞에서 '우리'라는 인칭대명사를 사용하며 여러 일들을 이야기한다. 두 사람은 사랑하는 사이가 되었으며, 입맞춤을 하는 사이로 발전했다고 프랑수아즈에게 털어놓기도 한다.

물론 프랑수아즈는 이미 피에르에게 그자비에르와 관계를 맺어도 좋다고 허락했다. 게다가 우연적 사랑에 대한 인정은 그들의 계약결혼의 조건 중 하나다. 피에르가 그자비에르와 곧 잠자리도 같이 할 것이다. 하지만 정작 프랑수아즈는 그들의 '우리'라는 인칭대명사의 사용에 당황한다.[73] 그런데 한 가지 기묘한 점이 있다. 프랑수아즈가 그자비에르를 피에르에게 빼앗기고 있다고 느끼고 있으며, 또 그것을 용납할 수 없다고 생각하고 있다는 점이 그것이다.

왜 그런가? 프랑수아즈는 그자비에르를 돌봄으로써 자신의 존재이유를 찾을 수 있었다는 점을 상기하자. 그런 만큼 그녀에게는 그자비에르를 계속 자기 옆에 두어야 할 필요가 있다. 만일 피에르가 그자비에르를 독점한다면, 프랑수아즈는 그자비에르에게서 발견한 모든 의미를 상실하게 될 것이다. 한편, 프랑수아즈에게는 피에르 역시 소중한 존재이다. 그자비에르로 인해 그와의 계약결혼에 위기가 닥쳐오긴 했지만 프랑수아즈는 그와 함께 여전히 '우리'을 형성하고 있다.

이런 이유에서였을까? 프랑수아즈는 퇴원하면서 자기와 피에르 사이에 그자비에르의 자리를 인정하는 모험을 감행하기로 한다. 그녀는 '듀오' 관계를 '트리오' 관계로 바꾸고자 한 것이다. 그자비에르도 거기에 동의한다.

> "반대로 모든 게 오히려 아주 좋게 될 수도 있어. 훌륭히 결합된 두 사람도 물론 아름답지만 서로 서로가 온 마음을 다해서 사랑하는 세 사람 사이의 사랑이라면 얼마나 더 풍요롭겠어." (…)
> "그래요." 그자비에르는 프랑수아즈의 손을 꼭 쥐며 말했다.
>
> (『초』, 265쪽)

모든 일이 잘 진행되는 것 같았다. 얼마 동안 트리오가 순조롭게

---

73   같은 책, 230-231쪽.

작동하는 것 같았다. 게다가 피에르는 5년 동안 트리오의 관계를 유지하자고 맹세한다.[74] 하지만 프랑수아즈는 트리오 안에서도 그자비에르에 대해 계속 이중의 상반된 감정을 품게 된다.

프랑수아즈는 그자비에르를 여전히 자신의 소유 대상이자 자기의 도움을 필요로 하는 존재로 여긴다. 하지만 그자비에르는 피에르와 프랑수아즈 사이에서 점차 영향력을 확대하면서 "꼬마 독재자"[75]로 군림하게 된다. 프랑수아즈는 그자비에르의 방이 그녀만의 영역이라는 사실을 이미 느낀 적이 있었다. 그런데 그녀는 이제 그곳을 "현란하고 독기 있는 식물들이 무성히 자라고 있는 후끈한 온실", "축축한 분위기가 몸에 끈적끈적 묻어나는, 환각에 사로잡힌 자의 지하 감옥"[76]으로 여기게 된다.

그자비에르는 피에르와 프랑수아즈가 감당할 수 없는 행동을 저지르면서 자기의 영향력을 확대해 나간다. 그자비에르는 셋이서 외출한 저녁에 한 술집에서 담뱃불로 자신의 살을 지지는 극단적인 행동을 한다. 이 장면을 보면서 프랑수아즈는 자신의 영향력 밖에 존재하는 그자비에르의 모습에 전율한다. 그자비에르는 피에르와 프랑수아즈 곁에서 "피와 살"[77]로 존재하는 것이다. 그자비에르는 이제 피에르와 프랑수아즈가 잠시 다정하게 이야기를 나누는 것조차 용납하지

74   같은 책, 291쪽.
75   같은 책, 321쪽.
76   같은 책, 343쪽.
77   같은 책, 354, 362쪽.

않는다. 이렇게 해서 프랑수아즈는 그자비에르를 "뛰어넘을 수 없는 장애물", 곧 한 명의 온전한 '타자'로 인식하게 된다.

> 하루 하루, 한 순간 한 순간, 프랑수아즈는 위험을 회피해 왔으나 이젠 끝장이었다. 아주 어렸을 때부터 불확실한 형태로 막연히 예감해 왔던 그 뛰어넘을 수 없는 장애물에 그녀는 드디어 맞닥뜨린 것이었다. 그자비에르의 광적인 쾌감과, 증오와 질투를 통해 죽음처럼 괴이하고 결정적인 그 놀랍고 무서운 일이 폭발하고 있었다. 프랑수아즈의 면전에, 그러나 한편 그녀와 상관없이, 최후의 선고와도 같은 그 어떤 것이 존재하고 있었다. 자유롭고 절대적으로 완강하게, 낯선 타인의 의식이 버티고 있었다. (『초』, 364쪽)

이런 인식 끝에 프랑수아즈는 피에르에게 트리오 실험이 실패로 끝났음을 털어놓는다. 그녀는 트리오를 형성해 피에르와는 계약결혼 상태를 유지하고, 그자비에르와의 관계에서는 그녀를 소유하면서 그녀에게 필요한 존재가 되고자 했다. 하지만 지금 그녀는 그자비에르로 인해 이 두 가지 모두를 잃게 된 것이다. 파경이 눈앞에 다가온 것이다.

이 상황을 어떻게 타개할 것인가? 이 질문은 그자비에르를 어떻게 처리할 것인가라는 질문에 다름 아니다. 프랑수아즈는 그녀를 죽이는 수밖에 다른 방도가 없다[78]고 생각하게 된다.[79] 하지만 그녀를 당장 살해하는 것은 아니다. 거기에 이르기 위해서는 세 개의 사건을 겪어야 했다. 우선 그자비에르는 제르베르를 끌어들여 그와 육체관계를 맺는다. 피에르가 그자비에르의 방에서 그들이 있는 장면을 엿보게 된다. 이 사건으로 인해 피에르는 그자비에르를 더 이상 만나려 들지 않는다.

물론 프랑수아즈는 중간에서 피에르와 그자비에르가 다시 만나게끔 중재하나 신통치 않다. 왜냐하면 그자비에르가 제르베르와 육체관계를 맺은 것은 피에르에 대한 일종의 복수였기 때문이다. 그자비에르는 트리오가 깨진 것을 계기로 프랑수아즈와 피에르가 다시 가까워지는 것을 느낀다. 이에 대한 복수로 그자비에르는 제르베르에게 몸을 허락한 것이다. 그렇기 때문에 그자비에르는 자기와 피에르를 다시 만나게끔 중재하는 프랑수아즈에게도 터놓고 얘기를 하지 않는다. 결국 그자비에르에게서 최고, 최후의 경쟁자는 프랑수아즈였던 것이다.

또 하나의 사건은 프랑수아즈가 제르베르와 여행을 떠났고, 이 여행 중에 육체관계를 맺은 것이다. 그녀가 제르베르와 육체관계를 맺은 것은 단지 이 세상에 피에르나 그자비에르 이외에도 그녀가 사랑할 수 있는 사람이 있다는 것을 보여 주기 위함이었다. 프랑수아즈가 제르베르와 육체관계를 맺은 것은 그자비에르에 대한 일종의 복수라

---

[78] 같은 책, 377쪽.

[79] 보부아르는 『초대받은 여자』에서 피에르와 프랑수아즈의 커플 옆에 엘리자베트(Elisabethe)와 클로드(Claude)의 커플을 대조시키고 있기도 하다. 엘리자베트는 클로드와 사귀게 된 쉬잔(Suzanne)을 증오하면서 죽이겠다는 생각을 하게 된다.

고 할 수 있다.

피에르를 독점하려 드는 그자비에르. 그런 그녀와 화해를 하면 그녀에게만 빠져 들고 프랑수아즈에게는 무관심한 피에르. 프랑수아즈는 이들 두 사람의 공모 관계에 맞설 수 없는 절망적인 상태에서 그자비에르에게 복수를 하기 위해 제르베르와 같이 잔 것이다. 그렇기 때문에 프랑수아즈는 자신과의 일을 그자비에르에게 비밀로 해 달라고 부탁한다. 이로써 그녀는 그자비에르와의 싸움에서 이겼다고 생각한다.

또 다른 하나의 사건은 바로 제르베르가 프랑수아즈에게 보낸 편지를 그자비에르가 몰래 훔쳐 본 것이다. 『초대받은 여자』는 제2차 세계대전 발발 직전의 상황을 배경으로 하고 있다. 전쟁이 발발하자 피에르와 제르베르는 동원된다. 전쟁이 시작되자 프랑수아즈와 그자비에르는 어쩔 수 없이 다시 같은 호텔에서 지내게 된다. 하지만 피에르를 두고 그녀들 사이에 질투, 반목, 시기는 누그러들지 않는다.

제르베르가 외박을 나와 그자비에르 몰래 프랑수아즈에게 만나자는 소식을 전한다. 프랑수아즈는 그자비에르에게 거짓말을 하고 제르베르를 만난다. 피에르는 동원된 후에 프랑수아즈와 그자비에르에게 각각 편지를 보내고 있다. 그런데 그자비에르는 피에르가 프랑수아즈에게 보낸 편지에서 자기에 대해 어떤 말을 하고 있는지 몹시 궁금했던 모양이다. 그녀가 프랑수아즈와 나눈 대화가 그 증거이다. "사람들이 제 얘길 한다고 생각하면 저는 몸에 소름이 끼쳐요."[80]

그자비에르는 궁금증을 이기지 못하고 프랑수아즈가 자기 방 책상에 넣어 둔 피에르의 편지를 훔쳐보게 된다. 그런데 공교롭게도 프랑수아즈는 피에르의 편지 옆에 제르베르에게서 받은 편지를 같이 넣어 두었다. 외출 중에 자기 핸드백 속에 늘 넣어 두었던 책상 열쇠가 없는 것을 발견한 프랑수아즈가 급히 호텔로 돌아왔으나 상황은 이미 끝나 있었다. 그자비에르가 제르베르의 편지를 읽은 것이다.[81] 어떤 변명도 소용없었다. 그녀의 태도는 완강했다. 그녀가 보기에 프랑수아즈는 피에르를 뺏긴 화풀이로 제르베르와 관계를 맺고, 또 그 관계를 지금까지 유지해 온 것이다. 프랑수아즈가 자기를 완전히 속였다는 것이 그자비에르의 생각이었다.

프랑수아즈는 제르베르를 뺏은 염치없는 어른으로 낙인찍힌 것이다. 손아래 사람을 위한다는 구실로 오히려 손아래 사람을 괴롭힌 악랄한 어른! 이것이 그자비에르라는 타인의 의식에 각인된 프랑수아즈의 이미지였을 것이다. 그자비에르는 이제 루앙으로 갈 것이다. 그렇다면 그녀가 살아 있는 한 프랑수아즈는 계속 파렴치한 인간으로 그녀의 기억 속에서 남아 있게 될 것이다. 어떻게 할 것인가? 프랑수아즈는 "죽고 싶다"[82]고 말한다. 하지만 그녀는 그와 정반대의 결론을 내린다. 그자비에르를 이 세상에 더 이상 존재하지 않게 하는 결론이 그것이다.

---

80   『초』, 492쪽
81   같은 책, 493쪽.
82   타자의 의식이나 시선에 의해 포착된 나의 이미지가 어떤 것인지를 나는 결코 알 수가
      없다. 나는 그저 그 이미지를 추측할 수 있을 뿐이라는 점을 지적하자. 같은 책, 496쪽.

프랑수아즈는 마지막으로 그자비에르에게 잘못을 말하고 용서를 받고자 한다. 가능하다면 그녀와 함께 파리에서 계속 살려고 한다. 하지만 그자비에르의 분노는 누그러들지 않는다. 파리를 떠나 루앙으로 돌아가겠다는 그녀의 결심은 확고하기 만하다.

> "난 그자비에르에게 죄를 졌어. 용서해 달라는 건 아냐. 하지만 제발 내 잘못을 영영 돌이킬 수 없는 것으로 만들진 말아 줘." 그녀의 목소리는 격한 감정으로 떨리고 있었다. 그자비에르를 설득시킬 수만 있다면…. "오랫동안 난 그자비에르의 행복만을 생각해 왔어. (…) 내가 추악한 죄인이 되지 않을 수 있는 기회를 나에게 줘."
> 그자비에르는 멍한 표정으로 그녀를 바라보았다. (…)
> "너그럽게 생각해 줘. 내 제의를 받아 줘. 그자비에르의 미래를 내가 망쳐 버렸다는 회한을 갖지 않도록 해 줘."
> "그러기보다는 죽어 버리는 게 낫겠어요." 그자비에르는 격렬하게 되뇌었다.
> (『초』, 498쪽)

이제 프랑수아즈에게 단 하나의 길만이 남아 있다. 그자비에르의 의식을 이 세계에서 사라지게 하는 것이다. 프랑수아즈는 그자비에르의 방 가스 밸브를 열었다.[83]

---

[83]   같은 책, 498쪽.

보부아르는 『초대받은 여자』에서 그자비에르를 살해한 이후 프랑수아즈의 운명에 대해서는 침묵을 지키고 있다. 피에르와 그녀 사이의 계약결혼에 대해서도 정보가 없다. 다만 여기에서 한 가지 지적할 수 있는 것은, 사르트르와 보부아르의 관계와는 달리 『초대받은 여자』에서 피에르와 프랑수아즈의 계약결혼은 그자비에르라는 제3자가 살해되는 비극적인 상황에까지 이른다는 점이다.[84] 물론 이 작품에서 프랑수아즈의 행동은 실제로 보부아르가 올가에게 품었던 원한을 문학적으로 형상화해 그녀들 사이의 우정을 '정화淨化'한 것일 수도 있다. 하지만 현실에서 보부아르는 그런 위기를 극복하고 끝까지 사르트르와의 계약결혼을 지켜냈다는 점이 소설 속의 계약결혼과의 차이라면 차이라고 할 수 있겠다.

---

[84] 프랑수아즈의 살인과 관련해 사르트르의 사유에서 '증오(haine)' 개념은 흥미롭다. 사르트르는 나와 타자와의 관계를 다루면서 나의 부끄러운 모습을 자신의 의식 속에 각인시켜 기억하고 있는 타자를 살해해 그의 의식과 더불어 나의 부끄러운 모습을 이 세계로부터 영원히 지워버리려고 하는 시도를 증오로 규정한다. 이와 마찬가지로 프랑수아즈가 그자비에르를 살해한 것은, 결국 그자비에르라고 하는 타자의 의식에 그려진 프랑수아즈 자신의 떳떳하지 못한 모습을 죽은 그자비에르의 의식과 함께 무덤 속으로 가지고 가게끔 하는 것과 같은 행동이다. 사르트르는 증오가 실패로 끝난다고 주장한다. 비록 나와 관련이 있는 부끄러운 비밀의 열쇠를 타자가 살해당함으로써 그의 무덤까지 가지고 가 버렸지만, 내가 그에게 한 순간이나마 부끄러운 모습으로 존재했다는 사실은 결코 사라지지 않기 때문이다.

사르트르의 『철들 나이』

사르트르는 『구토』에 이은 그의 두 번째 장편소설인 『자유의 길』 첫 번째 권인 『철들 나이』에서 마티외와 마르셀이라는 한 쌍의 남녀를 통해 계약결혼을 문학적으로 형상화하고 있다. 마티외는 34세이고, 고등학교에서 철학을 가르친다. 마티외의 이런 모습은 사르트르의 모습을 떠올리기에 충분하다. 마르셀은 화학을 공부했으나 병 때문에 중단하고, 그 이후 집에서 소일하고 있다. 마르셀의 모습은 보부아르의 그것과는 거리가 멀다. 하지만 마티외와 마르셀은 사르트르와 보부아르 자신을 모델로 하고 있는 것은 의심의 여지가 없다.

게다가 마르셀은 어머니와 함께 살고 있다. 마티외가 일주일에 4번 그녀의 방을 몰래 방문하는 장면은, 앞에서 본 것처럼 보부아르가 1929년 철학 교수자격시험에 합격한 이후 외할머니의 아파트에서 방을 하나 빌려 살 때의 모습과 흡사하다. 또한 7년 전에 알게 된 마티외와 마르셀은 서로 모든 것을 얘기한다는 계약을 맺고 있다.[85] 다만, 두 사람 사이에는 우연적인 사랑을 인정한다는 묵계는 없었던 것 같다. 경제적으로 독립채산제를 내세운 것도 아니다.

어쨌든 계약결혼의 형태로 준準부부처럼 살아가는 마티외와 마르셀에게 문제가 발생한다. 마르셀이 임신한 것이다. 그녀도 처음에는 아이를 갖는 것을 원치 않았던 것으로 보인다.

---

[85] 『철』, 21쪽.

만일 그녀가 아이를 낳기를 바라고 있다면? 그렇다면 만사가 끝장이다. (…) 그러나 다행히 그것은 사실이 아니다. 사실일 수 없다. 결혼한 친구들이 임신했다는 이야기를 들었을 때 마르셀이 그들을 멸시하는 것을 나는 여러 번 들은 적이 있다. 그리고 그런 여자들을 부화기라고 부르면서 이렇게 비웃는 것이었다. '애를 낳는다고, 정말 꼴사납게 구는군.' 이런 말을 하고 나서도 슬그머니 의견을 바꾼다면 그건 배신행위이다. (『철』, 158쪽)

하지만 마르셀은 나중에 아이를 낳기를 원한다. 하지만 당장 급한 것은 마티외에게 임신 사실을 알리는 것이다. 그녀는 기회를 보아 이 사실을 털어놓는다. 여기까지는 아무런 문제가 없다. 두 사람이 맺었던 계약대로 모든 것이 진행되고 있다. 마르셀이 임신 소식을 전하자 마티외는 낙태 수술을 권하고, 그녀도 동의한다.[86]

하지만 『철들 나이』의 배경이 된 시기에 프랑스에서 낙태는 불법이었다. 낙태를 하려면 몰래 불법으로 수술을 받든가, 아니면 외국 국적을 가진 의사에게 가든가, 그것도 아니면 낙태가 허용된 외국으로 가야 하는 상황이었다. 불법 수술의 경우에 많은 문제가 발생했다. 수술이 잘못되어 생명을 잃거나 후유증을 겪은 사람들이 많았다. 『철들 나이』에 등장하는 앙드레Andrée의 경우가 그 한 예이다. 또한 은밀히 프랑스에서 활동하고 있는 외국 국적의 의사들과 외국으로 직

---

86   같은 책, 26쪽.

접 가서 수술을 받는 경우에는 비싼 수술비가 문제였다.

마티외와 마르셀은 논의 끝에, 불법으로 시술을 하지만 돈을 많이 받지 않는 노파를 찾아가기로 결정한다.[87] 하지만 마티외는 먼저 노파가 있는 곳을 찾아가 그곳의 위생 상태 등을 보고 나서 결정을 내리자고 마르셀을 설득한다. 그리고 그곳을 방문한 마티외는 그냥 돌아오고 만다. 그는 노파의 손을 보고 "남자의 손", "교살자의 손"이라는 인상을 받았기 때문이다.[88]

마티외는 마르셀을 외국으로 보낼 수는 없는 상황이다. 비용이 너무 많이 들기 때문이다. 게다가 그는 그 무렵 경제적으로 곤궁한 상황이었다. 수술비를 구하기 위해 온갖 노력을 다해야만 하는 입장이었다. 실제로 『철들 나이』는 그가 돈을 구하려고 파리 전역을 이리저리 돌아다니는 이틀 동안에 벌어진 사건들을 중심으로 구성되어 있다.

그 과정에서 마티외는 주위 사람들에게 도움을 청한다. 과거에 낙태 수술 경험이 있는 사라Sarah도 그중 한 명이다. 자신의 경험에 비추어 그녀는 애를 낳으라고 권유한다. 하지만 마티외는 아이를 원치 않는다. 어쨌든 아이를 갖지 않겠다는 확고한 결심을 하고 있는 그에게 그녀는 자신이 수술을 받았던 러시아 국적을 가진 사람을 소개해 줄 수는 없다고 말한다. 그 사람은 여전히 수술은 하지만, 요새는 술을 많이 마시고 또 2년 전에는 사고를 쳤다는 것이다.[89]

---

[87] 같은 책, 28쪽.
[88] 같은 책, 34쪽.
[89] 같은 책, 70쪽.

사라는 그 대신 지금 나치 정권을 피해 파리에 와 있는 독일 국적의 한 유대인 의사의 소재를 알아보겠다고 마티외에게 약속한다. 그녀는 수소문 끝에 그 의사에 대한 정보를 마티외에게 알려 준다. 하지만 문제는 시간과 돈이다. 그 의사는 미국으로 곧 떠날 예정이며, 또 상당히 많은 수술비를 현금으로 요구한다는 것이다.[90]

그다음으로 마티외는 친구 다니엘Daniel에게 마르셀의 임신을 알리면서 그에게 돈을 부탁한다.[91] 다니엘은 충분한 돈을 가지고 있으면서도 그의 부탁을 거절한다. 그 대신 그는 마티외에게 공무원들에게 돈을 빌려주는 조합의 소재를 알려 준다. 또한 마티외에게 마르셀과의 결혼을 제의하기도 한다. 하지만 마티외의 결심은 확고하다. 그는 마르셀과 결혼해 가정을 누리고 아버지가 되는 것을 도저히 받아들일 수가 없다.[92]

이 단계에서 한 가지 의문점이 있다. 다니엘은 많은 돈을 가지고 있으면서도 왜 마티외에게 빌려주는 것을 거절했을까 하는 점이다. 거기에는 두 가지 이유가 있다. 하나는 다니엘의 사디스트로서의 취미이다. 그는 주위의 다른 사람들에 대해 '악惡'을 행하면서 살아가고

---

90 같은 책, 90쪽.
91 같은 책, 135쪽.
92 아버지가 되는 것을 싫어하는 마티외의 생각에는 아버지에 대한 사르트르의 생각이 반영되어 있다. 사르트르는 결혼을 하지 않았고 또 아버지가 되지 않았다. 사르트르가 아버지가 되기 싫어한 근본적인 이유는, 그 자신이 아버지가 되어 자식에게 폭력을 가하고 싶지 않았기 때문이다. 이와 관련해 여기에서는 "세상에 좋은 아버지란 없다. 그것이 일반 법칙이다"(『LM』, p. 8.)라는 사르트르의 생각을 지적하는 것으로 그치고자 한다.

있다. 그는 자신의 존재를 정당화시키기 위해 다른 사람들에게 나쁜 행동을 스스럼없이 행한다. 그러면서 그는 그들의 의식에 포착된 이미지 통해 자신이 존재한다는 느낌을 받는다.[93] 그에게는 그 이미지가 나쁜 것이어도 상관이 없다.

또 다른 이유는 마티외 몰래 다니엘이 마르셀과 비밀리에 정기적으로 만나고 있다는 사실이다. 한 달에 2번 정도 만나고 있다. 다니엘은 마르셀을 만나 보고 그녀가 정말로 아이를 낳는 것을 원하지 않는지를 알고 싶어 한다. 그렇기 때문에 다니엘은 마티외의 말만 듣고 선뜻 돈을 빌려주고 싶지 않았던 것이다.

그런데 마르셀은 아이를 낳고 싶어 한다. 물론, 앞에서 지적한 대로, 마티외와 만난 초창기에 그녀는 아이를 낳고 싶어 하지 않았다. 또한 5년 전에 마티외가 그녀에게 결혼을 제의했을 때조차도 먼저 거절한 것은 그녀였다. 또한 2-3년 전에는 마티외와 대화를 나누면서 그녀는 임신을 하게 되면 낙태 수술을 받겠다고 얘기를 한 적이 있었다.[94] 하지만 마르셀은 지금 그때와 다른 생각을 하고 있다.

> 그러나 그녀는 살며시 자기 배를 만져 보지 않을 수가 없었다. 그녀는 '여기다, 여기'라고 생각했다. 자기처럼 살아 있고, 불우한 그 무엇. 자기의 생명처럼 허망하고 쓸데없는 생명… 그녀는 갑자기

---

[93]   『철』, 125쪽.
[94]   같은 책, 333쪽.

뜨거운 열정을 느끼면서 생각했다. '그 생명은 내 것이 될 수도 있으리라. 비록 백치이고 기형아일지언정 내 것이 될 수도 있으리라.'

(『철』, 102쪽)

마르셀은 마티와와 서로 모든 것을 다 말한다는 계약을 맺었기 때문에 당연히 그녀가 아이를 낳고 싶다는 말을 그에게 해야 했다. 이와 관련해 마르셀은 자신의 잘못을 인정한다.

나는 그를 증오하고 싶진 않다. 그에게도 그만한 권리가 있다. 사고가 날 경우에… 하고 늘 말해 온 바도 있으니까. 그이야 내 본심을 알 수가 없지. 내가 아무 말도 안 한 것은 내 잘못이지. (『철』, 101쪽)

그렇지만 마르셀은 이 계약 조건이 전적으로 남자인 마티외에게 편리한 조건이라고 생각한다. 그는 "무슨 일이 있으면 그녀가 나에게 말할 테지"[95]라고만 생각한다는 것이다. 이렇듯 마르셀은 2-3년 전의 얘기만을 믿고 이번에 자기에게 한 번도 의견을 물어보지 않고 임신 소식을 듣자마자 곧장 수술 결정을 내려 버린 마티외를 원망하고 있다. 그녀는 한 순간이라도 그가 주저하는 빛을 보였더라면 그에게 아이를 낳고 싶다는 자신의 생각을 전달했을 수도 있었을 것이라고 생각한다.

---

[95] 같은 책, 101쪽.

이처럼 마르셀이 마티외를 원망하고 있는 동안에도 그는 돈을 구하기 위해 동분서주한다. 다니엘에게 거절당했던 마티외는 친형 자크Jacques에게 돈을 부탁한다. 하지만 자크는 냉정하게 거절한다. 여기에서 자크의 반응을 자세히 살펴볼 필요가 있다. 왜냐하면 그의 입장이 마티외와 마르셀, 곧 사르트르와 보부아르의 계약결혼에 대해 그 당시의 부르주아들이 보인 반응을 어느 정도 대변하고 있는 것으로 보이기 때문이다.

대소인對訴人으로 일하는 자크는 결혼해서 전형적인 부르주아의 삶을 영위하고 있다. 마르셀의 임신과 돈 얘기를 꺼냈을 때, 자크는 마티외가 결혼 생각을 가지고 있는 것으로 오해한다. 하지만 낙태를 결정했다는 말에 자크는 그에게 돈을 빌려주는 것을 거절하면서 일장 훈계를 퍼붓는다. 우선, 불법 낙태 수술에 대한 단속이 심하다는 점을 환기시킨다. 그가 돈을 빌려주었다가 일이 잘못되어 자기에게 불똥이 튈 것을 우려한 것이다. 이어서 자크는 낙태를 일종의 "형이상학적 살인"[96]으로 규정한다. 그러면서 그는 위험천만한 일에는 끼어들고 싶지 않다는 의사를 분명히 한다.

자크는 또한 마티외의 계약결혼 자체를 비판한다. 자크에 의하면 그는 이미 결혼한 것이다. 다만, 마티외는 "결혼의 온갖 장점을 이용하는 한편", 자기의 "원칙을 방패로 삼아 결혼이 가져오는 불편한 점을 제거한다"는 것이다. 한 마디로 마티외의 생활은 자기기만 위에서

---

[96]   같은 책, 149쪽.

이루어진다는 것이다. 그러면서 34세가 된 마티외도 이제 '철들 나이'
―『철들 나이』라는 제목은 이런 의미를 담고 있다― 가 되었다는 것이
다.[97] 마지막으로 자크는 마티외에게 결혼을 조건으로 돈을 빌려줄
수 있다고 암시한다. 마티외는 이런 형의 제안을 결코 받아들일 수
없다.

하지만 마티외는 수술에 필요한 돈을 쉽게 구할 수 있는 입장에 있
지 않다. 그는 급기야 제자 보리스Boris에게 그의 애인이자 클럽 전속
가수인 로라Lola로부터 자기 대신 돈을 빌릴 것을 부탁하기도 한다.
하지만 로라는 보리스에게 돈을 꿔 주는 것을 거절한다. 막다른 골목
에 몰린 마티외는 마침내 돈을 훔치러 로라의 방에 들어가기까지 한
다. 마티외는 로라의 핸드백 속에 있는 돈을 보게 되지만 결국 훔치
지 못한 채 그녀의 방을 나오게 된다.

마티외는 마르셀의 일로 인해 인생의 기로에 서 있다. 마르셀의 낙
태 수술에 필요한 돈을 구하는 노력들이 하나 둘 실패로 돌아가는 상
황에서 그는 심한 갈등을 겪는다. 돈을 훔칠 것인가? 마르셀과 결혼
할 것인가? 위험을 무릅쓰고 마르셀을 노파에게 보낼 것인가? 이렇
듯 심한 마음의 갈등을 겪으면서 마티외는 돈을 훔치기 위해 로라
의 방에 다시 들어간다. 하지만 이번에도 그녀의 돈을 훔치지 못하고
만다.

로라의 돈을 훔치지 못한 마티외는 마르셀과 결혼하겠다는 결심을

---

[97] 　같은 책, 152-154쪽.

굳힌다. 이 결심은 실천으로 옮겨질까? 그런데 돈을 구하기 위해 동분서주하는 마티외에게 다니엘이 전보를 보내 만나자고 한다. 다니엘은 그에게 마르셀과의 관계를 털어 놓는다. 지금까지 마르셀과 그녀의 집에서 한 달에 두 번씩 만났다는 것이다. 마티외는 이 고백에 당황해 한다. 그도 그럴 것이 마티외와 마르셀 사이에는 모든 것을 다 얘기한다는 계약이 있기 때문이다. 다니엘의 얘기에 따르면 반 년 전부터 그녀는 마티외를 속여 온 것이다.[98]

다니엘은 마티외를 더 놀라게 한다. 다니엘에 따르면 마르셀이 아이를 낳기를 원한다는 것이다. 다니엘은 마티외의 돈 부탁을 거절하고 나서 마르셀을 찾아가 그녀가 아이를 낳기를 원한다는 것을 알게 되었다. 그리고 그녀는 이 사실을 그가 마티외에게 "어렴풋이 암시할 정도로만" 얘기하려고 했으나 의도대로 되지 않고 오히려 마티외의 아무런 망설임 없는 태도에 그의 제안을 마지못해 승낙했던 것이다.[99]

하지만 다니엘로부터 마르셀이 아이를 낳고 싶어 한다는 말을 전해 들으면서 마티외는 큰 배신감을 느낀다. 왜냐하면 두 사람 사이에는 모든 것을 다 얘기한다는 계약이 있기 때문이다. 더군다나 마티외는 마르셀에 대해 얘기하면서 다니엘이 '우리'라는 대명사를 사용하는 것에 대해 황당해 한다.

---

[98] 같은 책, 328쪽.
[99] 같은 책, 229쪽.

"하기야 우리는 언젠가는 자네에게 그 일을 알릴 생각이었어.
그러나 공모자 노릇을 하는 것이 재미있어서 하루 이틀 미루어 온
거지."

다니엘이 말했다.

우리! 우리라고 말하다니! 마티외에게 마르셀 이야기를 하면서,
우리라고 말할 수 있는 놈이 있다니!   (『철』, 330쪽)

마티외는 지금까지 2-3년 전에 마르셀이 자기에게 말했던 내용,
즉 임신할 경우 아이를 낳지 않겠다는 생각을 지금도 하고 있으리라
고 굳게 믿고 있었다. 왜냐하면 그 이후 그녀가 다른 말을 하지 않았
기 때문이다. 이런 마르셀의 배신 때문일까? 마티외는 수술비를 마련
하기 위해 더 노력한다. 그는 다니엘이 알려 준 공무원에게 돈을 빌
려주는 조합으로 간다. 하지만 그곳에서는 신분 조회에 2주 이상의
시간이 소요되는 상황이다.[100]

마티외는 마침내 로라의 방으로 간다. 그리고 이번에는 그녀의 돈
을 훔친다. 마티외는 마르셀에게 가서 이 돈을 로라에게서 훔쳤다는
사실을 고백한다. 그리고 그는 마르셀에게 정말로 아이를 낳고자 하
는지를 묻는다. 가능하다면 그녀와 결혼까지도 생각하고 있다고 말
한다. 하지만 마르셀의 마음은 이미 그에게서 떠나 있었다. 자존심이
상할 대로 상한 그녀는 그의 요구를 모조리 거절한다.

[100]   같은 책, 342쪽.

다른 한편, 다니엘은 마티외에게 청천벽력과 같은 말을 한다. 그가 마르셀과 결혼해서 아이를 낳고, 이름을 "마티외"라고 짓겠다는 것이다. 그 뿐만이 아니다. 다니엘은 마티외에게 자신이 "동성애자"임을 밝힌다.[101] 그러면서도 마르셀과 결혼하겠다고 나선 것이다. 다니엘의 이 고백에 마티외는 마르셀을 동성애자와 결혼하도록 내버려 뒤서는 안 된다고 생각하게 된다.

이런 상황에서 마티외는 마르셀에게 전화를 걸어 그녀와 결혼하겠다는 의사를 밝힌다. 하지만 전화의 저쪽 끝에서는 아무런 대답도 들려오지 않는다. 마티외와 마르셀의 관계는 이제 완전히 끝난 것이다. 그들의 계약결혼도 역시 파경에 이르렀다. 후일 다니엘은 마르셀과 결혼하여 아이를 낳아 기르게 된다. 이 사실을 『자유의 길』의 두 번째 권인 『유예Le Sursis』에서 확인할 수 있다.[102]

이처럼 『철들 나이』에서 볼 수 있는 마티외와 마르셀의 계약결혼은 보부아르의 『초대받은 여자』와는 다른 이유로, 또 다른 형태로 파경을 맞이한다. 또한 마티외와 마르셀의 경우에는 실생활에서의 사르트르와 보부아르, 『초대받은 여자』에서의 피에르와 프랑수아즈의 경우와는 달리 우연적인 사랑에 대한 권리를 서로에게 인정하지 않는다는 점에서 약간의 차이가 있다고 할 수 있다.

물론 마티외가 마르셀과 다니엘의 관계에 대해 마르셀을 비난한

---

101 같은 책, 411, 417쪽.
102 장-폴 사르트르, 『유예』, 『자유의 길』, 최석기 옮김, 고려원, 1992(1991), 54-55쪽.

것은 아니다. 또 마르셀은 마티외가 이비치Ivich[103]와 가까이 지내는 것을 알고 있으며, 그것을 그에게 허락할 생각도 가지고 있다고 말하고 있다. 마티외가 이비치와의 관계를 마르셀에게 다 얘기해 준다는 조건이 붙기는 하지만 말이다. 이렇듯 마티외와 마르셀은 서로 우연적 사랑을 유보적으로 인정하고 있는 듯하다. 마르셀이 다니엘과의 관계를 마티외에게 비밀에 부친 것도 그런 이유에서가 아니었을까?

앞에서 보았듯이 실생활의 사르트르와 보부아르, 『초대받은 여자』의 피에르와 프랑수아즈의 계약결혼 역시 각각 올가와 그자비에르라는 제3자의 개입에 의해 각각 큰 영향을 받았다. 물론 『철들 나이』의 마티외와 마르셀의 계약결혼에도 다니엘과 이비치라는 제3자가 관련되어 있기는 하다. 하지만 앞의 두 경우와는 달리 이 경우에는 다니엘은 남자이자 동성애자라는 면에서, 또 이비치의 영향은 최소화되어 있다는 점에서 차이가 있다고 할 수 있다.

물론 올가, 그자비에르 그리고 이비치 모두 지방 도시 출신이다. 그중, 올가와 그자비에르는 루앙 출신, 이비치는 랑Lang 출신이다. 이비치의 부모는 러시아 혁명 때 프랑스로 건너온 것으로 되어 있어 올가의 가정환경과 유사하다. 다만 올가에게 완다라는 여동생이 있었던 것에 비해, 이비치에게는 마티외의 제자인 보리스라는 남동생이 있다는 차이점이 있다. 이비치는 파리에서 의사가 되기 위해 공부를

---

[103] 실생활에서 사르트르와 보부아르와 더불어 트리오를 형성한 올가 코사키에비치를 문학적으로 형상화한 인물이다. 보부아르의 『초대받은 여자』에서 그자비에르에 해당한다.

하고 있으며, 의학예비과정시험PCB에 낙방해 다시 랑으로 되돌아가야만 하는 처지에 놓인다. 이비치는 올가 혹은 그자비에르와 마찬가지로 젊음, 순진함, 반항심 등의 상징으로 나타나며 마티외의 사랑의 표적이 된다. 하지만 그들과는 달리 마티외와 이비치의 관계는 『철들 나이』에서 상당히 절제된 채 그려지고 있다. 또한 그들의 관계는 마티외와 마르셀의 계약결혼에 영향을 미칠 정도로까지 발전하고 있지 않다.

그리고 『철들 나이』에서 사르트르가 가장 중점을 두고 있는 점은, 그가 보부아르와의 계약결혼에서 가장 중요한 조건이었던 결혼 당사자 쌍방이 서로 모든 것을 다 말한다는 조건으로 보인다. 앞에서 이 조건은 인간들 사이의 가장 이상적인 의사소통과 밀접하게 연결되어 있다는 점을 지적한 바 있다. 하지만 앞에서 이미 언급했던 두 가지 원인, 즉 언어의 불충분성과 완전한 이해의 불가능성으로 인해 마티외와 마르셀의 계약결혼의 조건은 현실에서 제대로 실현될 수가 없었던 것으로 보인다.

그렇다고 해서 마티외와 마르셀이 시도했던 계약결혼 자체가 아무런 의미가 없었다는 것은 아니다. 두 사람의 시도가 실패로 돌아갔기 때문에 오히려, 만일 인간들이 서로 전달하고자 하는 바를 완전히 표현하려고 또 전달하려고 노력하고, 또 그 말을 듣는 쪽에서도 그 말을 완전히 이해하려고 노력하고 또 전달하려고 노력한다면, 그들 사이의 의사소통은 점차 이상적인 상태를 향해 조금씩 나아갈 수도 있지 않을까!

험준한, 그러나 아름다운 여정

이렇게 해서 사르트르와 보부아르의 관계를 중심으로 만남에서 계약결혼까지의 과정과 계약결혼의 조건, 그 의의 및 그것의 문학적 형상화 등을 살펴보았다. 그 과정에서 두 사람의 계약결혼이 단순히 젊은이들의 결혼 연습 또는 실험적 결혼과는 거리가 멀다는 사실을 확인할 수 있었다. 그와는 달리 그들의 계약결혼의 근저에는 각자가 가장 중요시했던, 하지만 현실에서는 실현 불가능한 것으로 여겨지는 철학적 사유들이 놓여 있다는 사실 또한 확인할 수 있었다.

그래서였을까? 보부아르는 한 친구에게 사르트르와의 계약결혼을 끝까지 유지하는 것이 결코 쉬운 일이 아니었음을 고백하고 있다. 이것은 그들의 계약결혼이 요즈음 젊은이들이 생각하는 그런 일회적이고 실험적인 관계가 아니었다는 것을 보여 주는 것이다. 물론 보부아르가 사르트르와의 계약결혼을 유지하는 것이 힘들었다는 것은, 앞에서 살펴보았듯이, 그들이 서로 인정했던 우연적 사랑으로 인한 복잡한 남녀관계 때문일 수도 있었을 것이다.

자기와 가까이 지내고 또 육체관계를 맺는 남자 또는 여자에 대한 얘기를 상대방에게 모두 다 털어놓는 것을 좋아할 사람이 어디 있겠는가? 하지만 보부아르가 고백하고 있는 것처럼 사르트르와의 계약결혼을 끝까지 유지하기가 힘들었다는 데에는 또 다른 이유들이 있었을 것이다. 예컨대 1929년 당시 그들이 시작했던 계약결혼에 대해 처음부터 좋지 않게 생각했던 사람들의 비판을 이겨 내야 하는 어려움도 그중 하나였을 것이다.

하지만 보부아르가 말하는 계약결혼의 보다 근본적인 어려움은 그녀와 사르트르가 그들의 계약결혼에 부여했던 철학적 의미에서 연유하지 않았을까? 앞에서 본 것처럼 사르트르의 사유 체계 내에서 인간들 사이에 맺어지는 존재관계에서 한 인간의 주체성과 다른 인간의 주체성의 결합을 전제로 하는 사랑과 언어는 실패로 끝날 수밖에 없다. 그런데 사르트르와 보부아르가 1929년 계약결혼을 맺으면서 설정했던 목표는 바로 이처럼 실패로 끝날 수밖에 없는 사랑과 언어를 실패로 끝나도록 방치해서는 안 된다는 강한 필요성에서 기인하는 것으로 보인다. 다시 말해 그들은 반세기를 자신들이 불가능하다고 여긴 사실에 대해 끝없이 도전을 감행했다고 할 수 있다.

보부아르는 사르트르가 이 세상을 떠나기 전 그와 가진 '작별의 의식'으로서 상당히 긴 인터뷰를 가졌었다. 그 기회에 그녀는 사르트르와 보냈던 그 긴 시간이 아주 아름다웠다고 회상하고 있다.

> 그의 죽음이 우리를 갈라놓고 있다. 나의 죽음이 우리를 재결합시키지 못할 것이다. 그런 법이다. 우리의 삶이 그토록 오랫동안 조화를 이룰 수 있었다는 것이 벌써 아름다운 일이다. (『LC』, p. 159)

실제로 보부아르는 그녀 자신의 삶을 되돌아보면서 쓴 네 권의 자전적 회고록에서 거의 매 쪽마다 그것도 몇 번에 걸쳐 사르트르의 이름을 거론하고 있다. 또한 다른 사람들이 쓴 사르트르와 보부아르의 개인적인 전기에서도 그 사정은 마찬가지다. 이것은 그들이 살아 있을 때와 마찬가지로 죽어서도 '하나'였다는 증거가 아닐까?

제2장

같은 듯 다른 사유

1
사유의 공통분모: 무신론적 실존주의

무신론적 실존주의

사르트르와 보부아르는 실존주의, 특히 무신론적 실존주의라는 같은 눈으로 세계를 바라보고자 했다는 점을 언급한 바 있다. 또한 이것이 두 사람을 반세기 이상 하나로 묶어 준 원동력 중 하나였다는 점도 지적한 바 있다. 그런데 보부아르는 사유 면에서 사르트르부터의 일방적인 영향보다는 오히려 "삼투압$_{osmose}$" 현상을 말하고 있다.[104] 이런 현상은 무신론적 실존주의에서도 잘 드러난다. 그리고 두 사람은 따로 또는 함께 이 실존주의를 체계화함과 동시에 대중화시

---

[104]   Alice Schwarzer, 앞의 책, 1984, p. 61.

키기 위해 노력했다. 이를 위해 그들은 특히 제2차 세계대전을 전후해 다양한 방법을 이용했다. 철학 텍스트 집필, 소설과 극작품 집필 및 공연, 강연, 잡지의 창간 등이 그것이다.

먼저 사르트르의 노력을 보자. 전쟁 전에 이미 실존주의 성향이 강한『구토』를 출간한 그는 단편집『벽 *Le Mur*』(1939)을 출간한다. 전쟁이 진행 중에 실존주의의 주요 테제를 담고 있는『존재와 무』가 출간되고,『파리떼』와『닫힌 방 *Huis Clos*』(1944)이 공연된다. 1945년에 "실존주의는 휴머니즘이다 *L'existentialisme est un humanisme*"라는 제목의 강연이 행해지고, 이 강연이 같은 제목의 단행본으로 출간된다. 이를 계기로 실존주의에 대한 대중들의 관심이 급속히 커진다. 1945년『자유의 길』(1, 2권)도 발표된다. 또한 같은 해에 메를로퐁티, 아롱, 보부아르 등과 함께『레 탕 모데른 *Les Temps modernes*』지를 창간한다. 다만, 아롱은 창간 직후 이 잡지에서 손을 뗐다.

그다음으로 보부아르의 노력을 보자. 그녀 역시 사르트르에 버금가는 노력으로 실존주의의 확산에 기여한다. 전쟁 중에『초대받은 여자』를 출간한 보부아르는『피로스와 키네아스』를,『실존주의와 국민의 지혜 *Existentialisme et la sagesse des nations*』(1945),『애매성의 윤리를 위하여』등을 출간한다.『타인의 피 *Le Sang des Autres*』(1945)와『모든 인간은 죽는다』같은 소설이 출간되고,『군식구』가 공연된다. 그리고 그녀는『레 탕 모데른』지의 창간에도 참여한다.

사르트르와 보부아르는 이런 노력과 활동으로 각각 '실존주의의 교황'과 '실존주의 여사제'라는 칭호를 얻게 된다. 두 사람의 노력은

참혹했던 전쟁과 이 전쟁으로 발생한 절망감과 공허함의 극복을 겨
냥한다. 게다가 계약결혼과 같은 전통과 관습을 거부하는 두 사람의
행동은 전후에 많은 젊은이들의 관심을 끈다. 전쟁 직후에 두 사람이
자주 출몰했던 생제르맹데프레Saint-Germain-des-Prés가 이른바 실존주
의자들이 모여드는 성지가 되었다는 것은 잘 알려진 사실이다.

그런데 실존주의의 이론화와 대중화에서 결정적인 역할을 한 두
사람 각각에 대해, 연구자들의 평가에 편차가 있다. 방금 사르트르는
'실존주의 교황'으로, 보부아르는 '실존주의 여사제'로 불리웠다는 사
실을 지적했다. 그런데 두 호칭은 이미 비대칭적이다. 무게중심이 사
르트르에게로 기운다. 게다가 보부아르는 '실존주의 2인자', '사르트
르의 제자' 등의 칭호를 얻기도 했다. 이런 칭호들에는 그 비대칭성이
더 잘 나타난다.

그 결과 두 사람의 사유와 관련해 두 개의 주장이 가능하다. 하나
는 보부아르가 『존재와 무』 등에서 제시되고 있는 사르트르의 무신론
적 실존주의를 유보 없이 그대로 수용했다는 주장이다. 게다가 그녀
자신이 이런 사실을 인정하고 있다. 이런 이유로 사르트르 연구자들
은 그녀만의 사유가 없다고 강조한다. 다른 하나는 그녀만의 고유한
사유가 있다는 주장이다. 보부아르 연구자들도 사르트르의 영향을
인정하긴 한다. 하지만 그들은 사르트르의 사유의 형성에서 보부아
르의 도움과 협조가 결정적이었으며, 나아가서는 그의 사유와 차별
화되는 보부아르만의 고유한 사유가 있다는 점을 강조한다. 그녀 자
신도 역시 이 사실을 인정하고 있다.

이 장에서는 이처럼 구분 자체가 쉽지 않은 두 사람의 사유가 어떤 점에서 유사하고 차별화되고 심지어 대립되기까지 하는지를 살펴보고자 한다. 이를 위해 먼저 두 사람의 사유의 공통분모에 해당하는 무신론적 실존주의와 몇몇 원칙들을 살펴볼 것이다. 이어서 이런 공통분모에도 불구하고 보부아르는 1939년부터 시작된 '윤리적 전회 conversion morale'를 계기로 타자와의 공생과 화해를 모색하는 '애매성의 윤리'의 정립을 통해 그녀만의 고유한 사유를 정립하기에 이른다는 사실과 그녀의 사유가 사르트르에게 끼친 영향을 지적하게 될 것이다.

무신론적 실존주의로의 길

사르트르와 보부아르는 세계와 인간을 이해하면서 실존주의, 보다 구체적으로는 무신론적 실존주의라는 공통의 이념적 체계에 의지했다는 점을 지적한 바 있다. 그렇다면 두 사람은 각각 어떤 길을 통해 신의 부재를 받아들이게 되었을까? 이것은 그들이 무신론적 실존주의를 자신들의 공통의 이념적 틀로 선택하게 된 배경에 대한 근본적인 해명이다.

먼저 사르트르의 경우를 보자. 그가 태어나면서부터 무신론에 완전히 노출된 것은 아니었다. 또한 그가 신과의 관계를 끊는 과정에서 극적인 장면이 있는 것도 아니었다. 물론 거의 대부분의 서구인들과 마찬가지로 그도 역시 2천 년 이상 전해 내려온 기독교 문화 속에서 교육을 받고 자라났다. 하지만 그가 어렸을 때에 집안의 분위기와 사회 분위기는 탈종교화 일로에 있었다.

사르트르가 실제로 신이 존재하지 않는다는 생각을 품게 된 것은 이런 분위기에서 보냈던 그의 청소년 시절의 체험에서 비롯되었다. 하지만 그가 신의 부재를 단언한 적은 없다. 그가 신의 부재에 대한 생각을 밝히고 있는 것은 주로 어린 시절을 회상하는 글과 인터뷰 등에서이다.

예컨대 1964년에 출간된 자전적 소설인 『말 *Les Mots*』에서 사르트르는 신의 부재에 대해 두 개의 일화를 들려주고 있다. 하나는 불장난을 하다가 양탄자를 태운 사건이고, 다른 하나는 라로셸 La Rochelle[105]에서 다른 친구들을 기다리다 하게 된 상상이다. 먼저 불장난 사건의 내막은 이렇다.

> 나는 딱 한 번 하느님이 존재한다는 느낌을 가진 적이 있었다. 성냥을 가지고 놀다가 작은 양탄자를 태웠다. 신이 갑자기 나를 볼 때 나는 내 죄를 감추고자 했다. 나는 머릿속과 내 손 위에서 그의 시선을 느꼈다. 꼼짝없이 들켜 살아 있는 과녁이 된 나는 욕실을 맴돌았다. 그때 분노가 나를 구해 주었다. 나는 그처럼 버릇없는 무례에 화를 냈다. 나는 신을 모독했고, 할아버지처럼 중얼댔다. '빌어

---

[105] 대서양 연안에 있는 항구 도시로, 프랑스 서부 샤랑트마리팀(Charente-Maritime)도의 주도이다. 사르트르는 재혼한 어머니를 따라 이곳에 있는 중학교에 입학해서 청소년 시절의 일부를 보냈다. 사르트르는 후일 이곳에서 인간들 사이의 관계는 '폭력' 위에 정립된다는 사실을 알게 되었다고 술회하고 있다.

먹을 하나님 같으니라구!' 신은 다시는 나를 쳐다보지 않았다. (…) 내 가슴속에 뿌리를 내리지 못했기 때문에 신은 얼마 동안 내 안에서 살다가 죽어 버렸다. (…) '50년 전에 그 오해와 오인이 없었더라면, 우리를 갈라놓은 그 사건이 없었더라면, 우리 사이에 무슨 일이 있었을지도 모른다.' (『LM』, pp. 55-56.)

그다음으로 라로셸에서 친구들을 기다리던 중에 했던 상상은 다음과 같다.

1917년 어느 날 아침, 나는 라로셸에서 학교에 같이 가기로 한 친구들을 기다렸다. 그들은 늦었다. 나는 곧장 심심해졌고 무엇을 할지 몰랐다. 나는 '전능하신 하느님'을 생각하기로 했다. 그 순간에 하느님은 창공에서 곤두박질쳐 설명 없이 사라져 버렸다. 나는 예의상 놀라는 척하면서 중얼거렸다. '하느님은 존재하지 않아.' 그리고 나는 그 일이 해결되었다고 생각했다.' (『LM』, pp. 136-137)

이렇듯 사르트르의 무신론은 그의 청소년 시절의 경험을 내면화시킨 결과이다. 일반 역사나 개인의 역사에서 가정법은 무의미하다. 하지만 다음과 같은 가정을 해 볼 수 있다. '사르트르가 신앙을 상실하지 않았더라면'이라는 가정이 그것이다. 이 경우에 그가 세상을 보는 눈이 달라졌을 수도 있었을 것이고, 또 보부아르와의 만남도 없었을지도 모를 일이다. 어쨌든 그는 무신론을 끝까지 견지하는 것이 "가

혹하고 오랜 시일이 걸리는 작업"[106]이었다고 술회하고 있다.

그렇다면 보부아르의 경우는 어떨까? 실제로 그녀는 사르트르보다 훨씬 더 보수적이고 엄격한 기독교 전통 속에서 성장했다. 그녀의 집안은 12세기까지 거슬러 올라가는 유서 깊은 집안이다. 부계 쪽의 시조는 12세기의 성직자 기용 드 샹포Guillaue de Champeaux이다. 그는 파리대학 설립자 중 한 명이고, 수도원장을 지낸 앙셀름Anselme과 아벨라르Abélard의 제자였다. 1900년대 초까지도 보부아르의 집안은 이처럼 기독교적인 전통과 관습에 젖어 있었다.

게다가 보부아르가 어렸을 때에 조르주 드 베르트랑Georges de Bertrand과 결혼한 그녀의 어머니 프랑수아즈 브라쇠르Françoise Bresseur의 영향은 거의 절대적이었다. 소녀 시절에 수도원에서 교육을 받았고, 한때 수녀가 되려고 했던 프랑수아즈의 영향으로 보부아르는 걷기도 전에 벌써 미사에 참여했다. 보부아르는 『얌전한 처녀의 회상 Mémoires d'une jeune fille rangée』(1958)에서 그녀가 어렸을 때 아주 돈독한 신앙을 가졌다고 술회하고 있다.

> 나는 신앙심이 매우 깊었다. 달마다 두 번씩 마르텡 신부에게 고해성사를 했고, 주마다 두 번씩 영성체를 했으며, 아침마다 '예수의 가르침'의 장을 읽었다. 수업 시간 사이 쉬는 시간에는 학교 안에 있는 성당으로 살며시 들어가 오랫동안 손으로 머리를 감싸고 기

---

[106]　『LM』, p. 137

도드리곤 했다. (…) 그 분이 거기 계심을 안다는 것은 얼마나 마음 든든한 일인가! (『MF』, p. 101)

이렇듯 신앙심이 깊었던 보부아르 역시 어린 시절의 어머니와 마찬가지로 수녀가 되어 하나님을 섬기면서 지낼 결심을 하기도 했다.

(…) 유한과 무한 사이에서 내 선택은 이루어졌다. '수녀원에 들어가리라'고 나는 결심했다. 수녀들의 자선사업은 너무 부질없는 것으로 보였다. 언제나 신의 영광만을 우러르는 것 말고는 신에게 달리 온당하게 전념하는 방도는 있을 수 없었다. 나는 갈메 수녀가 되리라. (『MF』, pp. 103-104)

하지만 보부아르는 성장하면서 점차 회의에 빠지게 된다. 신의 존재와 신앙에 대한 끝없는 번민과 고뇌가 이어졌고, 여러 차례 위기를 맞이한 끝에 그녀는 궁극적으로 신앙을 포기하기에 이른다.

어느 날 저녁 나는 메리냑에서 다른 여느 저녁과 마찬가지로 창턱에 팔을 괴고 있었다. (…) 나는 그날 하루를 금지된 사과를 먹고, 발자크가 쓴 금지된 작품의 하나인 한 청년과 암표범의 이상한 사랑 이야기를 읽으며 보냈다. 잠들기 전에 나를 묘한 상태로 이끌어줄 묘한 이야기를 떠올리려고 했다. '이것은 죄악이야'라고 나는 생각했다. 더 이상 속일 수는 없었다. (…) 그리고 나는 그 어떤 것도 나에게서 지상의 기쁨을 포기하게 할 수 없으리라는 것을 깨달았다. '이제 나는 하나님을 믿지 않아.' 나는 크게 놀라지도 않고 혼자 중얼거렸다. (『MF』, p. 191)

이처럼 신앙을 포기한 보부아르가 곧바로 마음의 평화와 안정을 회복한 것은 아니었다. 오히려 그녀는 죄의식을 가졌다. 그도 그럴 것이 그녀는 한동안 자신과 가족들을 속여야 했기 때문이다. 자유로운 성향의 아버지보다는 특히 어머니와의 관계가 염려스러웠다. 동생 엘렌에게도 이런 사실을 털어놓을 수가 없었다.

실제로 보부아르는 신앙을 포기하고 나서도 미사에 참여하고, 영성체도 계속하고, 성체 빵을 무심히 삼키면서 지냈다. 그러다가 그녀는 대학에 진학하던 해에 이 사실을 어머니에게 털어놓게 된다. 어머니는 경악했지만 달리 도리가 없었다. 그저 동생에게 무신앙이 옮겨지기 않기를 바랄 뿐이었다. 어쨌든 보부아르의 무신론적 입장은 평생 지속되었다.[107] 그리고 그녀의 신앙의 포기는 후일 사르트르와의 만남에서 쉽게 가까워질 수 있는 하나의 요소로 작용했다는 것은 분명해 보인다.

---

[107] Simone de Beauvoir, *Tout compte fait*, Gallimard, coll. Folio, 1972, p. 509.

무신론적 실존주의의 원칙들

　사르트르와 보부아르는 이렇듯 서로 다른 길을 통해 무신론에 이르게 되었다. 이제 두 사람 사이의 사상적 공통분모인 무신론적 실존주의의 주요 원칙들을 보자.

　그 원칙들은 다음과 같다. 1) 신神의 부재, 2) 존재의 우연성과 무상성, 3) 본질에 대한 실존의 우위, 4) 인간의 기투, 자유 및 책임 등이 그것이다. 이 원칙들을 살펴보기 위해 주로 사르트르의『존재와 무』, "실존주의는 휴머니즘이다"라는 제목의 강연 내용을 그대로 담고 있는 같은 제목의 단행본과 보부아르의『피로스와 키네아스』[108]와『애매성의 윤리를 위하여』라는 글에 주목할 것이다.

1) 신의 부재

　먼저 신의 부재를 보자. 사르트르와 보부아르 사상의 공통 지반에 해당하는 무신론적 실존주의를 관통하는 첫 번째 원칙은 신의 부재에 대한 가정이다. 사르트르는『실존주의는 휴머니즘이다』에서 실존

---

[108]　이 글은 장 그르니에(Jean Grenier)의 요청에 따라 쓰여진 글이다. 그르니에는 보부아르에게 "당신은 실존주의자입니까?"라고 물었지만, 그녀는 가브리엘 마르셀(Gabriel Marcel)이 사용했던 '실존주의자'라는 용어의 의미를 알지 못한 상태였다. 그르니에는 보부아르에게 그 당시의 이데올로기에 대해 글을 한 편 써 달라고 부탁했고, 그녀는 이 요청에 응해 이 글을 쓰게 되었다.(『FA』, pp. 626-627.) 그런 만큼 이 글의 내용은 실존주의, 특히 사르트르의 무신론적 실존주의와 가까운 내용들이 주를 이루고 있다. 하지만 사르트르의 사유와 차별화되는 점도 있다. 이 점에 대해서는 뒤에서 다시 살펴볼 것이다.

주의를 두 종류로 구분한다. 유신론적 실존주의와 무신론적 실존주의가 그것이다. 유신론적 실존주의를 대표하는 철학자로는 야스퍼스와 마르셀[109]이 거론된다. 무신론적 실존주의를 대표하는 철학자로는 하이데거와 사르트르가 거론된다. 보부아르도 무신론적 실존주의에 포함된다.

유신론적 실존주의는 신의 존재를 전면에 내세운다. 그 전통은 멀리 파스칼과 키에르케고르까지 거슬러 올라간다. 반면, 신의 부재를 가정하는 무신론적 실존주의는 '신의 죽음'을 선언한 니체에게까지 거슬러 올라간다. 무신론적 실존주의는 제1, 2차 세계대전을 겪으면서 인간이 신으로부터 버림받았다는 공통된 인식에서 출발했다. 사르트르와 보부아르는 이런 인식 위에서 신의 부재를 자신들의 실존주의의 "출발점"으로 삼고 있다.

> 도스토예프스키는 "만일 신이 존재하지 않는다면 모든 것이 허용될 것이다"라고 썼습니다. 이것이 바로 실존주의의 출발점입니다. 실제로 신이 존재하지 않는다면 모든 것이 허용되고, 그 결과 인간은 홀로 남겨지게 될 것입니다. (…)　　　　　　　(『EH』, p. 36.)

위의 인용문에서 사르트르가 도스토예프스키의 말을 빌려 신의 부재를 가정하고 있다는 사실에 주목하자. 사르트르는 결코 "신의 죽었

---

[109]　가브리엘 마르셀을 가리킨다.

다", "신은 존재하지 않는다"라고 단언하지 않는다. 보부아르 역시 그렇다. "나는 신이 존재하는지는 모른다. 어떤 경험도 나에게 신을 제시해 줄 수 없었다"라고 말하고 있다.[110] 다만 그녀는 사르트르보다 더 우회적으로 신과 인간 사이에 놓여 있는 지대한 거리를 강조하고 있다. 예컨대 『피로스와 키네아스』의 제1부에 들어 있는 '신'이라는 제목이 붙어 있는 부분에서이다. 그녀는 거기에서 인간은 그 자신의 외부에서도 내부에서도 신과 아무런 상관이 없음을 강조하고 있다.

보부아르의 추론을 따라가 보자. 그녀는 '신의 의지'에 주목한다. "신이 그것을 원하신다."[111] 이 말은 십자군 원정에 참여한 병사들이 했던 말이다. 그들은 자신들의 참전을 이렇게 말함으로써 정당화시켰다. 또 어떤 기독교 신자는 "사물의 사용은 신의 의지에 일치해야 한다"[112]고 말하기도 한다. 하지만 이때 '신은 도대체 무엇을 바라는가' 라고 보부아르는 묻는다. 만일 신의 의지가 있다면, 그 결과는 무엇일까?

신은 존재의 완전성, 충만성과 동의어이다. 또한 신은 존재의 영속성, 부동성과 동의어이기도 하다. 한 마디로 신에게 있어서는 "기획과 현실 사이에 어떤 거리"[113]도 없다. 그런데 보부아르는 그런 신은 인간에게 전적으로 무관심할 것이라고 본다.

110   『PC』, p. 306.
111   같은 책, p. 267.
112   같은 책, p. 271.
113   같은 책, p. 268.

신의 의지는 존재의 부동성의 토대에 불과하다. 신의 의지조차 의지라고 부를 수 있다면 말이다. 그런 신은 개별적 인격이 아니다. 그는 보편이고, 영원한 부동의 전체이다. 그리고 보편은 침묵이다. 그것은 아무것도 요구하지 않는다. 그것은 아무것도 약속하지 않는다. 그것은 어떤 희생도 요구하지 않는다. 그것은 죄도 보상도 면제해 주지 않는다. 그것은 아무것도 정당화해 주지 않고 유죄선고도 내리지 않는다. 신에 대해 우리는 낙관도 절망도 하지 않는다. 신은 존재할 뿐, 그 이상 그에 대해 아무 말도 할 수 없다.

(『PC』, p. 268)

그럼에도 신이 무엇인가를 바란다면, 즉 신의 의지를 상정한다면, 그것은 신의 완전하고 충만한 존재성과 모순된다는 것을 의미한다. 신의 의지는 신의 내부에 현재 없지만 미래에 실현되어야 할 무엇인가에 대한 요구가 있다는 것을 의미한다. 그렇다면 신은 그 요구를 충족시키기 위해 무엇을 할까? 보부아르는 인간에게 호소한다고 주장한다. 그런데 이것은 신이 완전한 존재가 아니라 '결핍manque'의 존재라는 것을 의미하는 것이 아닐까? 이것은 또한 신이 '기투project' —곧이어 이 개념의 의미를 살펴볼 것이다— 라는 것과 동의어가 아닌가? 보부아르는 이때 신은 인간에게 있어서 '절대'가 아니라 "이웃집 아저씨 같은 존재"라고 주장한다.[114]

---

[114] 같은 책, p. 272.

보부아르의 추론은 계속된다. 만일 신이 완전하게 존재한다면, 또 그런 신이 이 세계에 존재하는 모든 것을 원한다면, 인간은 어떻게 되는가? 인간은 그런 신 안에서 자기를 초월할 수 없을 것이다. 그도 그럴 것이 인간은 근본적으로 계속되는 초월이어야 하기 때문이다. 그런데 인간은 완전한 신 안에서 더 이상 다른 무엇이 될 수도, 다른 곳으로[115] 옮겨 갈 수도 없다. 이것은 인간이 살아 있는 동안 끝없이 자기를 초월해야 하는 존재라는 정의와 모순된다.

보부아르는 인간이 내면적으로 들을 수 있는 '신의 목소리'에도 주목한다. 누군가가 어떤 사람이 어떤 목소리를 들었다고 치자. 이 경우에 그녀는, 그 목소리가 신의 것이라는 것을 어떻게 알 수 있는지 묻는다. 모세가 들었던 시나이 산 위에서 울려 퍼지는 목소리, 아브라함에게 이삭을 번제로 드리라는 명령을 내리는 목소리, '과연 이 목소리가 신의 목소리라는 것을 누가 판단할 수 있는가'라고 그녀는 계속 묻는다. 이 경우에 결국 인간에게 유익하다는 기준을 설정한 후에, 그 기준을 충족하기에 그 사람이 들은 소리를 '신의 목소리', '신이 원하는 바'라고 결론을 내린다는 것이 그녀의 주장이다. 이와 같은 추론 끝에 그녀는 인간은 신과 아무런 관계가 없다는 결론을 내린다.

나의 외부에서와 마찬가지로 나의 내부에서도 내가 만나는 것은

---

[115] 뒤에서 다시 보겠지만, 보부아르는 끊임없이 자기를 창조하고 만들어 나가야 하는 인간을 하이데거의 표현을 빌어 "먼 곳의 존재"로 규정한다.

하나님 자신이 아니다. (…) 인간은 신을 통해 자기를 밝힐 수 없다. 오히려 인간에 의해 신이 밝혀질 것이다. 신의 부름이 들리는 것은 항상 사람을 통해서이다. 그리고 인간이 이 부름에 응답하는 것은 인간적 기획에 의한 것이다. 따라서 만일 신이 존재한다고 해도 인간의 초월성을 인도하기엔 무력하다. 인간은 오직 다른 인간들 앞에서 상황 속에 놓여 있을 뿐이다. 하늘 저 높은 곳에 신의 존재 여부는 인간에게 아무 상관이 없다. (『PC』, p. 276)

2) 존재의 무상성과 우연성

그렇다면 사르트르와 보부아르에게서 신의 부재는 어떤 의미를 갖는가? 우선 존재의 우연성contingence을 지적할 수 있다. 신에 의한 창조설을 믿는 자들에게는 지금, 여기에 있는 모든 존재는 신의 피조물이다. 그러니까 신의 '대大지적 기획Grand Intellectual Design'의 산물인 것이다. 그렇기 때문에 세계는 필연성nécesssité의 지배하에 있게 된다. 하지만 신의 부재를 가정하게 되면 세계는 필연성이 아니라 우연성의 지배하에 놓이게 된다.

또한 우연성의 지배하에 놓여 있는 이 세계의 모든 존재는 무상성gratuité과 잉여성에서 벗어나지 못한다는 것이 사르트르와 보부아르의 공통되는 주장이다. 모든 존재는 아무런 이유 없이 그냥 거기에 내던져 떠도는 상태에 있다. 가령, 『구토』의 중심인물인 로캉탱Roquentin은 공원에서 마로니에 뿌리를 보고 '구토'를 겪은 후에 이렇게 생각하고 있다.

본질적인 것, 그것은 우연성이다. 내가 말하고자 하는 것은 정의 상 존재는 필연이 아니라는 것이다. 존재한다는 것, 그것은 단순히 '거기에 있는 것'이다. (…) 우연성은 가장假裝이나 흩어버릴 수 있는 외관이 아니다. 우연성은 절대이며, 따라서 완전한 무상이다. 모든 것이 무상이다. 이 공원도, 이 도시도, 그리고 나 자신도. (…) 이것 이 바로 '구토'이다. 이게 바로 속물들이 (…) 그럴 권리가 있다고 생 각하며 감추고자 하는 것이다. 하지만 얼마나 가련한 거짓인가. 누 구도 권리를 가지고 있지 않다. 그들은 다른 사람들과 마찬가지로 완전히 무상이고, 자신들이 여분의 존재임을 느끼지 않을 수 없다. 그리고 그들은 자신들의 내부에서도 은밀하게 '여분'이다. 다시 말 해 무정형이고, 모호하고, 처량하다.   (『LN』 p. 155)

보부아르 역시 신의 부재에서 비롯되는 존재의 무상성과 우연성을 지적하고 있다.

> (…) 존재한다는 사실은 무상적이다. 사람은 '아무것도 위하지 않
> 은 채' 있다. 여기에서 '위하여'라는 말은 아무런 의미도 없다. (…)
>
> (『PC, p. 298)

인간은 이처럼 무상성과 우연성의 지배하에서 그 자신의 존재이유 raison d'être와 존재근거fondement d'être를 찾기 위해 노력한다. 또한 그 과 정은 이 세계 속에서의 그 자신의 출현을 정당화하는 일과 동의어이

다. 예컨대 사르트르는 그 과정의 종착점을 '대자-즉자'pour-soi-en-soi'
의 융합으로 보며, 이 융합을 신의 존재 방식으로 이해한다. 또한 인
간의 존재근거가 이 융합 속에 들어 있는 것으로 여겨진다. 이런 시
각에서 '대자-즉자'의 융합으로 존재하는 신은 '자기원인자ens causa sui'
로 정의되기도 한다.

아울러 이런 '대자-즉자'의 융합이 바로 인간이 도달하고자 하는
최후의 목표라는 것이 사르트르의 주장이다. 그러니까 인간은 "신이
되고자 하는 욕망désir d'être Dieu"[116]으로 정의된다. 그런데 인간은 이런
상태에 도달할 수 없다. 인간이 대자이면서 동시에 즉자인 것은 모순
이기 때문이다. 의식의 지향성을 발휘하고 있는 대자가 사물의 존재
방식인 즉자가 되는 것은 불가능하다. 인간이 살아 있는 생명체와 동
시에 주검일 수는 없다. 이런 이유로 신이 되고자 하는 인간의 모든
시도는 결국 '실패échec'라는 것이 사르트르의 주장이다. 인간은 "무용
한 열정passion inutile"[117]이라는 결론에 함축된 의미가 바로 그것이다.

사르트르와 마찬가지로 보부아르도 인간의 모든 기획이 '부조리'하
다고 본다. 그 이유는 바로 인간은 근본적으로 끝없는 초월이기 때문
이다. 인간에게서 신과 같은 것으로 여겨지는 보편, 부동의 존재, 영
원한 전체, 곧 '낙원'에 도달하는 것이 그의 이상이다. 하지만 그녀는
인간이 거기에 도달하는 것은 불가능하다고 본다. 왜냐하면 거기에

---

[116] 『EN』, p. 654.
[117] 같은 책, p. 708.

도달한다는 것은 인간의 고유한 특징인 "초월성의 폐기",[118] 곧 삶의 정지를 의미하기 때문이다.

> 인간은 여기에서 사변적 사유가 요구하는 어떤 이상적 상태, 즉 무조건적인 신과 유사한 상태를 꿈꾼다. 인간은 자기 행위의 무조건적인 종말을 요구한다. 즉 넘어설 수 없는 것과 같은 종말을 말이다. 그것은 무한적임과 동시에 완수되지 않은 종말이어서, 그 안에서 인간의 초월성은 스스로 제한됨이 없이 재개될 수 있다. 하지만 인간은 무한과 동일시될 수는 없다. 오히려 인간은 자신의 개별적 상황 속에서 그 자신이 될 수 있지 않은가? (『PC』, p. 267)

> 우리는 과거 안에서 대자와 즉자의 불가능한 종합에 도달한 것처럼 보이지만, 이것은 우리의 존재의 헛된 갈망이다. (『LV』, p. 383)

3) 본질에 앞서는 실존

신의 부재의 의미는 단지 존재의 무상성과 우연성에만 그치지 않는다. 특히 인간의 경우에는 다음 명제가 뒤따른다. "실존은 본질에 선행한다L'existence précède l'essence"가 그것이다. 이것이 사르트르와 보부아르가 신봉하는 무신론적 실존주의의 또 하나의 원칙이다.

사르트르는 『실존주의는 휴머니즘이다』에서 "실존은 본질에 선행

---

[118]   『PC』, p. 257.

한다"라는 명제를 설명하기 위해 '종이칼'의 예를 들고 있다.[119] 그의 설명에 의하면 종이칼을 만든 사람은 이 칼을 만들 때, 이 칼의 본질을 이미 알고 있다는 것이다. 이 종이칼을 만들고 정의하는 것을 가능케 해 주는 성질 전부를 말이다.

사르트르는 이처럼 종이칼의 유추를 통해 신의 부재가 곧바로 인간에게서는 실존이 본질에 선행한다는 결론에 이를 수밖에 없다고 본다. 종이칼을 만드는 사람이 이 칼에 대한 본질을 이미 알고 있었던 것과는 반대로, 인간은 부재하는 신의 창조 기획에서 벗어날 수밖에 없다는 것이다.[120]

그렇다면 인간에게서 실존이 본질에 선행한다는 것의 구체적인 의미는 무엇인가? 그 의미는 크게 두 가지로 보인다. 하나는 인간이 태어나는 순간 '백지 상태tabula rasa'에 있다는 것이다. 왜냐하면 그에 대한 선험적인 본질을 알고 있다고 여겨지는 신과의 탯줄이 끊어져 버렸기 때문이다. 다른 하나는 인간은 매 순간 자기를 만들어 가는 존재, 그러면서 그 자신이 본질을 구현해 나가는 존재라는 것이다.

여기에서 실존이 본질에 선행한다는 것은 무엇을 의미하는 걸까요? 이 말은 인간이 먼저 세계 속에 실존하고, 만나지며, 솟아오른다는 것, 그리고 그는 그 이후에 정의된다는 것을 의미합니다. (…)

---

[119]   『EH』, p. 18.
[120]   같은 책, pp. 19-20.

이처럼 인간 본성은 없습니다. 왜냐하면 인간 본성을 구상하기 위한 신이 존재하지 않기 때문입니다. (…) 인간은 스스로 만들어가는 것 이외의 다른 것이 아닙니다. 이것이 실존주의의 제1원칙입니다. 또한 이것은 사람들이 주체성이라고 부르는 것이기도 합니다. (…)

(『EH』, pp. 21-22)

이런 주장에 따르면, 인간은 그 누구도 선한 자로도 악한 자로도 태어나지 않는다. 인간은 매 순간 살아가면서 선한 자나 또는 악한 자로 '되어 갈devenir' 뿐이다. 또한 인간은 죽는 순간에 비로소 그 자신을 스스로 만들어 가는 과정에서 벗어날 수 있을 뿐이다. 이것이 바로 인간은 '있는 것'으로 있지 않고 '있지 않은 것'으로 '있다'는 주장과 '죽음'은 스스로를 변화시킬 수 있는 가능성의 완전한 박탈이라는 사르트르의 주장에 담긴 의미이다.

보부아르도 인간은 결정론에서 벗어나 있다는 사실, 특히 인간은 사물과는 달리 타성적 속성을 가지고 있지 않다는 점을 강조한다. 이것은 인간에게는 고정된 모습, 곧 본질이 없다는 것을 의미한다. 단적으로 그녀의 『제2의 성』에서 제일 유명한 다음 문장에 담긴 의미가 이것이다. "여자는 여자로 태어나는 것이 아니라 만들어진다."[121] 다시 말해 여자는 여자를 여자답게 만드는 여성성féminité이라는 본질을 선천적으로 가지고 있는 것이 아니라, 오히려 그런 본질을 후천적으

---

[121] 『DS II』, p. 13.

로 갖게 된다는 것이다. 또한 보부아르는 『애매성의 윤리를 위하여』에서 이렇게 말하고 있기도 하다.

> 활기참, 감수성, 지성이라고 일컫는 것들은 이미 기존에 만들어진 특질들이 아니다. 그것들은 세상에 자신을 내던지고, 또 존재를 드러내는 방식이다. (『PM』, p.60)

4) 기투, 자유 및 책임

사르트르의 시각에서 보면 인간은 이처럼 태어나서 죽을 때까지 자기 자신을 끊임없이 변화시켜 나가야 하는 존재이다. 그런데 그런 변화는 곧 인간이 자기 자신을 미래 —무신론적 실존주의에서 현재가 가장 중요한 시간의 차원이다. 하지만 현재는 미래라는 시간의 빛으로 비추어 보지 않으면 그 의미를 상실한다. 이런 의미에서 무신론적 실존주의에서 미래는 현재와도 같은 중요성을 갖는다고 할 수 있다— 를 향해 '스스로를 앞으로 내던지는 행위', 즉 '기투企投'와 동의어라고 할 수 있다.

이처럼 인간이 기투의 존재라는 사실은 '자기를 앞으로 내던지다'라는 의미를 가진 불어 동사 'se projeter'를 보면 더 잘 이해된다. 이 동사에서 'se'는 '자기'를 가리키는 재귀대명사이다. 'pro-'는 '앞으로'의 의미를 가진 접두어이고, 'jeter'는 '던지다'의 의미를 가진 동사이다. 무신론적 실존주의의 입장에서 보면 인간은 이처럼 태어나면서 아무것도 아닌 존재였다가 자기 자신을 미래를 향해 내던지면서 자기를 만들어 나가는, 즉 실존을 통해 자신의 본질을 만들어 가는 존재로 이해된다.

보부아르 역시 사르트르와 같은 주장을 펼치고 있다.

> 하지만 장폴 사르트르도 『존재와 무』에서 밝히고 있느 것처럼, 인간 존재는 사물처럼 응고된 존재가 아니다. 인간은 자신의 존재를 존재시켜야 한다. 매 순간 그는 자신을 존재시키려고 노력한다. 이것이 바로 기투이다. (『PC』, p. 300)

여기에 더해 보부아르는 인간에게서 미래를 향한 기투와 그 끝에 이루어지는 세계와의 만남과 그것에 대한 의미 부여를 '향락'으로 규정하고 있기까지 하다. 그도 그럴 것이 인간에게 있어서 기투할 수 있다는 것은 살아 있다는 증거이기 때문이다. 사물이 갖는 부동의 타성적인 태도와 자세는 인간이 향유하는 삶의 환희와는 거리가 멀다.

> (…) 인간은 본질적으로 자기 자신과 다른 것을 향하도록 되어 있다. (…) (『PC』, p. 256)

> (…) 나는 나의 미래를 바라본다. 모든 향락은 기투이다. 이런 향락을 통해 과거는 미래를 향해 초월되고, 또 미래의 응고된 이미지인 세계를 향해 초월된다. (…) 내가 나 자신에게서 빠져 나갈 때, 또 내가 향락의 대상을 통해 내 존재로 세계에 참여할 때, 이때만 향락

이 존재할 뿐이다. (『PC』, pp. 253-254)

하지만 인간은 행동하고 자신에게 묻는다. 즉 그는 자유롭고, 그의 자유는 내재적이다. 그런데 그는 어떻게 이 지상에 하나의 자리를 '가지게' 될까? 그는 세계 속에 그 자신을 던짐으로써, 그리고 그자신의 고유한 기투에 의해 다른 인간들 사이에 스스로를 존재하게 함으로써 자리를 '차지하게 될' 것이다. (『PC』, p. 280)

이런 주장과 관련해 한 가지 흥미로운 사실은, 보부아르가 『피로스와 키네아스』에서 하이데거를 따라 인간을 "먼 곳의 존재"로 보고 있는 있다는 점이다. 『피로스와 키네아스』는 플루타르크 영웅전에 들어 있는 고대 에피루스의 왕 피로스와 그의 고문관 키네아스 사이의 대화에서 출발하고 있다. 전쟁을 통해 계속 정복을 하고자 하는 피로스에게 키네아스가 묻는다. 어느 한 지역을 정복하고 나서 "그 다음에는?"이라고 말이다. 이에 피로스는 마지막에는 "휴식을 할 것이다"[122]라고 답한다. 보부아르가 두 사람의 대화에 주목하는 것은 피로스의 모습에서 실존주의의 근간이 되는 '실존' 주체의 전형적인 모습을 보기 때문이다.

실제로 '실존하다'라는 단어에 해당하는 불어 동사 'exister'는 어원적으로 '-에서 벗어나다'라는 의미를 가지고 있는 접두어 'ex-'와 '-에

---

[122]　『PC』, p. 233.

있다'라는 의미를 가진 'sistere'의 합성어이다. 즉, 실존이라는 단어의 근원에는 이미 움직임, 그것도 고정된 한 지점으로부터의 '벗어남'이라는 의미가 내포되어 있다. 키네아스의 계속되는 물음에 대해 피로스가 궁극적으로 휴식을 취할 것이지만, 그럼에도 계속 여러 지역을 정복하겠다고 답하는 태도가 정확히 이와 같은 '실존'의 의미에 해당한다고 볼 수 있다. 무신론적 실존주의의 관점에서 보는 인간은 결국 항상 있는 곳에서 벗어나는 존재, 곧 항상 '다른 곳에ailleurs' 있는 존재라는 것이 보부아르의 주장이다. 곧 인간이 어떤 "목적지에 이르면 그곳이 새로운 출발점이 된다"[123]는 것이다.

> 만일 피로스가 '가만히 있는 존재'라면, 그는 출발을 꿈에도 생각할 수 없었을 것이다. 그런데 그는 떠날 생각을 하고 있다. 그가 떠날 생각을 했던 그때 이미 그는 출발한 것이다. '인간은 먼 곳의 존재un être des lointains'라고 하이데거는 말했다. 인간은 언제나 '다른 곳에' 있다.   (『PC, p. 256)

이렇듯 인간은 미래를 향해 항상 자기 자신을 기투하는 과정에서 무한히 열려 있는 가능성으로 존재한다는 것이 사르트르와 보부아르의 공통된 주장이다. 다시 말해 그 인간을 어떤 방향으로 이끄는 그 어떤 기준도 존재하지 않는다. 그리고 두 사람의 이런 주장은 인간에

---

[123] 같은 책, p. 259.

게서 매 순간의 기투는 수많은 가능성 중에서 하나의 가능성을 '선택하는 것choisir'과 같다는 주장으로 이어진다.

> 하나의 목적을 위해 행동한다는 것은 언제나 선택하는 것이며 한정하는 것이다. (…) 인간은 자신을 선택하면서만 존재할 뿐이다. 만일 그가 선택하기를 거부한다면 그는 무화하고 만다.
>
> (『PC』, pp. 294-295)

또한 무신론적 실존주의의 입장에서 인간이 미래를 향한 자기 자신의 끊임없는 기투와 선택이라는 주장은 필연적으로 다음과 같은 주장에 이르게 된다. 즉, 인간은 자기 자신을 스스로 창조해 나가는 과정에서 전적으로 '자유롭다'는 주장이 그것이다. 무신론적 실존주의의 출발점인 신의 부재는 곧바로 인간이 실존하면서 불안을 느끼는 존재라는 사실을 보여 준다. 그도 그럴 것이 신의 부재는 곧 인간의 행동을 규준할 수 있는 절대적 기준의 부재를 의미하기 때문이다. 마치 어두운 밤에 넓은 바다에서 북극성을 보지 못한 채 항해하는 것과 같다.

어두운 밤에 넓은 바다에서 북극성을 보지 못한 채 하는 항해는 불안하고 두려운 것이 사실이다. 하지만 어디로든 자유롭게 항해할 수 있다는 것도 부인할 수 없는 사실이다. 이렇듯 신의 부재라는 가정으로부터 사르트르와 보부아르는 실제로 인간이 그 자신의 모든 기투와 선택에서 아무런 구속과 제약을 받지 않는 자유로운 존재라는 사실을 주장하고 있다.

> 모든 대자는 자유로운 선택이다. 이 대자의 행위들 하나하나는 가장 소중한 것과 마찬가지로 가장 사소한 것도 그 선택을 나타내며, 또 그 선택으로부터 발산된다. 그것이 바로 우리가 우리의 자유라고 명명했던 것이다. 우리는 이제 이 선택의 '의미'를 포착한다. 선택은, 직접적이건, 세계의 아유화를 통해서이건, 또는 오히려 동시에 양자에 의해서이건 간에, 존재 선택이다. (『EN』, p. 689)

이런 추론을 통해 사르트르의 이름은 특히 '자유' 개념과 굳건히 연결된다. 그는 "인간은 자유롭도록 선고받았다", "인간은 자유롭지 않을 자유가 없다", "인간의 자유는 바다의 파도처럼 영원히 다시 시작된다"고 말한다. 이런 표현들은 단적으로 "인간은 자유 그 자체이다"라는 표현으로 수렴된다. 하지만 이런 자유는 방종과는 엄격하게 구별되어야 한다. 왜냐하면 자기 자신의 삶의 매 순간 자유에 입각해 기투와 선택을 한 개인은 어떤 상황에 처해 있더라도 그 자신의 기투와 선택에 대해 응분의 책임을 져야 하기 때문이다.

> 다른 한편, 만일 신이 존재하지 않는다면, 우리는 우리의 행동을 정당화시켜 줄 가치나 질서를 우리에게서 발견할 수 없습니다. 이렇듯 우리는 변명이나 핑계를 우리 앞에서도, 우리 뒤에서도, 가치의 밝은 영역 속에서도 가지고 있지 않습니다. 우리는 핑계 없이 홀

로 존재합니다. 이것이 바로 내가 인간은 자유롭도록 선고받았다고 말하면서 표현하려는 것입니다. 인간은 선고받았습니다. 왜냐하면 그는 스스로를 창조한 것이 아니기 때문입니다. 하지만 다른한편으로 인간은 자유롭습니다. 왜냐하면 세계 속에 던져진 이상 그는 자신이 하는 모든 것에 대해서 책임이 있기 때문입니다.

(『EH』, p. 37)

이와 같은 인간의 책임과 관련해 보부아르가 제시하고 있는 캉디드Candide의 '뜰'의 일화는 흥미롭다. 그녀는 『피로스와 키네아스』에서 볼테르의 『캉디드』에서 "우리의 뜰을 경작할 것이다"[124]라는 말을 인용한다. 무신론적 실존주의자인 그녀에 따르면, 인간은 누구나 실존하면서 자기만의 '뜰'을 경작하게 된다. 그리고 그 뜰은 그 자신의 소유이다. 왜냐하면 그 뜰을 경작한 것은 그 자신이기 때문이다. 물론 그는 그 뜰을 경작하면서 그 면적을 확장하거나 축소할 수 있다. 하지만 그는 죽을 때까지 그 안에 갇혀 있을 것이며, 따라서 그는 그 뜰에 대해 모든 책임을 져야 할 것이다.[125] 뒤에서 다시 보겠지만 사르트르와 보부아르의 사유에서 이런 인간의 책임은 개인적인 차원에만 국한되지 않고 집단적 차원으로 확대해 나간다.

---

[124] 같은 책, p. 236.
[125] 같은 책, p. 248.

2

보부아르의 애매성 찬가

1939년: 전회의 원년

사르트르와 보부아르의 무신론적 실존주의를 관통하는 몇몇 원칙을 살펴보면서 두 사람의 사유에는 거의 차이가 없음을 확인할 수 있었다. 하지만 그들 사이에는 1939년을 기점으로 점차 차이점이 노정되기 시작하는 것 같다. 그들이 여전히 무신론적 실존주의를 공유하는 것은 사실이다. 그럼에도 그들은 '나'와 '타자(들)'의 관계에 대한 이해에서 입장을 달리하는 것을 넘어 심지어는 서로 대립하기까지 하는 것으로 보인다.

1929년 이루어진 두 사람의 만남 이후의 시기 중에서 특히 '1939-1947년'의 기간에 주목해 볼 필요가 있다. 왜냐하면 이 기간에 보부아르에게서 '윤리적 전회'가 일어나기 때문이다. 그녀는 이 시기를 "윤리의 시기période de la morale"[126]로 규정한다. 물론 사르트르에게도 1939년을 기점으로 '전회'가 일어난다. 하지만 두 사람의 전회는 성격이 다르다. 그로부터 두 사람의 사유의 변곡점이 나타나게 된다. 그런 만큼 두 사람의 사유의 차이점, 나아가 대립점을 찾기 위해 그녀

---

[126] 『FA』, p. 626.

의 윤리적 전회의 양상과 그 결과에 주목해 볼 필요가 있다.

1939년, 곧 제2차 세계대전의 발발 전에 사르트르와 보부아르는 현실에 대해 무관심한 태도로 일관했다. 그들은 '개인주의적 방관자 spectateur individualiste'였다. 이것은 두 사람이 '세계-내-존재'로 규정되는 인간의 이해에서 '세계' 개념을 아주 좁게 해석했다는 것을 보여 준다. 그들은 각자 경작해야 할 '뜰'을 '나'(대자존재), '나'를 에워싸고 있는 '사물'(즉자존재)과 '개인으로서의 타자'(대타존재)에 국한시켰다고 할 수 있다. '나-타자'의 관계를 개인적인 차원에 한정시켰을 뿐만 아니라, 사르트르는 이 관계를 대립과 투쟁의 관계로 보는 성향이 강했다.

하지만 두 사람은 1939년 시작된 전회를 계기로 각자의 뜰을 확장시켜야 할 필요성에 직면하게 된다. 또한 어떤 뜰을 어떻게 경작할 것인가의 문제도 검토해야 할 필요성을 절감하게 된다. 이런 필요성에는 크게 두 가지 자각이 수반된다. 하나는 인간의 이해를 위해서는 '개인' 차원에 머무르는 대신에 '사회, 역사적 차원'을 고려해야 한다는 사실에 대한 자각이다. 다른 하나는 참혹한 전쟁의 폐해를 겪은 인간들을 공존과 화해로 이끌 수 있는 방향 모색의 필요성에 대한 자각이다.

그런데 이런 필요성에 직면해서 사르트르는 주로 이론적이고 사변적인 방향으로 나아간 것으로 보인다.[127] 그는 1939년에 전쟁에 동

---

[127] 뒤에서 다시 보겠지만, 1939년부터 『변증법적 이성비판』이 출간된 1960년까지, 그리고 그 이후에도 사르트르가 이론적, 사변적 차원에만 머문 것만은 아니다. 그 기간에 그는 참여 지식인으로 사회변혁을 위해 적극적으로 활동한다. 가령, '사회주의와 자

원되면서 인간이 사회적, 역사적 존재라는 사실을 자각하게 된다. 그리고 이런 자각에서 비롯된 그의 인간 이해를 위한 노력은 훨씬 뒤인 1960년 출간된 『변증법적 이성비판』에서 이론적으로 체계화되기에 이른다. 비록 이 저서가 미완성으로 남아 있기는 하지만 말이다.

사르트르는 이 저서에서 "구조적, 역사적 인간학anthropologie structurelle et historique"[128]의 정립을 목표로 삼는다. 이것은 1939년의 전회를 계기로 그가 '존재론ontologie'에서 '인간학anthropologie'으로 나아갔다는 사실과 그의 관심사가 역사와 사회 차원으로 확대되었다는 사실을 보여 준다. 이런 의미에서 1939년 이후의 그의 전회의 성격은 '인식론적épistémologique'이라고 할 수 있다. 이것은 보부아르의 전회가 갖는 '윤리적' 성격과 대조된다.[129]

1939년, 곧 전쟁 발발과 더불어 보부아르 역시 위에서 언급된 두

유(Socialisme et liberté)'라는 단체를 통한 레지스탕스 운동, 대독협력자들의 처리 문제, 민주혁명연합(RDR: Rassemblement démocratique et révolutionnaire)을 통한 정치 활동, 1968년 5월 혁명에의 참여, 마오주의자들과의 교류 및 협력 등이 그 예이다.

[128] 『CRDL』, p. 14

[129] 이 점에 대해서는 보충 설명이 필요하다. 앞에서 지적한 것처럼 1939년 이후, 특히 '1945-1952년' 사이에 사르트르에게도 '윤리학적 전회'가 있었다. 그 증거는 『윤리를 위한 노트(Cahiers pour une morale)』이다. 이 저서는 1983년에 유고집으로 출간되었다. 하지만 이 저서에 사용된 노트들은 1947-1948년 사이에 작성되었다. 이 시기는 보부아르의 '윤리적 전회'가 일어난 시기와 부분적으로 겹친다. 이런 사실을 고려하게 되면 두 사람 사이의 사유의 차이가 대폭 줄어든다. 다만, 여기에서는 보부아르가 사르트르보다 먼저 몇몇 윤리적 개념들을 제시했고, 사르트르가 그녀의 영향을 받아 그 개념들을 심화시키면서 그 자신의 윤리를 정립하고자 했다는 사실을 지적하는 것으로 그치고자 한다. 이 점에 대해서는 뒤에서 두 사람 사이의 차이점과 대립점을 밝힐 때 다시 다루기로 한다.

가지 필요성을 자각한다. 하지만 그녀는 사르트르와 다른 방향으로 나아간다. 그녀가 선택한 방향은 '윤리적' 방향이다. 그녀는 '세계' 개념을 '나-사물-단수의 타자'에 국한시키지 않는다. 특히 '단수의 타자' 대신에 '복수의 타자들'에 주목한다. 그러면서 그녀는 '나'는 어떻게 이 '복수의 타자들'과 공생과 화해를 도모할 수 있는가를 모색한다. 이런 방향으로 나아가면서 그녀는 현실에서 '공동-존재Mitsein'[130]의 실현 가능성을 탐색한다.

보부아르의 이런 노력은 1944년에 출간된『피로스와 키네아스』에서부터 씨앗이 뿌려지고,[131] 그로부터 3년 후에 출간된『애매성의 윤리를 위하여』에서 풍성한 싹을 틔우고 있다.[132] 아울러 그녀는 이 기간에 출간된『초대받은 여자』,『군식구』,『타인의 피』등에서 윤리의 문제를 문학적으로 형상화하고자 노력하고 있다. 또한『제2의 성』과『노년』등에서도 그 문제에 대한 성찰을 계속 이어나간다. 그런 만큼 두 사람의 사유의 차이점, 나아가서는 대립점을 찾기 위해서는 먼저

---

[130] 보부아르가『피로스와 키네아스』,『애매성의 윤리를 위하여』등에서 그녀 자신의 실존주의적 윤리를 정립하면서 동원하고 있는 '드러내기(dévoilement)', '사실성(facticité)', '진정성(authenticité)', '공동-존재' 등의 개념에서 하이데거의 영향을 보는 연구자도 있다.(Eva Gothlin, "Lire Simone de Beauvoir à la lumière de Heidegger", *Les Temps modernes*, no.61, 2002(Présences de Simone de Beauvoir) pp. 53-77.)

[131] 강초롱,「시몬 드 보부아르의《피뤼스와 키네아스》: 윤리적 실존주의의 밑그림」,『프랑스학연구』, 64, 2013, 프랑스학회, 5-31쪽 참조.

[132] 보부아르는 이 두 권의 저서를 그녀 자신이 그다지 좋아 하지 않는 저서로 꼽고 있다.(Francis Jeanson, *Simone de Beauvoir ou l'entreprise de vivre*, Seuil, 1966, pp. 287-288.) 그런데 사르트르의 사유와 비교해 그녀만의 고유한 사유가 있다고 주장하는 연구자들이 주로 이 두 권의 저서에서 그 토대를 발견하고 있다는 사실은 흥미롭다.

『피로스와 키네아스』와 『애매성의 윤리를 위하여』를 꼼꼼하게 들여다볼 필요가 있다.

'나'와 '타자(들)'의 관계

방금 1939년 이후에 사르트르와 보부아르 모두 '세계-내-존재'로서의 인간 이해에서 세계 개념의 확장 필요성과 이 개념에 대한 의미 부여의 변화에 대한 필요성을 지적했다. 그런데 거기에서 가장 중요한 요소는 개인적 차원의 '타자'와 집단적 차원의 '타자들'의 존재—뒤에서 보겠지만 타자(들)는 '상황'을 구성하는 요소이다—와 관련된 것으로 보인다. 그리고 '나'와 '타자(들)'의 관계에 대한 이해의 차이는 그대로 두 사람의 사유의 차이, 나아가서는 대립으로까지 이어지는 것으로 보인다.[133]

그렇지만 사르트르와 보부아르는 출발점에서 인간관계의 두 측면에 동의한다. '인간은 인간에 대해 늑대homo homini lupus'라는 측면과 '인간은 인간에 대해 신homo homini deus'이라는 측면이 그것이다. 1939년 시작된 전회가 진행되던 중에 출간된 『존재와 무』에서 사르트르는 첫 번째 의미를 강조하는 쪽으로 나아간다.[134] 그에 반해 보부아르는 『피

---

133   "Freedom F/Or the Other", Christine Daigle & Jacob Golomb (Ed.), 앞의 책, 2009, p. 242.

134   뒤에서 다시 보겠지만, 사르트르에게도 '나-타자'의 화해 가능성이 이미 『존재와 무』에서 나타나고 있다. 그는 이 저서에서 타자를 내가 물리쳐야 할 적으로 규정하지만, 또

122

로스와 키네아스』와 『애매성의 윤리를 위하여』에서 두 번째 의미를
강조하는 쪽으로 나아간다. 두 사람이 각자 나아간 방향을 추적하면
서 그들의 사유가 어떤 점에서 차별화되고, 나아가서는 대립하는가
를 구체적으로 살펴보도록 하자.

1) 사르트르: '나-타자'의 갈등

먼저 사르트르의 타자에 대한 사유를 보자. 그에게서 나와 타자의
관계를 이해하기 위해서는 『존재와 무』의 제3부인 '대타존재l'être-pour-
autrui' 부분에 주목해야 한다. 이 부분은 이 저서에서 가장 많은 분량
을 차지하고 있다. 이것은 그의 사유에서 대타존재가 차지하는 중요

한 "나와 나 자신을 연결해 주는 필수불가결한 매개자(médiateur indispensable entre moi
et moi-même)", 『EN』, p. 276로 규정하기도 한다. 그의 타자에 대한 사유를 논할 때 이
점을 간과해서는 안 된다. 다만, 그는 『존재와 무』에서 '나'와 복수의 '타자들'의 관계
를 다루고 있지 않다. 그가 '타자들'에 관심을 표명하기 시작한 것은 이 저서와 시간적
으로 큰 차이 없이 이루어진 "실존주의는 휴머니즘이다"라는 제목의 강연(1945)과 후
일 유고집으로 출간된 『윤리를 위한 노트』(1983)에 사용된 노트를 작성하던 시기(1945-
1948년)와 『상황 II: 문학이란 무엇인가(Situations, II: Qu'est-ce que la littérature?)』(1948)에
실려 있는 6편의 글(「『레 탕 모데른』지 창간사(Présentation des Temps modernes)」, 「문학의 국
유화(La nationalisation de la littérature)」, 「글을 쓴다는 것은 무엇인가(Qu'est-ce qu'écrire?)」,
「왜 쓰는가(Pourquoi écrire?)」, 「누구를 위해 쓰는가(Pour qui écrit-on?)」, 「1947년 작가의 상황
(Situation de l'écrivain en 1947)」)이 『레 탕 모데른』지에 출간된 시기(1945-1947년)라고 할
수 있다. 그런데 이 시기에 사르트르는 보부아르의 윤리적 전회의 결과로부터 적지 않
은 영향을 받고 있는 것으로 보인다. 이 점에 대해서는 뒤에서 다시 거론하기로 한다.
지나가면서 방금 언급한 『상황 II』는 1948년에 출간된 것을 기준으로 한다는 사실을 지
적하자. 이 책은 2013년에 사르트르의 양녀인 아를레트 엘카임에 의해 다시 출간되었
으며, 그 내용도 1948년 판본과 많이 다르다. 그리고 1948년에 출간된 『상황 II: 문학이
란 무엇인가』는 2013년에 『상황 III: 문학과 참여(Situations, III: Engagement et littérature)』
라는 제목으로 다른 여러 글들과 더불어 아를레트 엘카임에 의해 새로이 출간되었다.

성을 단적으로 보여 준다. 그는 이 저서에서 '대자존재l'être-pour-soi'로서의 인간인 '나'와 '즉자존재l'être-en-soi'로서의 '사물' 사이의 존재관계를 기술한 후에, '나'와 '타자' 사이에 맺어지는 존재관계를 기술하고 있다.

사르트르는 그 자신의 평생의 철학적 과업을 '인간에 대한 이해'로 규정한다. "나는 인간을 이해하려는 열정을 가졌다j'ai la passion de comprendre les hommes."[135] 이 과업을 위해 그는 '의식'의 유무를 기준으로 존재를 두 영역으로 구분한다. 의식을 가진 인간과 그렇지 못한 사물이 그것이다. 사르트르는 아무런 이유 없이 이 세계에 우연히 출현한 인간과 사물을 각각 대자존재와 즉자존재로 명명한다. 그리고 이 두 존재의 관계를 '현상학적으로' 기술하면서[136] 인간에 대한 이해를 도모한다.

하지만 인간에 대한 충분한 이해에 도달하기 위해 이 두 존재의 관계를 기술하는 것만으로는 충분하지 않다는 것이 사르트르의 판단이다. 그는 나와 타자의 존재관계에 대한 논의의 필요성을 제시한다. 그러면서 나의 대타존재를 구성하는 타자와 관련해 두 개의 질문을 제기한다. 타자란 누구인가? 나는 타자와 어떤 존재관계를 맺는가?

---

135 Jean-Paul Sartre, *Saint Genet: Comédien et martyr*, (*Œuvres complètes* de Jean Genet, t. I) Gallimard, 1952, p. 158.

136 『존재와 무』의 부제가 '현상학적 존재론 시론(Essai d'ontologie phénoménologique)'이라는 사실을 지적하자.

하지만 그와 동시에 나는 나의 존재의 구조 전체를 완전히 파악하기 위해 타자를 필요로 한다. 대자는 대타를 가리킨다. 따라서 만일 우리가 인간과 즉자존재와의 존재관계를 그 전체 속에서 파악하고자 한다면, 우리는 이 책의 앞부분에서 소묘된 기술만으로 만족할 수는 없다. 우리는 아주 다른 의미로 놀라운 두 가지 질문에 답을 해야만 한다. 먼저 타자의 존재 문제이며, 그다음으로는 타자의 존재와의 나의 '존재' 관계의 문제다. (『EN』, p. 277)

사르트르는 두 문제에 답을 하기 위해 '시선regard' 개념을 도입한다. '타자'는 "나를 바라보는 자celui qui me regarde"[137]로 정의된다. 이 정의는 단순해 보인다. 하지만 사르트르는 이 정의를 도출하는 과정에서 데카르트, 헤겔, 후설, 하이데거 등의 철학에서 타자와 관련된 부분을 면밀히 검토하고 있다. 어쨌든 사르트르에 의하면 시선은 타자의 나에 대한 직접적, 구체적인 현전을 가능케 해 주는 개념이다.

그런데 시선이 의미하는 것은 두 눈동자의 움직임이 아니다. 사르트르에 의하면 시선은 그 끝에 닿는 모든 것을 객체화 할 수 있는 '힘puissance'으로 이해된다. 바꿔 말해 시선은 그 주체의 의식이 흐르는 일종의 도선導線이다. 따라서 나는 나의 시선을 통해 타자를 바라보면서 그를 객체로 사로잡는다. 그 역도 마찬가지다.

---

[137] 『EN』, p. 315.

사실 나는 내가 보는 사람들, 그들을 객체들로 응고시킨다. 그들에 대한 나의 관계는 나에 대한 타자의 관계와 같다. 나는 그들을 처다보면서 나의 힘을 계량한다. (『EN』, p. 324)

이 단계에서 사르트르의 사유를 관통하는 하나의 원칙을 지적하자. 인간은 반드시 주체성으로 있어야 한다는 원칙이 그것이다. 달리말해 인간은 언제, 어느 곳에서나 자유, 초월의 상태에 있어야 한다. 이 원칙은 나와 타자에게 모두 해당된다. 그렇기 때문에 나와 타자는 이 세계에서 서로 우연히 만나자마자 각자의 시선을 통해 상대방을 객체로 사로잡기 위해 모든 노력을 경주하게 된다.

그렇다면 그 결과는? 사르트르에 의하면 나와 타자의 관계는 '시선의 투쟁'이 될 수밖에 없다. 대타존재의 일차적 의미는 '함께 있는 존재'가 아니라 '갈등'이라는 것이 사르트르의 주장이다. 그리고 사르트르는 이 갈등 관계를 나와 타자 사이의 '근본적 관계relation fondamentale'로 규정한다. 정확히 그로부터 "지옥, 그것은 타인들l'enfer, c'est les Autres"[138]이라는 주장이 도출된다. 인간은 인간에 대해 늑대인 것이다. 그런 이유로 타자가 존재하는 이 세계에 출현한 것이 나의 "원죄péché originel"[139]라는 주장이 성립한다.

이렇듯 타자는 그의 시선을 통해 나를 객체화시킨다. 그러면서 타

---

[138] Jean-Paul Sartre, *Huis clos*, in 『TC』, p. 128.
[139] 『EN』, p. 481.

자는 나의 존재를 훔쳐 간다. 이런 의미에서 타자는 내가 온 힘을 기울여 물리쳐야만 하는 적이다. 하지만 타자는 그와 정반대되는 또 다른 존재론적 지위를 가진다. 사르트르에 의하면 타자는 나에게 '신'과 같은 존재이다. 그 이유는 타자가 나를 바라보면서 나의 존재근거를 마련해 주기 때문이다. 그 내력은 이렇다.

타자는 그의 시선을 통해 나를 바라보면서 나를 객체화시키는 과정에서 나에 대한 어떤 이미지를 갖게 되고, 또 그것을 나에게 부여한다. 물론 이 이미지는 나와 타자의 합작품이다. 이 이미지를 구성하는 질료의 반은 나이고, 그 나머지 반은 타자의 시선이다. 그런데 여기에서 중요한 것은 타자의 시선 배후에 그려지고 포착되는 나의 모습이다. 즉, '나의 바라보여진 존재mon être vu'이다. 나는 이 존재의 모습을 알 수가 없다.

하지만 이 존재의 모습 속에 나의 존재의 '비밀'이 담겨 있다. 사르트르는 이 비밀이 곧 나의 '본성nature'이라고 본다. 그렇기 때문에 타자는 그의 시선을 통해 나를 객체화시키면서 내가 누구인지, 내가 어떤 부류의 사람인지를 나에게 가르쳐 줄 수 있다. 이런 사실을 근거로 사르트르는 이렇게 말한다. "나에 대한 어떤 진리를 얻기 위해서 나는 이처럼 타자를 거쳐야 합니다."[140]

또한 사르트르는 타자의 시선에 의해 나에게 부여되는 그 비밀 속에 나의 존재근거가 담겨 있다고 주장한다. 물론 이 존재근거는 절대

---

[140] 『EH』, pp. 66-67.

자인 신이 ―신은 영원히 객체화되지 않는 시선으로 규정된다― 나에게 보증해 주는 것과 같은 것일 수는 없다. 하지만 신의 부재를 가정하는 그의 사유 체계에서 타자의 시선에 의해 주어지는 이 존재근거는 나에게 더없이 중요하다. 이런 이유로 타자는 나와 나 자신을 연결해 주는 필수불가결한 매개자로 규정된다. 다시 말해 인간은 인간에 대해 신의 지위를 갖는다.

이렇게 해서 사르트르에게서 타자는 나와의 관계에서 이중의 상반되는 존재론적 지위를 가지고 있는 존재로 나타난다. 그리고 사르트르는 이런 존재론적 지위를 갖는 타자에 대해 내가 취할 수 있는 두 가지 '태도attitude'를 제시한다. 하나는 내가 주체성, 자유, 초월의 자격으로 타자의 주체성, 자유, 초월을 인정하고, 그의 내부에 새겨진 나의 모습을 내 안으로 흡수하려는 '동화assimilation'의 태도이다. 다른 하나는 내가 나의 주체성, 자유를 지키기 위해 타자의 주체성, 자유를 사로잡아 버리려는 '초월transcendance'의 태도이다. 이 두 태도를 중심으로 나와 타자 사이에는 '구체적인 관계들relations concrètes'이 정립된다.

타자는 나를 '바라본다.' 그리고 타자는 그런 자로서 나의 존재의 비밀을 쥐고 있다. 타자는 내가 무엇'이라는' 것을 안다. 이렇듯 나의 존재의 심오한 의미는 나의 외부에 있고, 하나의 부재 속에 갇혀 있다. (…) 타자의 초월을 초월하는 것, 또는 반대로 타자로부터 초월의 성격을 제거함이 없이 그 초월을 내 안으로 삼키는 것, 이것이 바로 내가 타자에 대해 취하는 두 개의 원초적인 태도이다.

(『EN』, p. 430)

사르트르는 동화의 태도를 중심으로 성립되는 구체적 관계들로는 사랑, 언어, 매저키즘masochisme을 제시한다. 또한 초월의 태도를 중심으로 정립되는 구체적 관계들로는 사디즘sadisme, 성적욕망désir sexuel, 무관심indifférence, 증오haine를 제시한다. 이런 구체적 관계들 중에서 우리는 앞에서 사르트르와 보부아르의 계약결혼의 조건으로 사랑과 언어 관계의 목표와 그 실패를 살펴본 바 있다.

그런데 『존재와 무』에서 기술된 나와 타자의 존재관계에서 한 가지 특기할 만한 점은, 이 관계가 비극적이라는 것이다. 왜냐하면 나와 타자는 동화와 초월의 태도에 의해 결정되는 구체적 관계들의 순환에서 결코 벗어날 수 없기 때문이다. 심지어 사르트르는 '타인을 살해하려는 기도'로 정의되는 증오[141]를 통해서도 인간은 이 순환에서 벗어날 수 없다고 주장한다.

> 증오도 이런 순환으로부터 벗어나는 것을 허용하지 않는다. 증오는 단순히 궁극적인 시도, 절망적인 시도를 나타낼 뿐이다. 이런

---

[141] 예컨대 나의 존재에 대한 수치스러운 비밀을 알고 있는 타자를 내가 살해하고자 할 수도 있다. 사르트르는 이와 같은 타자 살해의 기도를 증오로 규정한다. 앞에서 보부아르의 『초대받은 여자』에서 프랑수아즈가 그자비에르를 살해한 것을 살펴볼 때 그녀의 행위를 증오로 규정한 바 있다.

시도의 실패 후에 대자에게는 이런 순환으로 다시 들어가는 일, 그
리고 두 개의 기본적 태도의 한편에서 다른 한편으로 무한정하게
왔다 갔다 하는 일만 남아 있을 뿐이다.　　　　　　(『EN』, p. 484)

정확히 이런 이유로 사르트르의 사유에서 나와 타자와의 관계의
의미는 대부분 "타인은 나의 지옥"이라는 주장으로 수렴된다. 타자는
내가 반드시 물리쳐야만 하는 적으로 여겨지기 십상이다. 반면, 타자
가 나와 나 자신 사이를 연결해 주는 필수 불가결한 존재라는 지위는
거의 거론되지 않는다. 이것은 사르트르의 존재론에서 나와 타자 사
이의 관계는 주로 비극적인 순환 속에 갇혀 있는 것으로 이해된다는
것을 보여 준다.

실제로 사르트르와 보부아르의 계약결혼의 조건을 설명하면서 보
았던 것처럼, 사랑과 언어조차도 결국 실패로 끝나기 때문에, ―언어
의 성공과 실패는 유에 상태에 있다는 점을 상기하자― 이와 같은 비
극성이 더 부각될 수밖에 없다. 이것이 사르트르의 사유에서 나와 타
자의 공존과 화해의 가능성은 거의 없다고 여겨지는 이유이다.[142] 최

---

[142]　앞에서 지적한 것처럼 사르트르의 평생의 철학적 과업은 인간에 대한 이해이다. 그런
데 사르트르는 『존재와 무』에서 제1, 2차 세계대전을 거치면서 1,000만 명 이상의 인간
을 살해한, 그것도 가장 잔인하고 가장 비인간적인 방식으로 살해한 인간에 대한 이해
도 포함시키고자 했던 것으로 보인다. 그렇기 때문에 인간이 다른 인간과의 관계에서
가장 근본적인 차원에서 서로 '적'이 될 수밖에 없는 이유를 '시선'의 투쟁과 갈등을 통
해 보여 주고자 했다고 할 수 있다. 이런 점이 부각되면서 사르트르가 대타존재에 부여
한 비극적인 의미가 지나치게 강조되었다고 할 수 있다.

소한『존재와 무』의 차원에서는 그렇다.[143]

사르트르는『존재와 무』의 '결론' 부분에서 '윤리적 전망'을 간략하게 제시하면서, 이 저서에 이어지는 저서를 윤리에 할애하겠다는 사실을 지적하고 있다.[144] 그리고 사르트르는『존재와 무』이후로 1947-1948년에 걸쳐 그의 윤리의 정립을 위해 여러 권의 노트를 작성했다. 하지만 그것들이 분실되기도 하고 또 미출간 상태로 있다가 1983년에 유고집으로 출간되기에 이른다. 이런 이유로 최소한 1983년까지는 사르트르가 정립하고자 한 윤리의 구체적인 내용을 알 수가 없었다.

하지만 사르트르는 1945년에 했던 "실존주의는 휴머니즘이다"라는 제목의 강연에서 윤리에 대해 간략하게 거론하고 있다. 한 인간의

---

[143] 사르트르에게서 1939년에 '인식론적 전회'가 시작되었다는 점은 앞에서 지적한 대로이다. 그런데 그에게서 이런 전회가 본격적으로 일어난 것은 1943년 이후부터라고 할 수 있을 것 같다. 왜냐하면 그의 전기 사상을 대표하는『존재와 무』가 1943년에 출간되었기 때문이다. 그에게서 발생한 '전회'는 시기적으로 다음과 같이 정리할 수 있을 것 같다. '인식론적 전회'는 1939년부터(본격적으로는 1943년 이후부터) 1960년까지, 곧『변증법적 이성비판』이 출간되기까지 일단락되고, 그 이후로 특히 1968년 5월 혁명과 그 이후 마오주의자들과의 교류와 협력이 이루어질 때까지 계속 이어진다. 그리고 '윤리적 전회'는 1945년부터("실존주의는 휴머니즘이다"라는 제목의 강연이 행해졌고, 또『레 탕 모데른』지가 창간된 해부터) 1948년『상황II: 문학이란 무엇인가』가 출간되고, 또 1983년에 유고집으로 출간된『윤리를 위한 노트』의 내용을 담고 있는 노트를 작성하던 시기(특히 1947-1948년)에 일어났다고 할 수 있을 것이다. 또한 이 시기는 그에게서 본격적인 '참여'가 시작되는 시기이기도 하다. 이 점은 보부아르에게도 해당된다고 할 수 있다. 두 사람의 참여에 대해서는 제3장과 제4장에서 다시 거론하게 될 것이다.

[144] 『EN』, p. 722. 지금까지 우리나라에서는『존재와 무』의 말미에서 언급된 사르트르의 'morale'를 거의 대부분의 경우 '도덕'으로 번역해 왔다. 필자도 마찬가지였다. 그런데 이 단어는 '윤리'로 번역해야 하는 것으로 보인다. 향후『존재와 무』를 번역하면서 수정해야 할 부분 중 하나이다. 이와 관련해 유고집으로 출간된 사르트르의 *Cahiers pour une morale*의 영어 번역본 제목이 *Notebooks for an Ethics*라는 사실을 지적하자.

참여와 인류 전체의 참여와의 연관성, 타자와의 긍정적인 관계 정립의 필요성 등이 그것이다. 또한 1948년에 출간된 『상황 II: 문학이란 무엇인가』에 실린 6편의 글에서도 '작가-독자'의 관계를 통해 '호소appel', '증여don', '관용générosité' 등과 같은 개념들이 꽤 구체적으로 다뤄지고 있다.[145] 실제로 이 개념들은 사르트르의 『윤리를 위한 노트』에서 핵심 개념으로 등장하며, 이 개념들에는 나와 타자의 긍정적인 관계, 곧 윤리의 정립을 위한 긍정적인 요소들이 함축되어 있다.

그런데 우리가 주목하고자 하는 것은, 곧 다시 보겠지만, 보부아르가 사르트르보다 위의 개념들을 선취先取하고 있다는 점이다. 이것은 세 가지 사실을 예견케 한다. 첫째, 이 개념들을 다루고 있는 보부아르의 사유, 특히 타자에 대한 사유가 그녀의 독창적인 사유에 해당한다는 사실이다. 둘째, 이런 사유는 『존재와 무』로 대표되는 사르트르의 타자에 대한 사유와 차별화됨과 동시에 심지어는 대립적이기까지 하다는 사실이다. 셋째, 사르트르는 보부아르에 의해 다뤄진 이 개념들을 수용해 『윤리를 위한 노트』로 출간될 노트에서 더 심화시키고 있다는 사실이다. 이런 사실들에 대해서는 보부아르의 윤리의 토대가 되는 타자에 대한 사유를 검토한 후에 이 장의 결론 부분에서 다시 언급하기로 한다.

---

[145]   변광배, 『사르트르의 《문학이란 무엇인가》 읽기』, 세창미디어, 세창명저산책46, 2016 참조.

2) 보부아르: 타자와의 공생 또는 애매성의 윤리

이제 화급을 다루는 것은 타자에 대해 보부아르가 어떤 사유를 펼치고 있는가를 알아보는 일이다. 그래야만 그녀와 사르트르의 사유의 차이점과 대립점이 어디에 있는지를 가늠해 볼 수 있을 것이다. 그런데 두 사람의 인간에 대한 이해는 다르지 않다. 타자에 대한 이해도 출발점에서는 다르지 않다. 하지만 그녀의 타자에 대한 사유는 사르트르의 그것과 다른 방향으로 나아가게 된다. 그 과정을 살펴보자.

앞에서 본 것처럼 두 사람 모두 신의 부재를 가정하면서 인간을 자유, 기투, 초월로 규정한다. 인간은 애시당초 아무것도 아니며, 미래를 향해 자신을 기투해 나가야 한다. 이런 의미에서 인간은 죽을 때까지 계속해서 초월해야 하며, 따라서 그는 그 자신의 "자유를 결코 포기할 수 없다."[146]

보부아르에게서 인간은 이처럼 포기할 수 없는 자유를 떠안은 채 실존한다. 하지만 인간은 그와 동시에 '즉자적으로' 존재하고 싶어 한다는 것이 그녀의 주장이다. 그것도 인간이 그 자신의 행위의 결과인 대상을 통해서 그렇다.

인간은 사냥을 하고 낚시를 한다. 그는 도구를 만들고 책을 쓴다. 이것은 오락이나 도피가 아니라 존재를 향한 운동이다. 인간은

---

[146]   『PC』, p. 311.

존재하기 위해 행위를 한다. 자신이 즉자적으로 '존재하지' 않기 때문에 그는 자신을 초월해야 한다. 하지만 그는 즉자적으로 존재하는 것을 바라기 때문에, 그의 초월성은 충만성으로 포착되어야 한다. 인간이 그의 초월성의 응고된 반영을 발견하는 것은 그가 창조한 대상 속에서이다. (『PC』, p. 300)

이 단계에서 한 가지 질문이 제기된다. 과연 인간은 혼자서 그가 만들어 낸 대상을 즉자화시킬 수 있을까? 사르트르는 이것이 불가능하다고 본다. 왜냐하면 인간이 뭔가를 하고, 그 결과로 출현하는 대상은 그 자신의 분신alter ego이기 때문이다. 이 인간은 이 대상에 그 자신의 주체성을 투사한다. 그것은 그의 주체성의 물질화된 모습에 다름 아니다. 따라서 그는 그 대상 안에서 그 자신만을 재발견할 뿐이다. 그렇다면 그 대상에 즉자성을 부여하고, 또 그를 즉자화시킬 수 있는 존재가 있을까? 있다면, 그것은 어떤 존재일까? 바로 '타자' 존재이다. 타자만이 그 대상을 즉자화시킬 수 있을 뿐이고, 또 그렇게 함으로써 그를 즉자화시킬 수 있을 뿐이라는 것이 사르트르의 주장이다.[147]

---

[147] 사르트르는 『존재와 무』에서 실존의 "주요 세 범주(trois catégories cardinales)"(『EN』, p. 664.)를 지적한다. '함(Faire)', '가짐(Avoir)', '있음(Etre)'이 그것이다. 그리고 이 세 범주 사이에서 이루어지는 '이중의 환원'을 거론한다. 함은 가짐으로, 가짐은 있음으로 환원된다는 것이다. 인간이 뭔가를 하는 것은 그 결과물인 대상을 소유하고, 또 그것을 통해 '즉자-대자'의 융합 상태에 도달하고자 한다는 것이 사르트르의 주장이다. 다만, 인간인 만든 것을 그 자신이 소유하는 경우에 '대자-대자'의 융합 상태에만 이를 뿐이다. 왜냐하면 인간은 대상을 만들면서 거기에 그 자신의 주체성, 자유를 투사하기 때문이다. 이처럼 그 대상에 투사된 인간의 주체성, 자유, 곧 물질화된 대자에 객체성, 곧 즉

보부아르도 같은 주장을 펼치고 있다. 그녀는 인간이 홀로 영위하는 삶의 공허함과 불충분성을 이렇게 지적한다.

거울 속의 나를 바라보아도, 내 고유한 이야기를 아무리 말해 보아도 소용없다. 나는 결코 나를 하나의 충만한 객체로 파악하지 못한다. 나는 내 자신 속에서 내 자신인 공허를 경험한다. 나는 내 자신이 '즉자적으로 존재하지 않음'을 느낀다. 그리고 이런 이유로 모든 자아 숭배는 사실상 불가능하다. 나는 나를 나 자신의 대상으로 삼을 수 없다. (『PC』, p. 305)

이렇듯 보부아르에게서 나의 행위가 어떤 의미를 부여받고, 또 그 결과물에 즉자성을 부여하기 위해서는 나 혼자만으로는 불충분하다. 나의 실존이 완성되려면 나와는 다른 존재가 반드시 요청된다. 그 존재는 사물, 즉 즉자존재가 아니라 '타자'일 수밖에 없다. 다시 말해 '세계-내-존재'로서의 '나'의 이해를 위해 이 '세계' 개념에 '타자'가 포함되어야만 한다.

나는 유한하다. 나는 자신의 유한성을 원해야 한다. 하지만 내가 바라는 것은 추월될 수 없는 목적, 참으로 목적인 목적을 선택하는

자적인 성격을 부여하는 것은 '타자'일 수밖에 없다는 것이 사르트르의 주장이다. 이렇듯 그의 사유에서 나는 혼자서 나 자신에게 즉자성을 부여할 수 없다. 보부아르 역시 같은 주장을 펼친다.

것이다. 그리고 그 자체로 응고되어 있는 대상이 나를 정지시키기
에 충분하지 않다고 한다면, 타자가 그런 힘을 가진 것은 아닐까?

(『PC』, p. 308)

보부아르는 자기 존재의 즉자성을 확보하기 위해서는 타자가 요구
된다는 사실을 보여 주기 위해, 글을 쓰거나 그림을 그리는 어린아이
의 예를 들고 있다. 그는 자기가 쓴 글이나 그린 그림을 들고 부모에
게 달려간다. 왜일까? 그는 부모로부터 칭찬을 받고 싶어 한다. 그에
게는 그의 글이나 그림을 보아 주는 "하나의 눈"[148]이 필요한 것이다.
부모로부터 칭찬을 받는 순간, 그의 글과 그림은 의미를 갖게 된다.
그 순간에 그는 뿌듯함을 느낀다. 요컨대 그는 그 자신의 행위의 결
과물을 통해 그가 원하는 즉자성을 얻을 수 있다.

보부아르는 이 예를 더 확대시켜 인간은 덧없이 흘러가는 그 자신
의 삶의 모든 순간을 "단단한 다이아몬드"[149]로 바꾸려 한다고 주장한
다. 이것은 인간은 평생 고독 속에서 실존하는 것에만 만족할 수 없
다는 사실, 바꿔 말해 그의 기투와 실존의 결과물을 즉자화시켜 줄
수 있는 '타자'의 존재를 필요로 한다는 것을 의미한다.

(…) 때때로 우리는 도움 없이 우리의 존재를 완성하고자 애쓴다.

---

[148]   『PC』, p. 306.
[149]   같은 책, p. 307.

나는 들판을 걸어간다. 풀을 꺾고, 발로 돌을 차고, 언덕을 오른다.
이 모든 것을 증인 없이 한다. 하지만 누구도 평생 이 같은 고독에
만족할 수 없다. 산책을 끝내자마자 나는 친구들에게 그 산책 이야
기를 하고 싶어진다.   (『PC』, p. 307)

이처럼 타자의 필요성을 역설한 후에 보부아르는 질문을 던진다.
"대체 우리는 타자에게 무엇을 기대하는가?"[150] 긍, 부정의 답이 모두
가능하다. 논의의 편의상 부정의 답을 먼저 보자. 나는 타자에게 아
무것도 기대할 수 없을 것이다. 타자는 오히려 나에게 반목, 갈등, 대
립, 투쟁의 당사자, 곧 적으로 나타날 것이다.

왜 그럴까? 그 이유는 단순하다. 타자는 자유, 초월의 주체로 나와
는 완전히 분리된 하나의 인격체이기 때문이다. 인간은 누구라도 그
자신의 이런 지위를 포기할 수 없다. 그것을 포기한다는 것은 곧 그
자신이 하나의 사물이 된다는 것과 동의어이기 때문이다. 그런 삶은
'진정하지 못한inauthentique' 삶이다. 따라서 타자가 주체적인 삶을 영
위하는 경우, 내가 이 타자에게 무엇을 기대한다는 것은 근본적으로
불가능하다. 또한 나와 타자는 이처럼 근본적으로 분리되어 있기 때
문에, 각자의 이해관계가 충돌할 가능성은 항상 열려 있다. 이 경우
에 나와 타자는 서로에게 장애물이 될 수 있다. 실제로 이것이 『존재
와 무』에서 사르트르가 시선 개념을 통해 제시한 나와 타자와의 관계

---

150   같은 곳.

의 의미 중 하나이다. 보부아르도 나와 타자와의 관계가 충돌과 대립
으로 귀착될 수 있음을 부인하지 않는다.[151]

> 그런데 타인들은 서로 떨어져 있으며, 심지어는 서로 대립하고
> 있다. (…)   (『PM』, p. 104)

> 오직 인간만이 인간에 대한 적일 수 있다. 오직 인간만이 다른
> 인간에게서 그의 행위의 의미와 삶의 의미를 앗아갈 수 있다. (…)
>   (『PM』, pp. 118-119)

이렇듯 보부아르는 사르트르의 타자에 대한 사유의 핵심 주제인
타자는 나의 지옥이자 나의 적이라는 생각을 일단 수긍한다. 그녀는
"각자의 의식은 타자의 죽음을 추구한다"는 헤겔의 말을 두 차례 인
용한다. 한 번은 『초대받은 여자』의 제사題詞로서이고, 다른 한 번은
『애매성의 윤리를 위하여』에서이다. 하지만 그 의도가 다르다. 4년의
시차를 두고 변화가 생긴 것이다. 첫 번째 경우에 그녀는 헤겔의 말
에 동의하는 반면, 두 번째 경우에서는 그것에 이의를 제기한다. 실
제로 그녀는 두 번째의 경우에서 타자의 죽음을 추구하는 인간의 행

---

[151]   보부아르가 나와 타자 사이의 관계를 거론하면서 사르트르의 '시선' 개념에 완전히 의
        지하지 않는다는 사실을 지적하자. 보부아르는 오히려 헤겔의 '주인과 노예의 인정 투
        쟁' 이론에 의지하는 것으로 보인다. 따라서 보부아르에게서 나와 타자 사이의 투쟁,
        대립, 갈등은 반드시 '시선 투쟁'을 의미하지 않는다.

동이 "어리석다"는 것을 지적하기 위해 헤겔의 말을 인용하고 있다.[152]

이와 같은 보부아르의 바뀐 입장은 의미심장하다. 왜냐하면 이런 입장이 사르트르와의 차별화로 이어지기 때문이다. 그녀는 사르트르와 달리[153] 대립과 투쟁을 나와 타자 사이에 맺어지는 관계의 일면에 불과하다고 생각한다. 그리고 그녀는 오히려 그런 대립과 투쟁의 극복 가능성, 곧 공동 존재의 실현 가능성을 적극적으로 모색하는 쪽으로 나아간다.

이런 모색은 보부아르 자신이 제기한 질문, 즉 "도대체 우리는 타인에게 무엇을 기대하는 걸까?"에 대한 긍정적인 대답과 무관하지 않아 보인다. 방금 내가 타자에게 뭔가를 기대하는 것은 불가능하다고 했다. 또한 타자가 나의 적이 될 수 있는 가능성은 항상 열려 있다고 했다. 그럼에도 나는 타자를 필요로 한다. 그렇기 때문에 나는 타자

---

[152] 『PM』, p. 101.

[153] '사르트르와는 달리'라는 표현은 상대적으로 이해해야 할 것이다. 왜냐하면 그 역시 나와 타자 사이의 관계를 일방적으로 대립, 투쟁, 갈등으로 규정하지 않기 때문이다. 앞에서 지적한 것처럼 그도 타자를 나와 나 자신을 연결해 주는 필수불가결한 존재로 규정하고 있다. 다만, 그에게서 나와 타자 사이의 관계는 주로 시선을 통한 주체성 확보의 과정에서 갈등, 대립, 투쟁에 의해 지배된다. 즉, 타자는 나의 적, 나의 지옥이라는 지위가 더 큰 비중을 차지하고 있을 뿐이다. 그리고 그도 윤리적 전회의 기간에 타자가 갖는 나의 신(神)으로서의 지위를 중요하게 다루고 있다. 그렇기 때문에 사르트르와 보부아르의 사유 사이의 차이점과 대립점을 탐색하면서 이와 같은 사실에 항상 주의를 해야만 한다. 뒤에서 다시 거론하겠지만, 사르트르보다 윤리적 전회를 조금 더 일찍 시작한 보부아르가 여러 개념을 선취하고, 또 그런 개념들을 통해 그에게 적지 않은 영향을 준 것은 사실이다. 또한 바로 거기에서 그의 사유와 차별화되고 심지어는 대립되기까지 하는 그녀만의 고유한 사유가 자리 잡고 있는 것은 부인할 수 없다. 하지만 이런 차이점과 대립점도 시간이 감에 따라 점점 희석되고, 또 사르트르에 의해 심화, 발전되는 것 역시 부인할 수 없는 사실이다.

에게 공존과 화해를 기대할 수 있어야 할 것이다. 그것도 절대적으로 말이다.

이런 점들을 고려하면 위의 질문은 다시 이렇게 제기되어야 할 것이다. 타자에게서 공존과 화해를 기대하기 위해서 나는 '무엇을' '어떻게' 해야 하는가? 이 질문과 더불어 우리는 보부아르의 윤리적 전회의 한복판으로 뛰어들게 된다. 그리고 거기에서 그녀가 정립하고자 하는 '실존주의적 윤리'(또는 '애매성의 윤리')를 만나게 된다. 또한 거기에서 그녀의 사유가 사르트르의 그것과 차별화되고 나아가서는 대립되는 요소들을 만나게 된다.

보부아르는 나와 타자와의 공존과 상생의 길을 모색하면서 제일 먼저 인간의 실존이 이루어지는 '조건'에 주목한다. 인간은 어떤 조건 속에서 실존하는가? 그녀의 답은 '애매성$_{ambiguïté}$'이다. 그녀는 애매성을 부조리와 구분하면서 다음과 같이 정의한다.

> 애매성의 개념과 부조리 개념을 혼동해서는 안 된다. 실존이 부조리하다고 선언하는 것은 실존에 의미가 주어질 수 있다는 사실을 거부하는 것이다. 반면, 실존이 애매하다고 말하는 것은 실존의 의미가 결코 고정되어 있지 않고 계속 쟁취되어야만 한다는 것을 확고히 하는 것이다. (『PM』, p. 186)

이렇게 애매성을 정의하고 난 뒤에 보부아르는 "인간의 조건은 애매하다",[154] 그것도 "비극적으로" 애매하다고 단언한다.[155] 그리고 이런 애매성을 구성하는 요소로 인간의 죽음과 삶, 유한과 무한, 정신과 육체, 개별적 존재와 보편적 존재, 타자의 존재 등을 지적한다. 그러면서 그녀는 애매성을 인간이 벗어날 수 없는 "진리"로 여긴다.[156] 그런만큼 애매성의 진리를 고려하는 것은 이 세계에서 인간이 왜, 어떻게 살아가야 하는가의 물음에 대한 단서를 제공해 줄 수 있다고 본다.

> 그토록 많은 거짓이 건재함에도 불구하고 매 순간, 모든 기회에 진리가 드러난다. 그것은 삶이자 죽음이라는 진리이며, 내가 홀로인 동시에 세상과 연결되어 있다는 진리이고, 내가 자유이자 예속이라는 진리이며, 각각의 인간과 모든 인간들이 가진 하찮음과 최고의 중요성이라는 진리이다. (⋯) 인간은 이런 진리에서 벗어날 수 없다. 그러니 이 진리를 정면으로 바라보도록 노력해 보자. 우리의 근본적 애매성을 떠맡도록 노력해 보자. 우리가 살아갈 힘과 행동하는 이유를 길어내는 것은 바로 이와 같은 우리의 삶의 진정한 조

---

154   같은 책, p. 186.
155   같은 책, p. 10.
156   보부아르가 내세우는 애매성 개념과 관련해 그녀가 메를로퐁티로부터 받은 영향을 강조하는 주장도 있다. 주지하다시피 메를로퐁티에서 인간의 의식은 육화된 의식이자 상호주체적인 의식으로 이해된다. 또한 그의 후기 사상에서는 의식과 세계는 '살(chair)'의 상호세계의 원리인 키아즘(chiasme)' 속에서 구별되지 않고 서로 얽혀 있는 것으로 이해된다. 이와 관련해 알퐁스 드 발랑스(Alphonse de Waelhens)는 그의 저서 『애매성의 철학: 모리스 메를로퐁티의 실존주의(*Une philosophie de l'ambiguïté: l'existentialisme de Maurice Merleau-Ponty*)』,(Publications universitaires de Louvain, vol. 9 de la Bibliothèque philosophique de Louvain, 1970)에서 '애매성' 개념을 메를로퐁티 철학의 핵심 개념으로 제시하고 있다는 사실을 지적하자.

건에 대한 인식 속에서일 테니 말이다. (『PM』, pp. 12-13)

보부아르에 따르면 과거에도 인간의 이런 애매성을 절감한 자들이 있었으나, 그들은 그것을 헛되이 제거하고 또 숨기고자 했다. 하지만 그것을 있는 그대로 바라보고자 하는 시도도 있었다. '실존주의'가 그것이다. 그녀는 실존주의를 "애매성의 철학"[157]으로 규정한다. 키에르케고르와 사르트르의 실존주의가 그 예이다.

보부아르는 특히 사르트르가 『존재와 무』에서 "기본적으로 애매성의 철학을 가지고 인간을 규정했다"[158]고 본다. 다만, 그의 실존주의가 지나치게 비극적인 결론에 이르렀다는 것이 그녀의 판단이다. 우리는 그런 결론을 이미 지적한 바 있다. 인간은 결핍의 존재이다, 이 결핍을 채우고자 하면서 그는 대자-즉자의 불가능한 융합을 실현하고자 한다, 따라서 그는 무용한 열정이고 또 그의 삶은 실패일 수밖에 없다, 그와 다른 인간과의 관계는 시선을 통해 서로를 객체화시키려는 갈등, 대립, 투쟁으로 귀착된다 등등.

하지만 보부아르는 사르트르의 주장에 일부 동의하면서도 그와의 차별화를 시도한다. 그녀가 내세우는 애매성 개념에 인간의 실존의 의미가 결코 고정되어 있는 것이 아니라는 주장이 함축되어 있다는 사실을 상기하자. 그런 만큼 그녀는 사르트르와는 달리 인간관계의

---

[157] 같은 책, p. 13.
[158] 같은 곳.

정립에서 오히려 긍정적인 방향으로 나아가고자 한다.

1939년에 보부아르에게서 윤리적 전회가 시작되었다는 사실을 떠올리자. 그 전회의 과정에서 그녀는 인간에 대한 사르트르의 비극적인 규정에 이의를 제기한다. 그녀도 인간이 결핍이자 '부정성négativité'의 존재, 곧 불완전한 존재임을 인정한다. 그렇기 때문에 인간은 완전한 존재, 즉 신이 되고자 하는 욕망, 곧 즉자-대자의 융합에 도달하고자 한다는 것을 그녀도 받아들인다. 나아가 인간은 그런 상태에 도달하지 못하며, 따라서 무용한 열정이라는 사실도 인정한다. 하지만 그녀는 사르트르의 이런 비관적인 결론을 거부한다. 그 근거는 두 가지이다.

첫 번째 근거는 무용성과 유용성을 가르는 기준에 신을 개입시킬 필요가 없다는 것이다. 완전한 존재가 되는지의 여부는 오직 인간의 문제이다. 그런 만큼 그 기준은 절대적인 차원이 아니라 상대적 차원에 속한다는 것이다. 보부아르는 그로부터 인간의 문제를 신의 문제와 연결시키는 것은 부조리하다는 결론을 도출해 낸다. 요컨대 그녀는 "유용하다"의 "보어"가 "인간"이라는 점을 강조한다.[159]

> (…) 『존재와 무』의 기술記述의 차원에서 '유용하다'라는 단어는 내
> 가 부여한 의미를 아직 갖지 않는다. 이 단어는 오직 인간이 세운

---

[159] 같은 책, pp. 162, 165. 불어에서는 영어의 '직접목적어'와 '간접목적어'를 '직접목적보어'와 '간접목적보어'라고 부른다. 여기에서 '보어'는 '간접목적보어'를 의미한다. 그러니까 '인간에게' '유용하다'가 기준이 되어야 한다는 것이다.

목표와 기투에 의해 축조된 인간적 세계에서만 정의될 수 있을 뿐
이다. 인간이 출현하는 원초적으로 내버려진 상태에서는 그 어느
것도 유용하거나 무용하지 않다. 따라서 인간이 동의한 이 열정에
대해서는 그 어떤 외적 정당화도 찾을 수 없다는 점을 이해해야 한
다. (⋯) (『PM』, p. 16)

두 번째 근거는, 비록 인간이 결핍의 존재이기는 하지만, 그는 그
런 존재이기 때문에 오히려 반성적 의식의 주체가 될 수 있고, 나아
가 윤리적 주체가 될 수 있다는 것이다. 완전한 존재인 신이나 반성
적인 의식을 가지고 있지 않은 자연에게는 "윤리학"이 있을 수 없다.
게다가 보부아르는 인간의 윤리학이 비관적이 아니라 오히려 낙관적
이라고 본다. 왜냐하면 결핍과 부정성으로서의 인간이 신이 되고자
하는 욕망을 실현하려는 노력이 완전한 "불임성"으로 끝나지 않기 때
문이다.[160]

물론 보부아르도 사르트르처럼 인간이 그 욕망을 실현하는 데 실
패한다는 것을 인정한다. 하지만 그와 달리 보부아르는 인간에게서
결핍과 부정성은 그 자신을 긍정적인 존재로 확인할 수 있는 중요한
요소로 여긴다. 그도 그럴 것이 인간은 그런 실현 불가능한 목표에
도달하려는 노력 덕분에 세계를 드러내게 되며, 또 그러면서 자기 자
신을 창조해 나가기 때문이다.

---

[160] 같은 책, p. 15.

사르트르는 실제로 인간은 '무용한 열정'이며, 대자와 즉자의 종합을 실현하려고, 그리고 스스로를 신으로 만들고자 헛되이 노력한다고 선언하지 않았던가? 사실이다. 하지만 가장 낙관적인 윤리도 인간 조건에 포함된 실패의 몫을 강조하면서 시작하는 윤리라는 점 또한 사실이다. 실패 없이는 윤리도 없다. 자기 자신과 정확하게 일치하는 완전한 충만성인 존재에게 애당초 당위 개념이란 아무런 의미도 가질 수 없다. 신에게 윤리를 제안할 수는 없다. 인간을 주어진 것, 자연으로 규정한다면, 이런 인간에게 윤리를 제시하는 것은 불가능하다. (…) 실존주의적 정의에 따르면 오직 자기 존재에 대해 의문을 가지는 존재, 자신에 대해 거리를 취하는 존재, 자기를 실존시켜야 하는 존재에게만 당위적 존재가 있을 수 있을 뿐이다.

(『PM』, pp. 13-15)

이처럼 1939년에 시작된 보부아르의 전회는 그녀의 '낙관적인 윤리' —'실존주의적 윤리', '애매성의 윤리' 등으로 지칭된다— 의 정립 기획으로 구체화된다. 이 작업의 핵심에 해당하는 것이 바로 나와 타자의 긍정적인 관계 정립이다. 실제로 그녀는 나와 타자의 관계를 갈등, 대립, 투쟁으로 이해하는 사르트르의 주장에 이의를 제기한다.

앞에서 사르트르와 보부아르의 타자에 대한 사유가 출발점에서 비슷하다는 사실을 지적한 바 있다. 하지만 보부아르는 애매성의 진리를 제시하면서 나와 타자의 관계는 대립-갈등이나 공존-상생으로 선험적으로 결정되어 있는 것이 아니라고 주장한다. 그보다는 오히려 나의 실존 조건 중의 하나가 나의 주위에 타자[161]가 존재한다는 이 부인할 수 없는 진리, 곧 애매성의 진리를 인정하고, 이를 바탕으로 나와 타자의 연결 가능성, 그것도 긍정적인 관계 정립의 가능성을 모색하고자 한다.

그렇다면 완전히 분리된 상태로 있는 나와 타자 사이에 어떻게 그런 가능성이 생겨나는가? '기투'에 의해서이다. 인간은 실존을 위해 기투할 때 비로소 다른 인간과 연결될 수 있는 가능성을 갖게 된다는 것이 보부아르의 주장이다.

> (…) 인간은 누구의 이웃도 '아니다.' 인간은 한 행위를 통해 자신이 타자의 이웃이 됨으로써 타자를 자신의 이웃으로 '만든다.'
>
> (『PC』, p. 245)

> 타자와 나의 차이가 사라지고, 내가 타자의 업적을 내 것이라고 부를 수 있는 것은, 나의 주체성이 무기력하거나 폐쇄적이 되거나 분리되어서가 아니다. 그것은 반대로 내가 타자를 향한 운동이기 때문이다. 나와 타자를 연결시키는 관계, 나 혼자만이 이 관계를 만들 수 있을 뿐이다. 왜냐하면 나는 사물이 아니라 타자에게로 향하는 기투이며 초월이기 때문이다.
>
> (『PC』, p. 245)

---

[161] 보부아르는 『피로스와 키네아스』, 『애매성의 윤리를 위하여』 등에서 '나'와 '타자'의 관계만을 문제시 삼는 것이 아니라 '나'와 '타자들'의 관계도 문제시 삼고 있다. 여기에서는 논의의 편의상 단복수의 '타자', '타자들'을 임의로 사용한다.

자유들은 통일되어 있는 것도 대립되어 있는 것도 아니다. 분리되어 있을 따름이다. 한 명의 인간이 자기 주변에 다른 인간들을 위치시키면서 자기 위치를 잡는 것은 세계 속에 자신을 기투함으로써이다. 이때 연대관계가 이루어진다. (…) (『PC』, p. 282)

물론 기투를 통해 맺어지는 나와 타자의 관계가 반드시 긍정적인 것은 아니다. 하지만 이 관계가 긍정적이 될 수 없다면, 보부아르의 '낙관적인 윤리'의 정립 기획은 실패로 끝날 수도 있을 것이다. 앞에서 나는 타자에게 아무것도 기대할 수도 없으며, 또 타자는 나의 장애물이 될 수 있다는 가능성은 항상 열려 있다고 했다. 보부아르도 이 사실을 부인하지 않는다.

(…) 하지만 한 인간은 모든 인간들과 연대관계를 맺을 수는 없다. 왜냐하면 그들의 선택이 자유이며, 그 결과 그들 모두가 같은 목적을 선택할 수 없기 때문이다. (『PC』, p. 282)

(…) 인간들은 각자 분리되고 대립되어 있는 존재이기 때문이다. 나는 투쟁을 결심해야만 한다. (『PC』, p. 356)

그렇다고 보부아르가 나와 타자가 서로 엮이어 화해, 공존, 상생할 수 있는 가능성을 부인하는 것도 아니다. 그런 가능성은 항상 열려 있다.

애매성의 윤리, 그것은 사람들이 분리되어 있기도 하지만, 동시에 서로 연결되어 있는 존재자들일 수도 있다는 사실, 그리고 그들의 개별적 자유는 모두에게 타당한 법으로 제정될 수도 있다는 사실을 선험적으로 부정하는 것을 거부하는 윤리일 것이다.

(『PM』, p. 25)

게다가 나는 살아가면서 타자의 존재를 절대적으로 필요로 한다. 앞에서 본 것처럼 내가 나의 기투의 결과물에 즉자성을 부여하기 위해서는 타자의 도움이 반드시 필요하다. 이런 의미에서 보부아르는 타자와의 관계 맺음을 "해체 불가능한 진리"라고 규정한다. "우리는 바로 여기에서 해체 불가능한 진리를 갖게 된다. 나와 타자들 사이의 관계 정립은 주체와 객체 간의 관계 정립만큼이나 분리될 수 없다."[162] 그렇다면 이렇게 기투를 통해 정립되는 나와 타자의 관계는 어떤 조건하에서 긍정적인 관계가 될 수 있을까?

이 질문에 대한 보부아르의 답을 보자. 그녀에 따르면 나는 무엇보다도 먼저 내 자신이 '인간', 그것도 '자유로운 인간'이라는 사실을 명석하게 자각해야 한다. 이것이 나의 실존을 위한 근본적인 조건이다. 이 조건이 충족되지 않는다면 나는 사물과 다를 바 없는 삶을 영위하게 될 것이다. 이런 삶이 진정하지 못한 삶이라는 것은 의문의 여지가 없다.

---

[162] 같은 책, p. 104.

> (…) 세계를 드러내는 것을 원하는 것과 자기가 자유롭기를 원하
> 는 것은 유일하고도 동일한 운동이다.　　　　　　　(『PM』, p. 33)

> 실존을 원하는 것, 세상을 드러내기를 원하는 것, 인간들이 자유
> 롭기를 원하는 것, 이 모든 것은 단 하나의 의지이다.　(『PM』, p. 125)

보부아르의 주장은 계속된다. 그녀에 의하면 내가 자유롭게 활동
하고자 의지하는 것은 곧 내가 "윤리적인 자기가 되는 것을 원하는
것"[163]과 동의어이다. 그렇다면 내가 윤리적인 자기가 되는 것을 원하
는 것은 무엇을 의미하는가? 이 질문에 대한 답은 나와 타자와의 관
계를 긍정적 관계로 이끄는 또 다른 조건이 무엇인지를 보여 주는 것
으로 보인다. 이와 같은 관점에 입각하여 이에 대한 세 가지 의미를
살펴보자.

보부아르에 따르면 내가 윤리적 자기가 되고자 원하는 것은 첫 번
째로, 나의 주위에 타자가 존재한다는 사실을 자각해야 한다는 것을
의미한다. 타자의 존재는 내가 세계에 출현하면서 만나게 되는 '피할
수 없는 우연적인 사실'이라는 점을 받아들여만 한다. 앞에서 인간 실
존의 조건인 애매성에 타자도 포함된다는 사실을 지적한 바 있다. 따
라서 내가 윤리적인 자기가 되고자 원하기 위해서는 애매성의 진리
를 반드시 고려해야 한다. 요컨대 "모든 사람은 다른 사람들과 관련

---

[163]　같은 책, p. 34.

되어 있다"는 점을 자각해야만 한다.[164]

두 번째로, 내가 윤리적 자기가 되고자 원하는 것은 이와 같이 나의 애매성의 구성 요소인 타자의 자유를 존중하고, 또 그것을 해치지 않아야 한다는 것을 자각함을 의미한다. 만일 내가 타자의 자유를 존중하지 않고, 또 그것을 해치면서 그에게 방해가 된다면, 보부아르의 윤리의 정립 기획은 실패에 직면하게 될 것이다. 이런 의미에서 그녀는 타자의 자유에 대한 존중을 나의 실존을 위한 "제1의 조건 la condition première"이 되어야 한다고 주장한다.[165] 이것은 내가 윤리적인 자기가 되고자 원하는 것이 타자의 자유에 대한 존중과 하나라는 것을 의미한다.

> 자신이 자유롭도록 원하는 것은 타자들이 자유롭도록 원하는 것이기도 하다. (…) (『PM』, p.104)

마지막 세 번째로, 내가 윤리적인 자기가 되고자 원하는 것은 나의 자유의 행사가 절대적이 아니라 상대적이라는 것을 자각해야 한다는 것을 의미한다. 곧 나의 자유가 제한적이라는 사실을 인정하는 것이다. 실제로 보부아르는 인간은 상황 속의 존재이고, 또 "인간은 상황 속에서 자유롭다"[166]라고 주장한다. 이때 '상황'은 인간의 자유로운 기

---

164   같은 책, p. 107.
165   『PC』, p. 358.
166   같은 책, p. 326.

투의 빛에 의해 드러난 대로의 세계의 모습을 가리킨다. 다시 말해, 상황은 인간의 자유와 세계라고 하는 사실적 측면, 즉 소여所與와의 공동 소산이라고 할 수 있다. 그 소여에는 인간의 신체, 시간, 공간, 죽음 등의 요소가 포함된다. 물론 '타자(들)' 역시 거기에 포함된다.

이런 의미에서 "인간은 상황 속의 존재이다"라는 말은 "인간의 실존 조건은 애매성이다"라는 말과 동의어이다. 또한 "인간의 자유는 상황 속의 자유이다"라는 말은 인간의 자유가 세계의 소여, 즉 신체, 시간, 공간, 죽음, 타자(들)에 의해 제한된다는 것과 동의어이다. 이와 관련해 보부아르가 인간의 자유를 두 부류로 구분하고 있음은 의미심장하다. "자연적 자유"와 "윤리적 자유"가 그것이다.[167] 그녀에 의하면 "자연적 자유"는 사르트르적인 의미에서의 자유이다. 인간은 어떤 상황에서도 절대적으로 자유라는 것이다. 반면, 그녀가 제안하는 "윤리적 자유"는 제한된 자유, 특히 타자 자유에 의해 제한된 자유, 곧 상대적인 자유이다.

보부아르는 이처럼 자신의 자유가 '윤리적 자유'라는 것을 자각하는 인간, 또 이런 자유를 행사하는 인간을 『피로스와 키네아스』에서 "너그러운 인간homme généreux"[168]으로 부른다. 그녀에 의하면 이런 부류의 인간만이 개별적 주체들의 자유가 서로 연결되어 있다는 것을 깨닫게 된다. 그녀에 의하면 너그러운 인간은 자기를 희생하면서 타자

---

[167] 『PM』,p. 34.
[168] '너그러운 인간', '관용의 인간' 등의 번역어가 가능할 것이다. 여기에서는 '너그러운 인간'이라는 번역어를 사용한다.

에게 무조건적으로 '헌신dévotion'[169]하는 자가 아니다. 너그러운 인간은 자기와 타자가 동시에 자유라는 사실을 자각하는 자이다.[170] 너그러운 인간은 또한 그 자신이 자유롭게 행한 행위의 결과가 타자에게 새로운 환경이 되며[171] —이런 의미에서 나의 자유로운 행위의 결과는 타자의 "출발점"[172]이 될 뿐이다—, 또 그 역도 사실이라는 것을 자각하는 자이다. 너그러운 인간은 결국 인간들이 각자의 상황에 서로 영향을 미치면서 완전히 분리된 채로가 아니라 서로 엮이어 살아간다는 것을 뚜렷하게 자각하고 있는 자이다.

이렇듯 너그러운 인간은 그 자신의 자유가 상대적이고 제한적이라는 것을 받아들인다. 왜냐하면 그는 그 자신이 다른 인간에 의해 제공된 상황 속에서 자유로 존재한다는 사실과 동시에 그 자신의 자유에 의해 그 상황을 뛰어넘으면서 실존하고 있음을 명확히 알고 있기 때문이다. 요컨대 너그러운 인간은 그 자신이 다른 사람 앞에서 '자

---

[169] 보부아르에 의하면 내가 타자에게 '헌신한다'는 것은 바로 내가 타자를 위해 나의 자유를 완전히 포기한다는 것을 전제하는 행위이다. 그런데 나는 나의 자유를 결코 포기할 수 없다. 따라서 헌신은 불가능하다. 만일 내가 타자에게 헌신한다면, 그것은 오직 나의 자유를 위한 것이다. 또한 헌신은 억압적일 수밖에 없다. 나의 행위가 타자를 위한 것이기 위해서는 그 행위가 타자의 목적이 무엇인지를 알고, 또 그것을 실현시켜주어야 할 것이다. 그런데 타자는 나와 마찬가지로 자유, 초월성의 상태로 존재한다. 그렇기 때문에 내가 타자에게 헌신한다는 것은 결국 내가 설정한 목적을 타자에게 받아들이도록 강요하는 억압자가 될 수밖에 없다는 것을 의미한다.

[170] 보부아르는 '관용(générosité)'(또는 '너그러움')를 자유에 의한 자유의 인정으로 정의한다.(같은 책, p. 325.) 하지만 사르트르에게서는 관용이 타자의 자유를 굴종시키는 행위라는 의미도 가지고 있다. 이런 점에서 차이가 발견되기도 한다.

[171] 같은 책, p. 332.

[172] 같은 책, p. 319.

유'임과 동시에 '사실성'이라는 사실을 인정하는 자이다.

> 너그러운 인간은 자신의 행동이 타자의 외부에 도달할 뿐이라는
> 것을 잘 안다. 너그러운 인간이 요청할 수 있는 모든 것은 이 자유
> 로운 행동의 수혜자가 이 행동을 근거 없는 순수 사실성과 혼동하
> 지 않는 것뿐이다. 즉 이 행동이 자유로운 것으로 인정되어야 하는
> 것이다. (…) 밝혀지고 동의된 인정 속에서는 서로 배타적인 것처럼
> 보이는 두 자유, 즉 타자의 자유와 나의 자유를 대면시킬 수 있어야
> 한다. 나는 나 자신을 자유임과 동시에 대상으로 파악해야만 한다.
> 나의 상황은 타자에 의해 만들어진 것임과 동시에 나의 존재는 이
> 상황 너머에 있다는 것을 인정해야만 한다. (『PC』, pp. 323-324)

이와 같은 보부아르의 주장은 다음과 같은 사실을 내다보게 한다.
즉, 한 인간의 자유에 대한 인정은 다른 인간의 자유를 제한하기는커
녕 오히려 그것의 확장에 기여한다는 사실이 그것이다. 그러니까 인
간은 다른 인간의 실존의 구현을 축소하거나 방해하는 자가 아니라
오히려 그 가능성의 확장에 도움을 주고 협력할 수 있는 자로 여겨
진다.

> 그리고 타자의 자유에 대한 인정이 나 자신의 고유한 자유에 대
> 한 제한이라는 것은 사실이 아니다. 자유롭다는 것은 뭐든지 할 수
> 있는 힘을 지니는 것이 아니다. 자유롭다는 것은 주어진 것을 미

래를 향해 뛰어넘는 것이다. 자유로서의 타자의 실존은 나의 상황을 규정한다. 그리고 그의 실존은 심지어 나의 고유한 자유의 조건이다. (『PM』, p. 131)

그렇기 때문에 나는 위험에 처하고 억압받고 있는 타자의 자유를 못 본 채 할 수가 없다. 만일 내가 그런 타자의 자유에 무관심한 태도를 취한다면, 그것은 곧장 나의 자유의 축소와 나의 실존의 축소로 이어질 수도 있을 것이기 때문이다. 요컨대 나 혼자만의 자유를 추구하는 것은 "정신적 죽음"[173]을 의미한다.

모든 사람은 자유롭다. 우리가 그들과 관계를 맺는 즉시, 우리는 그들의 자유를 경험한다. 만일 우리가 이런 위험한 자유를 무시하고자 한다면, 우리는 모든 인간에게 등을 돌려야만 한다. 하지만 그때 우리의 존재는 수축되고 소멸할 것이다. 세계 속에서 위험에 처하는 것을 선택하면서만, 이 세계를 장악하고 있는 낯설고 분열된 자유들 앞에서 위험에 처하는 것을 선택하면서만 우리의 존재는 실현될 뿐이다. (『PC』, p. 349)

(…) 하지만 다른 사람들의 자유만이 그들 자신을 우리 인생 너머로 연장할 수 있다. (『PM』, p. 102)

[173] 『보여』, 311쪽.

가령, 제2차 세계대전 중에 게쉬타포에 의해 유대인이 체포되는 장면이 있다고 하자. 이때 내가 그 장면을 무관심한 태도로 바라보기만 한다면, 나의 마음은 편치 못할 것이라는 것이 보부아르의 입장이다. 나는 그런 태도로 인해 수치심을 느낄 것이다. 그녀는 이렇게 말한다. "가난한 사람을 돕지 않는 나야말로 이 가난의 얼굴 그 자체일 것"이라고 말이다.[174] 이 말은 체포되는 유대인을 무관심한 태도로 바라만 보고 있는 나에게도 해당된다. 이것은 체포 위험에 처해 있는 유대인을 돕는 것이 곧 나의 자유의 실현과 확장에 직결된다는 것을 보여 준다. 그도 그럴 것이 그 유대인이 체포됨으로써 파생되는 상황으로부터 출발해서 나의 실존이 이루어지기 때문이다.

> 만일 내가 투옥되면 나는 억압당하는 상황에 처하게 된다. 하지만 내 이웃이 투옥되는 것을 내가 막는다면 나는 억압당하는 상황에 있지 않게 된다. (『PM』, p. 131)

보부아르는 『애매성의 윤리를 위하여』에서 이와 같은 '너그러운 인간'을 "진정으로 자유로운 인간un homme authentiquemet libre"으로 지칭하고 있다.

하지만 자기 자신과 타자들을 해방시키는 것을 목적으로 행동하

174   『PC』, p. 330.

면서도, 이 목적의 달성을 위해 자신이 사용하는 여러 수단을 통해
이 목적을 지키고자 애쓰는 사람에게 모험가라는 칭호는 더 이상
어울리지 않는다. (『PM』, p. 87)

여기에서 '모험가aventurier'[175]는 '진정으로 자유로운 인간'에 반대되
는 유형의 인간을 가리킨다. 보부아르에 의하면 모험가는 그 자신의
행위의 내용에 무관심하고, 타자들의 실존을 고려하지 않으면서 자
신의 고유한 실존을 주장할 수 있다고 생각하는 사람, 목적과 수단에
무관심하며, 타자를 하찮은 존재로 여기고 희생시키는 사람으로 여
겨진다.[176] 또 모험가의 또 다른 특징은 의문을 품지 않고, 자신의 주
체성을 제거하고자 하고, 운동, 초월 없이 소여로 존재하고자 하며,
세계와 자아의 결렬을 시도하고, 세계를 무화시켜 버리고자 하며,[177]
기성의 가치에 전적으로 의지하고자 한다.[178] 보부아르에 의하면 이
런 부류의 사람은 진정으로 자유로운 인간이 될 수 없다.

이 단계에서 우리는 앞에서 제기했던 물음, 즉 나는 타자에게서 도
움과 협조를 기대하기 위해 무엇을 해야 할까 라는 물음에 답을 할

---

[175] '밑바닥 인간(sous-hommes)'(『PM』, p. 65.)의 한 부류에 속한다. 이런 부류의 사람은 "진
지한 정신(esprit sérieux)"(또는 "엄숙한 정신")의 소유자, "열정적인 사람" 등과 같은 부류
의 사람이다. 사르트르의 '후레자식들(Salauds)'에 해당하는 이런 부류의 사람은 자기
자신을 윤리적인 자기로 고양시키지 못하는 사람으로 여겨진다.
[176] 같은 책, pp. 87-88.
[177] 같은 책, p. 77.
[178] 같은 책, p. 64.

수 있다. 그 답은 바로 나는 타자와의 관계에서 '너그러운 인간', '진정
으로 자유로운 인간'이 되어야 한다는 것이다. 다시 말해 나는 윤리적
인 자기가 되고자 원해야 한다는 것이다.

보부아르에 의하면 나는 타자와의 관계에서 이처럼 윤리적 자기가
되어 그와 긍정적인 관계를 맺고자 원한다. 그렇다면 나는 이와 같은
나의 의지를 타자에게 어떤 방식으로 전달할 수 있을까? 이 질문에
대한 보부아르의 답이 바로 '호소'이다.

> 다만, 타자와의 이 관계가 정립되기 위해서는 두 가지 조건이 충
> 족되어야 한다. 우선, 호소하는 것이 나에게 허락되어야만 한다. 따
> 라서 나는 내 목소리를 억누르거나, 나의 표현을 막거나, 내가 존
> 재하는 것을 저지하려는 자들에 맞서 싸울 것이다. (⋯) 그다음으로
> '나를 위해' 자유인 사람들, 나의 호소에 응답할 수 있는 사람들을
> 나는 내 앞에 가지고 있어야만 한다.   (『PC₄』, pp. 358-359)

이렇듯 보부아르에 의하면 호소에는 나와 타자의 자유에 대한 상
호적인 존중과 인정이 전제되어 있다. 그리고 이를 바탕으로 정립되
는 '나'와 '타자'의 관계는 둘 사이의 '긍정적인 의사소통'의 정립에 다
름 아니다. 이와 같은 나와 타자 사이의 긍정적 관계와 의사소통의
정립, 이것이 바로 그녀가 윤리적 전회를 통해 기획했던 '윤리적 실존
주의'의 핵심 요소라고 할 수 있다.

(…) 우리는 오직 다른 사람들에 의해 드러난 세계를 근거 위에서만 세계를 드러낼 수 있다. 다른 기투들에 의해 간섭을 받지 않고서는 그 어떤 기투도 규정될 수 없다. 존재를 '존재하게 만드는 것', 이것은 존재를 통해 타자와 소통하는 것이다. (…) 인간은 다른 사람들의 실존 안에서만 자신의 고유한 실존의 정당화를 발견할 수 있을 뿐이다.

(『PM』, pp. 102-104)

다만, 문제는 구체적인 현실에서 이와 같은 나와 타자와의 관계 정립은 늘 '당위當爲'의 차원에 머무른다는 것이다. 다시 말해 그런 관계는 '지금' 이루어지는 것이 아니라 '장차' 이루어져야 할 성격을 띠고 있다. 방금 지적한 것처럼 보부아르는 호소를 위해 "호소하는 것이 나에게 허락되어야만 한다"와 "나의 호소에 응답할 수 있는 사람들을 나는 내 앞에 가지고 있어야만 한다"고 지적하면서 "Il faut que(…해야만 한다)" 구문을 사용하고 있다. 하지만 당위만큼 힘이 없는 것이 또 있을까? 그런 만큼 내가 호소하기 위한 상황이 조성되지 않았을 때, 또 타자들이 나의 호소에 응하지 않을 때, 나는 과연 어떻게 해야 하는가의 문제가 남게 된다.

이 문제에 대한 해결책은 그런 상황의 타파와 개혁일 것이다. 이것은 보부아르의 애매성의 윤리 정립을 위한 기획이 궁극적으로는 '현실 참여'로 나아갈 수밖에 없다는 사실을 내다보게 한다. 이와 같은 윤리가 제한적이고 상대적인 자유, 곧 윤리적 자유에 기초하고 있기 때문이다. 심지어는 개인의 자유 행사가 강제적인 힘에 의해 원천적으로 봉쇄되어 있는 경우도 없지 않다. 노예제도하의 노예들이나 가부장적 사회의 여성들처럼 피지배, 피억압 상태에 있는 자들이 그런 경우에 해당한다.

이런 자들이 자신들의 윤리적 자유를 자각하고, 나아가 그것을 확대하는 길은 두 가지일 수밖에 없다. 하나는 그들을 지배하고 억압하는 자들, 곧 그들의 적들 —주인들과 남성들— 의 반성과 각성이다. 다른 하나는 그들이 그 적들의 지배와 억압으로부터 해방되는 것이다. 첫 번째 길은 기대하기 어렵다. 기득권을 장악하고 있는 자들은 기존의 이익을 지키기에 혈안이 되어 있다. 두 번째 길은 투쟁의 길이기 때문에 위험, 희생, 불확실성이 뒤따른다. 그렇기 때문에 윤리적 자유 개념에는 자유가 무상으로 주어진 것이 아니라 힘겹게 싸워 "쟁취해 나가야"[179] 하는 대상이라는 생각이 함축되어 있다. 그 쟁취의 과정이 바로 참여의 과정이다.

그리고 그 과정에서 윤리학의 주요 문제 중 하나인 '목적-수단'의 문제, 그중에서도 윤리적 자유의 확대라는 목적을 위한 '폭력' 사용의 정당화 문제가 제기된다. 보부아르의 애매성의 윤리도 예외가 아니다. 보부아르는 『애매성의 윤리를 위하여』에서 이 문제를 비중 있게 다루고 있다.

보부아르는 인간들 사이에서 발생하는 문제를 해결하는 과정에서 폭력을 동원할 수 있음을 인정한다. 내가 타자에게 호소할 수 있

---

[179] 같은 책, p. 171.

는 상황, 또 타자들이 나의 호소에 응답할 수 있는 상황이 만들어지지 않았을 때, 그런 상황을 만든 자들에 대한 대응이 폭력일 수 있다는 것이다.

> 이렇듯 인간은 수렴하는 두 가지 방향으로 자신을 끌어넣어야 한다. 먼저 그는 자신의 초월성이 응고되어 반영된 대상들을 만들어 낸다. 그리고 그는 자신의 자유이기도 한 전진 운동에 의해 자신을 초월한다. 그리고 매 걸음마다 그는 사람들을 자기 쪽으로 끌어당기려고 노력한다. (…) 다만, 모든 사람들이 따라가는 것에 동의하지 않는다. 어떤 이들은 그 자리에 머물거나 또는 갈림길로 접어든다. 어떤 이들은 심지어 전진을 멈추고자 노력한다. 설득이 소용없는 지점에서 자신을 방어하려면 폭력만이 남게 된다.
>
> (『PC』, pp. 361-362)

그런데 폭력은 일반적으로 '악惡'으로 여겨진다. 만일 폭력이 선험적으로 악으로 규정된다면, 보부아르가 기획하는 애매성의 윤리는 처음부터 난관에 부딪칠 것이다. 왜냐하면 인간관계에서 폭력의 출현을 인정하는 것은 그대로 그 관계의 본질이 대립, 갈등, 투쟁이라는 것을 인정하는 것과 동의어이기 때문이다. 다시 말해 나와 타자의 자유가 존중받고, 확장되는 기회가 처음부터 위협받을 수 있는 것이다. 보부아르는 심지어 "폭력이 우리의 운명이라면, 실패 역시 우리의 운명이다"[180]라고 말하기도 한다. 여기에서 언급된 '실패'에는 인간들의

'공동-존재' 실현의 꿈의 실패, 곧 그들의 상생, 화해, 공생의 꿈의 실패가 당연히 포함될 것이다.

하지만 보부아르는 폭력에 대해서도 애매성의 진리를 적용하고 있는 것으로 보인다. 그녀는 폭력을 선험적으로 악으로 규정하고 단죄하는 태도에 이의를 제기한다. 앞에서 언급한 것처럼 그녀는 나와 타자 사이의 관계에서 호소를 방해하는 상황이 조성된 경우에 폭력이 출현할 수 있음을 인정하고 있다. 하지만 그녀는 폭력의 사용을 무조건 정당화시키려는 시도 역시 비난한다. 그러면서 그녀는 폭력 사용의 정당화에 두 가지 조건을 제시한다. 하나는 폭력이 사용되는 구체적인 상황에 대한 면밀한 분석이 이루어져야 한다는 것이다. 다른 하나는 폭력 사용의 목적이 인간의 '자유'여야 한다는 것이다.

> (…) 폭력은 오직 내가 구제한다고 주장하는 자유에게 구체적인 가능성을 열어 줄 경우에만 정당화될 뿐이다. 폭력을 실행에 옮김으로써 나는 좋든 싫든 타자와 나 자신과 관계를 맺게 된다. (…)
>
> (『PM』, pp. 197-198)

보부아르는 이처럼 폭력 문제를 거론하면서 『애매성의 윤리를 위하여』에서 '목적-수단', 효율성의 문제, 진보적 폭력violence progressive 등과 같은 개념들을 언급하고 있다. 그녀가 이 개념들을 이 글에서 본

---

180   『PC』, p. 363.

격적으로 다루고 있는 것은 아니다. 하지만 그녀는 이 개념들과 밀접하게 연결되었고 또 이 글이 집필되던 시기에 발생했던 사건들에도 관심을 표명하고 있다. 가령, 해방 후의 대독협력자 처벌 문제, 진보적 폭력을 둘러싸고 싹트고 있었던 지식인들 사이의 이념적 논쟁,[181] 마르크스주의의 수용 및 계급투쟁 등이 그것이다.

여기에서 위의 개념들과 제2차 세계대전의 종전을 전후한 몇몇 사건들에 주목하는 것은 다음과 같은 이유에서이다. 즉, 보부아르가 그 과정에서 사르트르와 공명하는 부분도 있기는 하지만 그와 다른 입장을 견지하고 있다는 사실 때문이다. 더군다나 그녀가 위의 개념들을 이해하면서 후일 『변증법적 이성비판』에서 상세히 전개되고 있는 사르트르의 사유를 부분적으로나마 선취하고 있기 때문이다.

가령, 사르트르는 '목적-수단'의 문제에서 목적이 정당하다면 모든 수단이 정당화될 수 있다는 과격한 태도를 취한다. 물론 그 수단에는 폭력이 포함된다. 특히 현재에 자행되는 폭력이 미래의 유토피아를 건설하는 데 도움이 된다면, 이 폭력의 사용은 정당화된다는 것이 사르트르의 주장이다. 이것이 진보적 폭력이다. 또한 '필요한 폭력 violence nécessaire'라고도 할 수 있다. 실제로 사르트르는 '필요한 폭력'과 '무용한 폭력 violence inutile'을 구분하고 있기도 하다.

---

[181] 제2차 세계대전을 전후해 사르트르와 아롱, 사르트르와 메를로퐁티로 대표되는 『레 탕 모데른』지 진영과 카뮈 사이에 이념적 논쟁 및 이념적 결렬이 연이어 있었다. 그리고 나중에는 같은 진영에서 활동했던 사르트르와 메를로퐁티도 갈라서게 된다. 이들 사이에 일어난 이념적 논쟁에 대해서는 『한국전쟁과 프랑스 지식인들』(정명환·장 프랑수아 시리넬리·변광배·유기환 지음, 민음사, 2004)을 참고.

하지만 보부아르의 입장은 사르트르의 입장과는 사뭇 다르다. 그녀에 의하면 이 모든 경우에도 애매성의 원리가 고려되어야 한다는 입장을 견지한다. 진보적 폭력의 경우에도 지금 사용되는 폭력이 그 효과를 즉각적으로 내지 않을 수 있는 가능성도 고려해야 한다는 것이다.[182] 이것은 1951년 『반항하는 인간』의 출간 이후에 사르트르와 일대 논쟁을 벌였던 카뮈와 오히려 더 가까운 입장이다.

보부아르는 한 집단에서 이루어지는 "정치적 선택"이 곧 "윤리적 선택"이라고 본다.[183] 그렇기 때문에 폭력의 사용도 인간들 사이의 상생, 공생, 화해에 기여해야 하며, 그것도 그들의 윤리적 자유의 쟁취, 확대라는 목적에 합당함과 동시에 그들의 상호 존중이라는 조건을 충족시키는 범위에서만 인정될 수 있다는 것이다.

보부아르의 독자적 사유

이렇게 해서 보부아르와 사르트르에게 1939년 시작된 전회를 중심으로 그 이후 1947년까지 정립된 두 사람의 사유를 개략적으로 비교해 보았다. 그 과정에서 두 사람의 사유가 무신론적 실존주의라는 공통의 뿌리 위에서 싹텄지만, 나중에는 다른 꽃을 피우고 있다는 사실을 확인할 수 있었다.

---

[182] 『PM』, p. 216.
[183] 같은 책, p. 215.

먼저 1939년 시작된 윤리적 전회를 계기로 『애매성의 윤리를 위하여』를 발표한 1947년까지 보부아르는 애매성의 윤리 또는 실존주의적 윤리를 정립하고 있다. 그 과정에서 그녀가 가장 중요하게 생각했던 것은 나와 타자(들) 사이의 긍정적, 낙관적 관계의 정립 가능성이었다. 그녀는 애매성의 진리를 고려하면서 나와 타자의 자유에 대한 상호 인정을 바탕으로 이루어지는 호소 개념을 제시함으로써 '공동-존재'의 실현 가능성을 제시하고 있다.

그다음으로 보부아르는 1939-1947년까지 이어진 전회의 시기에 인간 이해의 범위를 개인의 차원에 국한시키지 않고 집단의 차원으로까지 확대하고 있다. 그녀는 『애매성의 윤리를 위하여』에서 벌써 인간(들)의 윤리적 자유의 확장이라는 목표를 위해 마르크스주의를 참조하고, 부르주아계급과 프롤레타리아계급 사이의 투쟁 등의 유효성을 부분적으로나마 인정하고 있다. 아울러 그런 관점에서 그녀는 '목적-수단'의 문제와 특히 '폭력' 사용의 정당화 문제에도 부분적으로는 동의하고 있기도 하다.

이런 사실들은 그대로 보부아르의 사유가 사르트르의 그것과 어떤 점에서 차별화되고, 나아가서는 대립되는가를 잘 보여 준다. 이것은 지금까지 많은 경우에 그녀가 사르트르의 사유를 그대로 수용하고 있으며, 그 결과 그녀만의 고유한 사유가 전혀 없다는 주장을 불식시키는 것이다.[184] 그녀의 고유한 사유는 주로 윤리, 즉 애매성의 윤리

---

184 심지어 보부아르 자신이 "철학적으로" 사르트르의 "제자, 그를 이해하는 사람의 역할

또는 윤리적 실존주의의 영역에서 전개되고 있다고 할 수 있다.

그리고 1939-1947년 사이에 정립된 보부아르의 사유는 사르트르의『존재와 무』이후의 사유의 발전과 변화에 작지 않은 영향을 주고 있는 것으로 보인다. 예컨대 윤리적 전회를 통한 애매성의 윤리의 정립과 그 과정에서 드러난 나와 타자의 자유의 상호 인정과 이를 바탕으로 이루어지는 호소 개념은 후일 사르트르의 참여문학론과 윤리 정립에 결정적인 영향을 미치고 있는 것으로 보인다.[185] 또한 그녀가 참조한 마르크스주의, 계급투쟁 등을 통해 구상하고 있는 '공동-존재'의 형성 가능성도 역시 사르트르의 후기 사유의 정립에 작지 않은 영향을 미치고 있다.

그렇다면 보부아르가 사르트르에게 끼친 영향은 구체적으로 어떤 것들일까? 먼저 보부아르의 애매성의 윤리에서 소중한 개념으로 등장하는 나와 타자의 자유의 상호 인정과 이를 바탕으로 이루어지는 호소 개념이 있다. 앞에서 사르트르에게도 전회가 일어났고, 그것이 인식론적 성격을 띠고 있다고 했다. 하지만 또한 그에게서도 1943년 『존재와 무』출간 이후에 윤리적 전회가 있었다는 사실을 지적한 바 있다.

그 전회의 과정에서, 더 정확하게는 1947-1948년 사이에 사르트

밖에 하지 못했다"라고 말한 적도 있었다.(『보전』, p. 133.) 하지만 그녀는 또한 『존재와 무』에 대해 사르트르와 많은 대화를 했고, 몇몇 생각에 있어서는 가끔 그의 노선을 바꾸게끔 하기도 했다고 말하고 있다.(Alice Schwarzer, 앞의 책, 1984, pp. 113-114.)

[185]   Eva Gothlin, 앞의 책, 2001, pp. 177-178.

르는 윤리 정립을 위해 여러 권의 노트를 작성했다. 이 시기는 보부아르의 『애매성의 윤리를 위하여』가 출간된 시기와 부분적으로 겹친다. 그럼에도 그가 작성한 노트들 중 일부가 분실되고, 또 그 시기에 출간되지 않아 그의 윤리적 전회의 구체적인 내용을 알 수가 없었다.

하지만 미출간 상태로 있던 여러 권의 수첩이 1983년에 『윤리를 위한 노트』라는 제목의 단행본으로 출간되었다. 유고집으로 출간된 이 저서에서 사르트르는 창조, 증여, 관용, 호소 등의 개념을 자세히 분석하고 있다. 거기에서 두드러지는 것이 바로 호소 개념이다. 그는 이 개념을 "누군가가 누군가에게 무엇인가의 이름으로 하는 무엇인가에 대한 요구demande par quelqu'un à quelqu'un au nom de quelque chose de quelque chose"[186]으로 정의내리고 있다. 이 정의에서 무엇의 이름으로는 '자유의 이름으로'이고, 요구 대상이 되는 무엇인가는 '자유에 대한 인정'이다. 그런데 이와 같은 정의는 그대로 보부아르가 『애매성의 윤리를 위하여』에서 호소에 대해 내리고 있는 정의와 동일한 것이다.

또한 사르트르는 1945년에 "실존주의는 휴머니즘이다"라는 제목의 강연에서 타자 존재의 필요성, 실존주의 윤리, 상호주체성 등의 개념을 간략하게 전개하고 있다. 여기에서도 역시 보부아르로부터 받은 영향의 흔적이 엿보인다. 그리고 1948년에 출간된 『상황 2』(앞에서 언급한 것처럼 이 저서에 실린 6편의 글은 모두 『레 탕 모데른』지의 창간호(1945)부터

---

[186]   Jean-Paul Sartre, *Cahiers pour une morale*, Gallimard, coll. Bibliothèque de philosophie, 1983, p. 285.

1947년 10월호까지에 게재되었다)에서 호소, 증여, 관용 개념 등을 '작품'을 매개로 이루어지는 '작가-독자' 사이의 관계를 통해 다루고 있다. 여기에서도 특히 호소 개념에 대한 정의에서 보부아르의 영향이 엿보인다.

사르트르의 사상은 1939년, 즉 제2차 세계대전을 계기로 전기와 후기 사상으로 구분된다. 전기 사상은 『존재와 무』로, 후기 사상은 『변증법적 이성비판』으로 대표된다. 그런데 그가 마르크스주의에 관심을 갖고 계급투쟁과 특히 '융화집단groupe en fusion'으로 불리는 인간들의 '공동-존재'의 형성 과정과 그 존속의 문제를 폭력의 문제, 목적-수단의 문제와 관련지워 상세히 다루고 있는 저서가 바로 『변증법적 이성비판』이다.[187]

그런데 앞에서 언급한 것처럼 보부아르는 이미 『피로스와 키네아스』와 『애매성의 윤리를 위하여』에서 위의 문제들을 다루고 있다. 물론 그녀가 위의 문제들에 대해 철저하게 다루고 있는 것은 아니다. 그럼에도 우리는 그녀의 논의에서 후일 사르트르가 『변증법적 이성비판』에서 아주 자세히 다루고 있는 내용들의 싹을 이미 발견할 수 있다.

이런 사실들은 그대로 보부아르가 사르트르 사유의 일부분을 선취

---

[187] 사르트르는 목적-수단의 문제, 융화집단, 동지애, 상호성 등과 같은 개념들에 대해서는 『변증법적 이성비판』이 출간된 1960년 이전에 이미 겪은 체험을 통해 암묵적으로나마 제시한 바 있다. 가령, 포로수용소에서의 『바리오나』 공연과 해방 직후에 목격했던 파리 시민들의 하나된 모습 등을 통해서였다. 하지만 이런 체험 등이 이론적으로 체계화되어 본격적으로 다루어진 것은 『변증법적 이성비판』에서 였다.

하고 있음을 여실히 보여 준다. 앞에서 두 사람은 서로에게 검열관이 자 인쇄 허가자였기 때문에 그녀는 사르트르 사상의 부족한 점, 보완 해야 할 점 등이 무엇인지를 누구보다도 더 잘 알고 있었을 것이라는 점을 지적한 바 있다. 실제로 그녀가 『애매성의 윤리를 위하여』를 쓴 것은 그녀 자신과 사르트르가 의지했던 무신론적 실존주의에서 취약 한 부분인 윤리 정립의 어려움에 대한 비판에 맞서기 위함이었다.[188] 모든 사람이 자유이고 초월인데 어떻게 그들 사이에 윤리가 가능하 겠느냐에 대한 비판, 실존주의는 결국 유아론의 함정에 빠져 윤리를 정립할 수 없다는 비판에 대한 응수가 바로 『애매성의 윤리를 위하 여』였던 것이다.[189]

이렇듯 보부아르가 1939-1947년, 즉 그녀가 윤리적 전회 중에 정 립된 애매성의 윤리를 통해 한편으로는 사르트르의 사유의 취약한 부분을 보완하면서,[190] 다른 한편으로는 그와 차별화될 뿐 아니라 나 아가 대립되기까지 하는 사유, 특히 타자에 대한 사유를 전개하기에 이르렀다고 할 수 있을 것 같다. 정확히 그 부분이 그녀에 의해 경작 된 고유한 사유의 '뜰'로 보인다. 실제로 보부아르는 1945년 『레 레트 르 프랑세즈Les Lettres françaises』에 실린 한 인터뷰에서 다음과 같이 말하 고 있다.

---

[188] 『LFI』, pp. 98-99.
[189] 『PM』, p. 225.
[190] 보부아르는 사르트르의 『존재와 무』 위에 윤리를 정초할 수 있다고 생각했다.(『LFI』, p. 98.) 앞에서 언급한 대로 사르트르는 이 저서의 말미에서 그 자신의 윤리학의 집필을 예고하고도 그 약속을 지키지 못하고 있었다.

실존주의는 어떤 윤리학도 암시하지 않습니다. 나는 실존주의에서 윤리학을 끄집어내려고 했지요. 그 윤리학을 『피로스와 키네아스』라는 에세이에서 자세히 썼고, 소설과 희곡으로도, 다시 말해 훨씬 구체적인 동사에 모호한 형식으로도 네가 찾은 답을 표현하려고 했습니다.[191]

(『보여』, 259쪽)

이런 의미에서 보부아르의 '실존주의적 윤리(학)' 또는 '애매성의 윤리(학)'는 『존재와 무』 말미에서 예고되었지만 "사르트르가 지키지 못한 약속의 실천"[192]이라고 할 수 있을 것이다. 곧 이 영역은 사르트르의 윤리 영역의 부재를 보완한 그녀의 "업적"[193]이라고 말이다.[194] 물론 사르트르가 후일 그 '뜰'을 지나면서 거기에서 얻은 여러 개념을 『문학이란 무엇인가』, 『윤리를 위한 노트』를 위해 작성한 노트에서 자기 것으로 만드는 작업을 게을리 하지도 소홀하지도 않았지만 말이다.

---

[191]　Dominique Aury, 'Qu'est-ce que l'existentialisme? Escarmouches et patrouilles', *Les Lettres françaises*, 1er décembre 1945, p. 4.(『보여』, 259쪽에서 재인용.)

[192]　『보여』, 312쪽.

[193]　같은 책, 254쪽.

[194]　앞에서 언급한 것처럼 보부아르 자신은 정작 『피로스와 키네아스』와 『애매성의 윤리를 위하여』에 대해 혹평을 가하고 있다.

제3장

참여에서의 차이

1
1939-1947년까지[195]

앞에서 사르트르와 보부아르에게서 '1939년'이 갖는 의미에 주목해 보았다. 1939년은 2차 세계대전이 발발한 해이기도 하지만, 또한 두 사람의 전회가 시작된 해이기도 하다. 보부아르의 경우에는 이 해에 시작된 윤리적 전회가 『피로스와 키네아스』을 거쳐 『애매성의 윤리를 위하여』와 더불어 일단락된다. 물론 그녀의 윤리적 전회는 그 뒤로 『제2의 성』의 출간과 이를 계기로 한 페미니즘 운동, 『노년』의 출간까지 계속 이어진다.

---

[195] 논의의 편의상 사르트르와 보부아르의 참여에서의 차이점을 드러내기 위해 그녀의 윤리적 시기인 1939-1947년을 먼저 살펴보고자 한다. 이어서 특히 보부아르의 사유와 참여에서 큰 변곡점이 되는 『제2의 성』이 출간된 1949년 이후의 참여를 살펴보고자 한다. 1948년에도 두 사람 모두 활발하게 활동하나 각자의 전체적인 참여의 방향은 1939-1947년 사이의 방향과 별다른 차이가 없는 것으로 보인다.

사르트르의 경우에 1939년에 시작된 인식론적 전회는 『변증법적 이성비판』과 더불어 일단락된다. 게다가 그의 인식론적 전회는 1947-1948년 사이에 그의 윤리적 전회와 중첩되기도 한다. 또한 1960년 이후로도 그의 인식론적 전회는 『지식인을 위한 변명』의 출간과 특히 1968년 5월 혁명에의 참여와 이 혁명에 이어지는 마오주의자들과의 연합까지도 계속된다.

앞에서 1939년이 사르트르와 보부아르에게서 전회의 원년이라고 했다. 그런데 이 해는 두 사람에게서 '참여'의 원년이라고도 할 수 있다. 두 사람은 1939년 이전에는 현실과 사회에 대해 무관심한 채 개인주의적 방관자를 자처했다. 두 사람은 '역사의 수레바퀴'를 돌리는 것을 거절하고 현실과 정치에 무관심하며, 오직 "반대의 미학esthétique d'opposition", 즉 문학을 통한 개인의 행복과 구원救援을 추구하고자 했다.[196] 요컨대 두 사람은 현실과 사회에서 파생되는 구체적인 문제들과 거리를 두면서 개인의 실존에 관련된 문제에 주로 매달렸다.

하지만 1939년을 기점으로 두 사람에게 큰 변화가 일어난다. 이와 관련해 다음과 같은 보부아르의 말은 의미심장하다.

(…) 나는 1940년 8월 국립도서관이라는 비인격적 체계 속에서 헤겔을 읽으며 큰 평온함을 느꼈던 것을 기억한다. 하지만 거리로 다시 나가 내 삶 속에서 체계를 벗어나 진짜 하늘 아래 서게 되자마

---

[196] 『MF』, p. 477.

자, 그 체계는 나에게 아무 소용이 없었다. (…) 그리고 나는 살아 있는 사람들 가운데서 다시 살기를 바랐다. 나는 실존주의가 역으로 독자에게 추상적 도피의 위로를 제공해주지 않는다고 생각한다. 실존주의는 어떤 도피도 제시하지 않는다. 그와 반대로 실존주의 윤리는 삶의 진실 속에서 경험되는 것이다. 그리고 이때 이 윤리는 사람들에게 제시할 수 있는 유일한 구원의 방책으로 나타난다.

(『PM, pp. 228-229)

1940년이면 보부아르는 혼자 파리에 남아 있을 때이다. 사르트르가 1939년에 전쟁에 동원되었기 때문이다. 그녀는 실존주의적 윤리를 구상하면서 그것이 갖는 실천적 힘을 생각하고 있었다. 그런데 그 힘은 정확히 "삶의 진실 속에서 경험되는 것"이다. 이 말은 후일 그녀가 실존주의적 윤리를 정립하면서 강조하게 될 사실, 즉 인간의 자유는 무상으로 주어지는 것이 아니고 투쟁을 통해 쟁취되어야 한다는 사실과 동의어로 보인다. 이 말은 또한 타자들의 자유가 존중받지 못하고 분쇄되는 상황에서 나는 나의 자유를 확보하고 또 확대시키기 위해 그들의 자유를 보호해야 한다는 사실과도 동의어로 보인다. 이런 사실을 고려하면 그녀에게서 1939-1947년의 윤리의 시기는 곧 참여의 시기이기도 하다.

사르트르의 경우에도 마찬가지다. 그는 그의 인식론적 전회가 시작된 1939년을 기점으로 그의 삶이 크게 두 부분으로 나뉘었다고 단언한다. 또한 각 부분에서의 자기의 모습이 너무 달라 한 부분에서

다른 부분에 있는 모습을 알아보지 못할 정도라고 술회하고 있다.[197]
보부아르는 1940년에 휴가를 나온 그에게서 일어나고 있는 변화를
이렇게 회상하고 있다.

> 2월 초, 나는 사르트르를 기다리러 동역gare de l'Est으로 갔다. 산
> 책하고 대화를 하면서 일주일이 흘러갔다. 사르트르는 전쟁 이후
> 에 대해 많은 생각을 했다. 그는 이제 더 이상 정치적 삶에서 떨어
> 져 있지 않을 것이라고 단단히 결심했다. 진정성이라는 개념에 바
> 탕을 둔 그의 새로운 윤리, 또 그가 실천하고자 노력했던 그의 새로
> 운 윤리는, 인간이 그의 '상황'을 '떠맡을' 것을 요구했다. 그리고 이
> 윤리를 실천하는 유일한 방법은 행동에 가담하면서 상황을 뛰어넘
> 는 것이었다. 또 다른 태도는 자기기만에 기초한 도피, 공허한 주
> 장, 위선이었다. 사르트르의 내부에서 심각한 변화가 발생했다는
> 것을 알 수 있었다. (…)   (『FA』, p. 492)

1939년 이전의 사르트르의 모습은 일 년 전에 출간된 『구토』의 제
사에서 잘 드러난다. "그는 공동체적인 중요성이라고는 전혀 없는 고
작 한 개인에 불과한 친구였다."[198] 사르트르의 분신이라고 할 수 있는
『구토』의 로캉탱은 집단과 사회에 대해 무관심한 인물이다. 하지만

197 　『SX』, pp. 175, 180.
198 　『LN』, p. 1.

1939년에 전쟁에 동원되면서 사르트르의 관심은 고립된 인간에서 사회적, 역사적 지평 위에 선 인간들에게로 향한다.[199] 또한 그는 전쟁을 치루는 과정에서 점차 계급투쟁을 발견하고 마르크스주의를 본격적으로 이해하게[200] 되었다고 술회하고 있기도 하다.

방금 1939년이 사르트르와 보부아르에게서 참여의 원년이라고 했다. 하지만 그들의 참여다운 참여가 시작된 것은 '1941년'부터라고 할 수 있을 것 같다.[201] 그것도 보조를 맞추면서 말이다. 전쟁 때문에 두 사람은 1939년부터 1941년까지 헤어져 지내야 했다. 사르트르는 1940년에 포로수용소에 갇혀 있다가 가짜 신체장애 증명서로 1941년에 석방된다. 그는 "독일군을 물리쳐야만 한다는 광신자"[202]가 되어 파리로 돌아왔다. 그는 1941년에 메를로퐁티, 드장티, 보부아르 등과 함께 '사회주의와 자유'라는 비밀 단체를 조직해 레지스탕스 활동을 한다. 이것이 사르트르와 보부아르가 함께했던 첫 번째 참여라고 할 수 있다.[203] 요컨대 이때부터 두 사람은 "참여한 한 쌍un couple engagé"[204]

---

199 『SX』, pp. 176-180.
200 사르트르는 고등사범학교에 다닐 때 마르크스의 『자본론』, 『독일 이데올로기』 등을 읽었으나 완전히 이해하지 못했다고 밝히고 있다. 여기에서 '이해한다'는 말은 "자신을 변화시키고 스스로를 넘어서는 것"을 의미한다.(『CRDL』, p. 28.)
201 프랑스 현대 지성사에서 '참여의 시대'는 보통 1945년부터 본격적으로 시작되는 것으로 여겨진다. 사르트르와 보부아르의 경우에도 1945년 이후로 활발한 참여가 이루어지는 것은 사실이다. 하지만 두 사람은 1941년부터 본격적인 참여의 길로 들어섰다고 할 수 있을 것 같다. 또한 곧 보겠지만 1943-1945년 사이에도 두 사람은 문학 창작을 통해 적극적으로 참여하고 있다.
202 『보전』, 238쪽.
203 같은 책, 239-245쪽.

이 된 것이다.

이렇게 시작된 사르트르와 보부아르의 참여는 크게 두 방향으로 이루어진다. 하나는 보조를 맞춰 하는 직접적인 행동이다. 다른 하나는 문학 창작이다. 첫 번째 방향에서 이루어진 참여의 대표적 예로는 제2차 대전 후에 대독협력자들의 처벌을 위한 행동을 꼽을 수 있다. 또한 1945년에 창간된 『레 탕 모데른』지 창간에의 참여도 거기에 해당된다. 참여문학의 기치를 높이 들었던 이 잡지에는 두 사람을 위시해 메를로퐁티, 아롱, 레리스, 파랭 등이 창간 멤버로 참여했다. 아롱은 얼마 지나지 않아 이 잡지에서 떠났지만 말이다.

사르트르와 보보아르의 참여는 주로 문학 창작을 통해 이루어졌다. 어쩌면 두 사람에게는 직접 참여보다는 오히려 각자의 문학을 통한 참여가 더 본질적으로 생각될 정도이다. 앞에서도 지적한 것처럼 이미 『벽』과 『구토』를 출간한 사르트르는 『파리떼』, 『닫힌 방』, 『무덤 없는 주검Morts sans sépulture』(1946), 『공손한 창부La Putain respectueuse』(1946), 『더러운 손Les Mains sales』(1947) 등과 같은 극작품을 공연하고, 1945년에는 『자유의 길』 1권(『철들 나이』)과 2권(『유예』)을 출간한다. 보부아르도 『초대받은 여자』, 『타인의 피』를 발표하고, 『군식구』를 공연한다.

1939-1947년 사이에 사르트르와 보부아르가 각자 출간하고 또 공연한 작품들은 자연스럽게 참여문학적 성격을 띠게 된다. 물론 두 사

---

204 이 칭호는 앞에서 인용된 클로딘 몽퇴유의 저서 『자유의 연인들(Les Amants de la liberté)』의 한 장(章)의 제목에서 따온 것이다.

람이 무신론적 실존주의의 주요 주제인 실존의 고뇌, 인간들 사이의 갈등과 대립 관계 등에 관심을 둔 것은 사실이다. 하지만 두 사람 모두 레지스탕스 운동 등과 같은 시의적인 문제를 문학적으로 형상화시키고 있다. 다시 말해 '글쓰기'는 곧 '행동'이라는[205] 『문학이란 무엇인가』에서 볼 수 있는 참여문학론의 금과옥조가 벌써 작동하고 있다. 그럼에도 몇몇 작품에서는 벌써 두 사람의 입장 차이가 조금씩 드러나기 시작한다.

여기에서는 이런 차이를 거의 비슷한 시기에 집필되고 공연된 사르트르의 『파리떼』와 보부아르의 『군식구』을 통해 살펴보고자 한다. 그 과정에서 사르트르보다는 오히려 보부아르가 더 급진적인 참여를 내세우고 있다는 사실을 드러낼 것이다. 특히 이 두 작품에서 여성의 역할에 주목해 볼 것이다. 이와 같은 논의는 후일 『제2의 성』을 출간하면서 페미니즘의 선구자가 되는 한편, 『노년』을 출간하면서 구체적인 사회 문제에 대한 관심의 끈을 놓지 않으면서 참여의 길을 계속해 가는 보부아르와 『변증법적 이성비판』과 『지식을 위한 변명』을 출간하고 또 1968년 5월 혁명에 적극적으로 참여하는 사르트르의 참여에서의 차이점을 살펴보는 데 중요한 시사점을 제공해 줄 수 있을 것이다.

---

[205] Jean-Paul Sartre, *Situations, II*, Gallimard, 1948, p.72.

2

『파리떼』와『군식구』비교

사르트르의 『파리떼』

1) 작품 주변

먼저 사르트르의 『파리떼』를 보자. 1943년 처음으로 공연된 이 작품은 그의 첫 번째 극작품이다. 그가 포로수용소에 있을 때인 1940년 성탄절에 무대에 올린 『바리오나Bariona』를 고려하면 『파리떼』는 그의 두 번째 극작품이 된다. 사르트르는 두 가지 이유에서 연극에 관심을 가졌다. 하나는 『바리오나』를 공연하면서 '융화 집단'을 경험했기 때문이다. 조국의 패배로 인해 수용소에서 실의와 절망에 빠져 있던 포로들을 위해 이 작품을 무대에 올리면서 그는 그들과 '하나'가 되는 소중한 경험을 한 것이다.[206] 다른 하나는 연극이야말로 『존재와 무』로 대표되는 그 자신의 난해한 사상을 대중에게 쉽게 전달할 수 있는 효율적인 매체로 여겼기 때문이다. 『파리떼』는 이렇게 시작된 그의 극세계의 출발점이 된다.

1943년은 제2차 세계대전이 한창 진행 중인 때였다. 그럼에도 사르트르는 『파리떼』를 무대에 올리는 데 성공했다. 그로 인해 그는 많

---

[206] Jean-Paul Sartre, *Un Théâtre de situations*, Gallimard, coll. Folio/Essais, 1992, p. 266.

은 사람들의 의혹을 사게 된다. 점령 시기에 공연되는 모든 극작품은 독일군의 검열을 통과해야만 무대에 오를 수 있었다. 그럼에도 이 작품이 공연된 데에는 뭔가 석연치 않은 구석이 있다고 여겨질 수밖에 없었다.

게다가 이런 의혹은 『파리떼』의 내용으로 인해 더 커진다. 이 작품은 점령국 독일에 대한 프랑스인들의 저항, 또는 페탱Pétain 원수가 수반으로 있는 비시Vichy 괴뢰정부에 대한 저항으로 해석될 여지가 충분했다. 사르트르가 이 작품을 위해 고대 신화나 그리스 비극으로부터 주제들을 빌려 오고 또 그것들을 변용시키고 있는 것은 사실이다. 또한 프랑스에서는 1920년대부터 줄곧 많은 극작가들이 고대 신화나 그리스 비극의 주제들을 차용한 것도 사실이다. 그럼에도 『파리떼』가 독일군의 검열을 통과해 공연됨으로써 사르트르는 뭇사람들의 강한 의혹의 시선을 받게 된다.

거기에 사르트르의 『존재와 무』와 보부아르의 『초대받은 여자』의 출간도 겹쳐진다. 이 두 저작도 1943년에 출간되었다. 이 시기에 프랑스는 아직 전쟁 중이었고, 그런 만큼 물자가 턱없이 부족했다. 종이의 공급도 원활하지 않았다.[207] 게다가 보부아르는 1944년 1월부터

---

[207] 종이 부족과 관련해 보부아르의 극작품 『군식구』의 원고가 존재하지 않는다는 사실은 의미심장하다. 그녀는 이 작품을 그녀의 어머니 프랑수아즈에게 헌정했을 뿐만 아니라 자필 원고도 선물로 주었다. 그러던 어느날 이웃 사람이 프랑수아즈에게 딸기 한 바구니를 주었다. 잼으로 만들어 겨울 동안에 먹기에 충분한 양이었다. 프랑수아즈는 그 귀중한 잼을 딸의 원고로 정성껏 싸 두었다가 잼을 한 병씩 먹을 때마다 더러워진 종이를 쓰레기통에 버렸다고 한다.(『보전』, 260쪽.)

4월까지 비시 정부에 협조적인 라디오 방송을 진행하기도 했다.[208] 사르트르 또한 독일군의 후원을 받고 있는 『코뫼디아*Comœdia*』[209]와 영화사 파테Pathé를 위해 글을 기고했고 또 시나리오를 쓰는 계약을 맺기도 했다.[210] 또한 독일 당국이 작성한 작품 발표를 금지한 '오토Otto 명단'에도 사르트르의 이름은 포함되어 있지 않았다.[211] 두 사람은 그로인해 독일군과 모종의 추문화된 관계를 맺고 있다는 의심을 받기에 충분했다. 심지어 사르트르가 포로수용소에서의 석방된 것은 독일군이 도와주었다는 풍문까지 나돌았다.

이와 관련해 사르트르와 보부아르를 옹호하는 자들도 많다. 그들은 다음과 같은 증거를 들어 두 사람과 독일군과의 추문화된 관계에 대해 면소판결을 내리고자 했다. 두 사람은 이미 1941년부터 '사회주의와 자유'라는 비밀조직을 만들어 레지스탕스 운동을 했다는 것이다. 또한 사르트르는 독일에 대한 저항의 기치를 높이 든 전국작가위원회CNE: Comité nationale d'écrivains에 소속되어 있고, 또 이 단체가 발행하는 『레 레트르 프랑세즈』에 글을 기고했다는 것이다. 그리고 그는 지하에서 간행되면서 레지스탕스 운동을 지원했던 『콩바*Combat*』지에도 글을 썼다는 것이다.

---

[208] Jean-François Sirinelli, *Deux intellectuels dans le siècle, Sartre et Aron*, Fayard, coll. Pour une histoire du XXᵉ siècle, 1995, p. 174 참조.

[209] 1907년에 창간된 프랑스 신문으로, 처음에는 일간지였으나 1941-1944년에는 주간지로, 그리고 마지막에는 격월간지로 발행되었다.

[210] 같은 책, pp. 176-188 참조.

[211] 『보전』, 251쪽.

이렇듯 1943년을 전후해 이루어진 이와 같은 사르트르와 보부아르의 행보와 관련해 첨예한 의견 충돌이 계속되어 왔다.[212] 이런 의견 충돌 속에서도 특히 1990년에 보부아르의 전기를 쓴 베어의 다음과 같은 주장은 경청할 만한 것으로 보인다. "그들 [보부아르와 사르트르]의 행적은 얼룩 하나 없이 깨끗하지는 않지만, 눈에 띄게 더러운 것도 아니다."[213]

어쨌든 1943년에 『파리떼』는 독일군 장교들과 일반 관객 앞에서 공연되었다. 그런데 이 작품에 대한 사르트르의 설명이 전쟁 중과 전쟁 후에 달라진다는 점은 흥미롭다. 전쟁 중이었던 1943년, 그는 이 작품의 저항적, 참여적, 정치적 성격을 크게 부각시키지 않았다. 그는 이 작품에서 상황에 처한 인간의 자유, 선택, 결단, 책임 등의 문제를 다루기 위해 고대 신화와 그리스 비극들을 원용했다고 주장했다. 그러면서도 사르트르는 이 작품의 성격을 '운명극'보다는 '자유극'으로 규정하고 있다.[214]

실제로 『파리떼』는 1941년부터 집필되기 시작되었다. 또한 이 시기는 사르트르가 『존재와 무』의 집필에 열중하던 시기이기도 하다.

---

[212] 사르트르와 보부아르가 독일 점령 기간에 했던 활동에 대한 부정적인 입장에 대해서는 특히 다음 저서를 참조. Gilbert Joseph, *Une si douce occupation...: Simone de Beauvoir et Jean-Paul Sartre 1940-1944,* Albin Michel, 1991.

[213] 『보전』, 287쪽.

[214] 『TC』, p. 76; Ingrid Galster, *Le Théâtre de Jean-Paul Sartre devant ses premiers critiques, I: Les pièces créées sous l'occupation allemande Les Mouches et Huis clos,* Jean-Michel Place, 1986, p. 50.

이런 사실을 고려해서 사르트르는 『파리떼』의 성격을 이 작품보다 몇 개월 뒤에 출간되는 『존재와 무』에서 철학적으로 다루어질 주제들을 극화시킨 것으로 규정한 듯하다. 그런데 『파리떼』에 대한 사르트르 자신의 이런 설명은 이 작품을 형이상학적 성격이 강한 작품으로 보게끔 하기 쉽다. 바꿔 말해 이런 설명으로 인해 이 작품이 갖는 저항적, 참여적 성격이 희석될 수도 있는 것처럼 보인다.

하지만 제2차 세계대전의 종전과 더불어 사르트르는 『파리떼』에 대한 설명에 변화를 준다.[215] 그러면서 그는 이 작품의 저항적, 참여적 성격을 전면에 내세운다. 그가 고대 신화와 그리스 비극의 주제들을 가져와 변용시킨 것은 이 작품의 저항적 성격, 곧 "진짜 주제un vrai sujet"를 감추고 독일군의 검열을 통과하기 위함이었다고 강조한다.[216] 사르트르는 이 작품의 핵심은 전쟁에서 패배한 프랑스인들의 '회한 remords'의 감정을 불식시키는 데 있다고 선언한다.[217] 독일군의 입장에서는 자신들의 패배를 운명으로 받아들이면서 지금의 상황에 대해 회한을 품고 체념하는 것이 프랑스인들을 통치하는 데 당연히 도움이 될 것이다. 그리고 이것은 페탱 괴뢰정부가 내세운 주장이기도 했다.[218] 사르트르는 이런 독일군의 입장과 페탱 원수의 입장을 무력화

---

[215] 사르트르는 이 작품의 목적은 "저항하는 것(résister)"이 아니라 "창작하는 것(créer)"이라고 밝히고 있다.(『TC』, p. 1257.)

[216] 같은 책, p. 1263.

[217] 같은 책, p. 78; Jean-Paul Sartre, 앞의 책, 1992, p. 275.

[218] 페탱 원수는 프랑스의 패배가 제3공화국의 실정과 무관하지 않다고 보고 있다. 그런데 이런 견해는 그대로 프랑스의 패배가 프랑스인들의 잘못 때문이라는 사실을 정당화시

시키고 동포들에게 용기를 북돋아 주어야 할 필요가 있다고 판단했다.[219] 이렇듯 사르트르는 전쟁 후에 『파리떼』가 공연되는 기회에 이 작품의 저항적, 참여적 특징을 뚜렷이 부각시키고 있다.

사르트르는 또한 『파리떼』가 갖는 이와 같은 성격을 그 당시에 레지스탕스 운동을 하다가 붙잡혀 처형된 자들과 관련시켜서도 주장하고 있다. 앞에서도 언급한 바와 같이 사르트르도 보부아르 등과 더불어 1941년에 '사회주의와 자유'라는 단체를 조직해 레지스탕스 운동을 하다가 그만둔 경험이 있다. 그 당시에 레지스탕스 대원들이 독일군에게 붙잡혀 수시로 처형되는 상황이 벌어졌다. 사르트르는 『파리떼』에서 기존 지배세력에 저항을 한 아르고스Argos 주민들은 독일군에 맞서 테러를 감행한 프랑스인들을 상징한다고 명백하게 밝히고 있다.[220]

『파리떼』에서 볼 수 있는 이와 같은 저항과 참여의 특징은 특히 이 작품의 두 중심인물인 오레스테스Oreste와 엘렉트라Electre를 통해 잘 드러난다. 앞에서 반복해서 언급했지만 이 작품은 고대 신화와 그리스 비극에서 주제를 차용해 변용시키고 있다. 문제가 되는 신화는 아트레우스Atrée 가문의 후손인 오레스테스와 엘렉트라에 관련된 것이다. 또한 문제가 되는 그리스 비극은 아이스킬로스, 소포클레스, 에

키는 것이다. 또한 이런 견해는 독일이 프랑스를 점령하면서 내세운 논리이기도 하다. 그렇기 때문에 프랑스인들은 점령 상태에 대해 당연히 회한의 상태에 있어야 한다는 것이다.

[219] 『TC』, p. 82; Ingrid Galster, 앞의 책, 1986, p. 52.

[220] 『TC』, p. 83, 1263; Ingrid Galster, 앞의 책, 1986, p. 54.

우리피테스가 각각 오레스테스와 엘렉트라를 중심으로 쓴 비극들이다. 물론 사르트르만이 이 신화와 이 비극들의 내용을 변용시킨 것은 아니다. 과거에 벌써 괴테와 라신 등이 그런 작업을 했고, 또 사르트르와 동시대 작가들인 지로두, 유르스나르 등도 아트레우스 가문의 이야기를 극화시키고 있기도 하다.

하지만 여기에서의 관심은 『파리떼』가 어떤 면에서 그 신화와 비극들의 내용을 변용시키고 있는가에 있지 않다.[221] 그보다는 오히려 아트레우스 가문을 대표하는 오레스테스와 엘렉트라의 행동을 통해 1943년 무렵의 사르트르의 전회의 실천적 내용, 곧 참여와 그 한계를 살펴보는 것이 우리의 관심의 대상이다. 물론 이것은 보부아르의 『군식구』에서 그녀의 전회의 실천적 내용과의 비교를 통해 두 사람의 참여에서의 차이를 드러내기 위함이다.

2) 오레스테스의 변신

『파리떼』의 무대는 아르고스이다. 아르고스는 지금 아이기스토스 Agisthe와 그의 정부인 클리타임네스트라Clytemnestre의 지배하에 있다. 두 사람은 공모해 선왕先王 아가멤논Agamemnon을 죽이고 권좌를 차지

---

221 『파리떼』에서의 신화 변용과 관련해서는 다음을 참고할 것. 윤정임, 「《파리떼》의 신화 연구」, 『한국프랑스학논집』, 48, 한국프랑스학회, 2004, 247-268쪽; 강충권, 「《파리떼》에 서 전개되는 변형의 유희」, 『프랑스어문교육』, 16, 한국프랑스어문교육학회, 2003, 281-299쪽; 지영래, 「오레스테스 신화의 변용을 통해 본 사르트르의 연극관」, 『프랑스어문교육』, 35, 한국프랑스어문교육학회, 2010, 469-494쪽; 임철규, 「사르트르의 파리떼」, 『인문과학』, 40, 연세대학교 인문학연구소, 1979, 97-116쪽.

했다. 15년 전의 일이다. 클리타임네스트라는 아가멤논의 부인이었다. 이런 아르고스의 상황은 정확히 독일에 의해 점령당한 프랑스 또는 독일에 협력하는 비시 괴뢰정부의 통치하에 있는 프랑스와 유사하다.[222]

그런데 작품의 도입부부터 아르고스의 분위기는 어둠 일색이다. 주민들은 회한과 비탄에 잠겨 있다. 극은 오레스테스가 종복과 함께 아르고스에 도착해 주민들에게 길을 묻는 장면으로 시작된다. 18세가 된 오레스테스는 종복과 함께 견문을 넓히려고 여러 지방을 여행 중이었다. 하지만 주민들은 그들을 반기지 않는다. 오히려 그들을 반기는 것은 '파리떼'이다.[223] 아르고스에는 15년 전에 아가멤논이 살해되었을 때부터 파리떼가 들끓고 있다. 주피터가 그때 파리떼를 그곳에 보낸 것이다. 파리떼는 아르고스 주민들의 마음속에 자리 잡은 회한과 비탄을 상징적으로 보여 준다. 그도 그럴 것이 그들 모두 아가멤논이 살해되었을 때 아무런 행동도 하지 않고 그저 지켜보기만 했기 때문이다.[224]

아이기스토스는 주피터[225]의 사주를 받고 또 그와 공모해서 아르고

---

[222] 『TC』, pp. 1257-1258.

[223] 이 작품의 제목이기도 한 '파리떼'는 니체의 『차라투스트라는 이렇게 말했다』에서 차용한 것이라는 점을 지적하자. 보다 더 정확하게는 이 저서의 한 부분인 "시장터의 파리들에 대하여"를 참고한 것이다.(같은 책, p. 1262; Jean-François Louette, *Sartre contra Nietzsche*, Presses universitaires de Grenoble, 1996, pp. 55-61.)

[224] 『LMC』, *in* 『TC』, p. 6.

[225] 이 작품에서 주피터는 당연히 신을 상징한다. 사르트르의 전체 사유가 무신론 위에 구축되었다는 것을 고려하면 주피터의 등장은 의외라고 할 수 있다. 하지만 『파리떼』에

스 주민들의 회환과 비탄의 감정을 이용해 그들을 통치해 오고 있다. 그리고 주피터는 이런 아이기스토스를 지배하고 있다. 오레스테스가 아르고스에 도착한 날은 때마침 '사자死者들의 축제일'이다. 뒤에서 다시 보겠지만 이 축제는 아이기스토스가 아르고스의 주민들의 회환과 비탄을 이용해 그들을 효율적으로 통치하기 위해 꾸며 낸 연극놀이이다.

어쨌든 사르트르는 『파리떼』에서 그 자신이 의도했던 참여와 저항을 오레스테스와 엘렉트라의 정반대되는 행동을 통해 보여 주고 있다. 오레스테스는 아르고스에 도착했을 때 아버지의 복수에 대한 생각을 하지 않고 있다. 극이 진행되면서 점차 드러나지만 오레스테스는 자기 자신의 과거에 대해 어느 정도는 알고 있다. 아르고스가 고향이라는 것, 아버지가 살해되었다는 것, 엘렉트라가 자신의 누이라는 것 등등…. 종복이 그에게 그의 출생의 비밀을 이야기를 해 준 것

서 사르트르가 주피터를 등장시킨 것은 다음과 같은 두 가지 의미가 있다고 할 수 있을 것 같다. 하나는 인간의 자유와 관련지어 신의 존재는 아무런 의미도 갖지 못한다는 사실에 대한 강조이다. 이 작품의 말미에서 모든 것은 마치 인간을 대표하는 오레스테스와 신들의 왕인 주피터가 서로 대결하는 양상으로 진행된다. 이 대결에서 사르트르는 오레스테스의 손을 들어 주고 있다. 다른 하나는 주피터를 등장시킴으로써 사르트르가 1943년 당시 프랑스 가톨릭 세력의 일부가 독일군에게 강하게 저항하지 않고 유화적인 제스처를 취한 것에 대한 강력한 고발이라는 의미이다.(『TC』, pp. 1257-1258; Ingrid Galster, 앞의 책, 1986, p. 56.) 물론 독일군에게 강력하게 저항한 가톨릭 세력도 있었다는 것은 사실이다. 하지만 그렇지 못한 세력도 있었다는 것 역시 부인할 수 없는 사실이다. 요컨대 오레스테스의 주피터에 대한 인정 거부와 아이기스토스와 클리타임네스트라의 살해는 페탱의 비시 괴뢰정부를 암묵적으로 지지함으로써 독일 편을 든 프랑스 가톨릭 세력의 일부에 심판과 단죄와 무관하지 않다.

이다. 물론 이 종복은 오레스테스가 아이기스토스를 죽이고 아르고스의 정권을 잡는 결심을 하지 않았으면 하는 바람을 가지고 있었다.

오레스테스는 종복의 바람대로 아르고스에 도착한 직후 곧 그곳을 떠나기로 마음을 먹는다. 아버지의 복수를 할 생각이 없는 것이다. 그가 복수의 길을 가고자 하지 않는 것은 그 자신이 아르고스와 상관이 없는 존재라는 판단 때문이다. 그는 3세 때, 즉 아버지가 살해당했을 무렵 아르고스를 떠나게 되었다. 그 당시에 그는 목숨을 잃을 뻔했다. 아이기스토스가 그를 죽이라고 명령했기 때문이다. 하지만 병사 중 한 명이 오레스테스를 피신시켜 목숨을 구할 수 있었다. 그때 그는 아테네의 부유한 상인에게 맡겨졌다. 그는 필레보스Philèbe라는 이름으로 어려움을 모르고 성장했다. 15년이 지난 지금 그는 아르고스에서 한갓 이방인에 불과함을 절감한다.

앞에서 보았듯이 아르고스 주민들은 오레스테스가 누구인지 모르며, 또 그를 전혀 반기지 않는다. 자기가 태어나서 3년의 시간을 보냈던 왕궁을 보면서도 그는 어렴풋한 기억만을 떠올릴 뿐이다. 이것은 그와 아르고스 사이에 뛰어넘을 수 없는 거리가 있다는 것을 의미한다. 그는 이곳에서 한낱 여행객에 불과하다. 다시 말해 그는 아르고스와는 아무런 상관이 없는 사람, 곧 그곳에 어떤 식으로든 '연루되지 않은' 사람이다. 이런 사실로 인해 오레스테스는 아르고스에 도착해서 아가멤논에 대한 복수의 마음을 곧장 품지 않는다. 오히려 그는 자유롭다고 느낀다. 그는 아르고스 주민들과 공통의 기억을 가지고 있지 못하다. 따라서 그의 자유는 '텅 빈 자유', 무상의 자유라고 할 수

있다. "허공에서 바람에 흐늘거리는 거미줄 같은" 가벼운 "자유"인 것이다.[226]

그렇기 때문에 오레스테스는 아르고스에 도착한 지 얼마 안 되어 그곳을 떠나기로 마음먹는다. 그런 상황에서 그는 누이 엘렉트라를 우연히 만나 그녀의 힘들고 어려운 상황에 대한 이야기를 듣게 된다. 하지만 오레스테스는 여전히 필레보스로 남아 있다. 다시 말해 그는 아직 엘렉트라가 오래 전부터 기다리고 있던 '오빠'가 아니다. 그리고 어머니 클리타임네스트라를 만나서 짧은 대화를 나눈 후에 그는 엘렉트라로부터 출발을 연기하고 '사자들의 축제'에 참가해 달라는 부탁을 받는다. 이 부탁 때문이었을까? 오레스테스는 출발을 연기하고 사자들의 축제에 참석하기로 한다.

앞에서 언급한 것처럼 이 축제는 아이기스토스가 클리타임네스트라와 공모해 아가멤논을 살해하고 왕권을 차지하고 난 뒤에 자신들의 죄를 숨기고자 꾸며 낸 일종의 연극놀이이다. 아이기스토스는 두 가지 목적을 위해 15년 동안 매년 이 축제를 반복해 오고 있다. 이 축제는 외관적으로는 죽은 자들을 불러내어 그들의 원한을 달래 준다는 미명하에 개최되어 왔다. 하지만 이 축제의 진짜 목적은 아르고스 주민들의 저항 의식을 불식시키고, 또 정당성이 결여된 권력을 유지하기 위해서이다. 축제일 하루 동안 지하 동굴에 갇혀 있는 죽은 자들의 영혼이 지상으로 나와 살아 있는 자들과 함께 지내고, 그 기회

[226] 『LMC』, *in* 『TC』, p. 12.

를 통해 살아 있는 자들은 죽은 자들의 원한을 달래기 위해 그들을 위해 모든 것을 한다는 것이다.

축제가 진행되는 중에 아이기스토스가 아가멤논의 이름을 들먹이는 순간, 오레스테스는 분노하면서 칼을 빼려고 한다. 하지만 주피터가 그를 말리고, 그 순간에 하얀 옷을 입은 엘렉트라가 나타나 축제를 방해한다. 모든 주민들이 검은 색 옷을 입었다. 엘렉트라가 하얀 색 옷을 입은 것은 아기스토스에 대한 도전이다. 또한 축제가 진행되는 동안에 그녀는 계속 방해한다. 이에 화가 난 아이기스토스는 그녀를 추방한다는 벌을 내린다. 그때 오레스테스는 주피터에게 그녀가 자기 동생임을 밝힌다.

> 엘렉트라 그래서 어쨌단 말이에요? 나는 실패했어요. 다음번에는 더 잘 할 거예요.
> 아이기스토스 내가 너에게 기회를 주지 않을 것이다. 난 도시의 법에 따라 축제일에는 벌을 내릴 수 없지. 이 사실을 잘 아는 넌 이를 악용한 거야. 그렇지만 이제 너는 이 도시의 백성이 아니다. 너를 추방하겠다. (『LMC』, p. 33)

오레스테스는 위험한 상황에 빠진 엘렉트라에게 코린토스로 도망가자고 말한다. 그녀는 이 제안을 거절한다. 오레스테스는 그녀에게 자기가 진짜 오레스테스라는 것을 밝힌다. 그리고 거듭되는 제안에도 불구하고 아르고스를 떠나는 것을 한사코 거절하는 그녀 앞에서 오레스테스는 단호한 결심을 내비친다. 누이로부터 오빠로도 인정받지 못하고 또 아르고스 주민으로도 인정받지 못한 그는 지금까지 살아왔던 길과는 다른 길을 선택하겠다고 선언한다. 오레스테스의 변신이 이루어지는 순간이다. 이 순간에 그는 지금까지의 모든 것, 즉참을 수 없이 가벼운 자유를 버리고 모든 것을 분쇄해 버릴 수 있는 "도끼"가 되는 길을 선택하겠다고 선언한다.

엘렉트라   대체 뭘 할 작정이죠?

오레스테스   기다려. 내가 지니고 있던 이 흠 없는 가벼움에 안녕을 고하도록 날 내버려 둬라. 나의 청춘과도 이별하도록 해 다오. (…) 자, 안녕! 안녕! (…) 그럼 엘렉트라, 우리의 도시를 보아라. 우리의 도시가 저기 있다. 석양을 받아 불그레한 우리의 도시. 여름 오후의 고집스러운 나태 속에, 사람들과 파리떼로 우글거리고 있구나. 그 거리가 지금 그 담 벽과 지붕들과 꼭 닫힌 문들로써 나를 밀어내고 있구나. 그러나 이제 난 그 거리를 사로잡을 수 있다. 나는 오늘 아침부터 그것을 느꼈어. 그리고 너 역시, 엘렉트라, 너도 이젠 사로잡을 수 있다. 나는 너희들을 잡고 말테야. 나는 도끼가 되어 저 고집스런 담벽들을 둘로 가르고, 저고집스러운 집들의 배통을 활짝 열어젖힐 거야. (…) 나는 도끼가되어 참나무통 깊숙이 막히듯 이 도시의 한복판에 박힐 테야.

(『LMC』, p. 40)

이 순간에 엘렉트라는 처음으로 오레스테스를 '필레보스'가 아니라 '오레스테스'라고 부른다. 그는 그녀에게 궁전에 자기를 숨겨 주고 왕의 침실로 자기를 인도해 줄 것을 부탁한다.[227] 주피터는 아이기스토스에게 오레스테스가 그를 살해하려 한다고 경고한다. 하지만 아이기스토스는 아무런 조치도 취하지 않는다. 오레스테스는 엘렉트라의 도움으로 아이기스토스를 살해한다. 이어서 클리타임네스트라까지 살해한다. 이렇게 해서 오레스테스는 아버지의 복수를 하기에 이른다.

문제는 『파리떼』의 끝부분에서 볼 수 있듯이 오레스테스가 아르고스의 왕으로 남지 않고 그냥 그곳을 떠나는 것이다. 그의 이런 행동으로 인해 1943년에 공연된 이 작품에서 사르트르가 제시하고 있는 참여에 한계가 있는 것이 아닌가 하는 해석이 가능할 수 있다. 오레스테스의 참여는 사르트르 자신이 계속해서 꿈꿔 왔던 '융화 집단', 곧 오레스테스와 아르고스 주민들이 하나가 되는 공동체의 형성에는 이르지 못하고, 이런 의미에서 그의 참여는 '개인적인 영웅' 차원에서 그치고 만다는 해석이 그것이다. 다시 말해 오레스테스는 집단적인 구원을 겨냥하는 것이 아니라 그저 '개인적 차원의 전회'에서 그치고 만다는 것이다.

이런 해석에 대해 다음과 같은 반대 해석도 가능할 것이다. 즉, 오레스테스가 아르고스 주민들을 떠난 것은 참다운 의미에서 그들이

---

[227] 같은 책, p. 41.

자유로운 주민들이 되는 것을 바랐기 때문이라는 해석이 그것이다. 그 근거는 다음과 같다. 아이기스토스와 클리타임네스트라를 살해한 것은 아르고스 주민들과 힘을 합해 한 행동이 아니다. 그들은 이번 사건과는 아무런 관계가 없다. 이 사건은 전적으로 오레스테스의 자유로운 결단의 소산이다. 물론 엘렉트라의 도움과 협조는 있었다. 하지만 엘렉트라는 마지막에 어머니 살해에 대해 주저하는 태도를 보였다.

이런 상황이기 때문에 아르고스 주민들에게는 오레스테스의 행동을 통해 이루어진 아르고스의 해방이 무상의 '증여',[228] 즉 아무런 대가 없이 그냥 주어지는 증여와도 같은 것이다. 심지어 그들은 아폴론 신전에 도피해 있는 오레스테스를 죽이기 위해 신전의 문밖에서 기다리고 있기도 하다. 오레스테스는 그들에게 자신이 아가멤논의 아들이라는 것을 밝힌다. 그가 그들의 새로운 왕이 되어도 그 정당성을 인정받을 모든 요건이 갖춰진 것이다. 하지만 오레스테스는 백성도 땅도 없는 왕이 되길 바라면서 그곳을 떠난다. 이때 그는 어떤 생각을 했을까?

이 물음에 대한 답은 어쩌면 '증여' 개념에 들어 있다고 할 수 있다. 사르트르에 의하면 '주는 것donner'은 독성이 배어 있는 행위이다. 주는 것을 받는 자의 주체성은 주는 자의 주체성에 의해 파괴된다는 것

---

[228] 이 개념은 철학에서 '선물의 경제' 등의 용례에서 볼 수 있듯이 주로 '선물'로 번역되나 인류학 등에서는 주로 '증여'로 번역된다. 여기에서는 '증여'라는 번역어를 사용한다.

이 사르트르의 주장이다. 주는 것은 타자를 굴종시키고 홀리는 것이다.[229] 따라서 아르고스 주민들이 오레스테스에 의해 주어진 그들의 해방을 받는다면, 그들은 그에게 굴종하게 되고 만다는 것을 의미한다. 이것은 또 다시 과거, 즉 아이기스토스가 지배하던 시절로 돌아가는 것과 동의어이다. 이런 이유로 오레스테스는 아르고스를 떠난 것으로 보인다.

이런 해석에도 불구하고 『파리떼』에서 오레스테스의 저항과 참여는 개인적인 차원에 머물고 있다는 점을 부인할 수 없을 것 같다. 이 점은 그의 소유대명사 사용에 의해 잘 드러난다. 그는 변신의 순간 엘렉트라에게 자기의 결심을 말하면서 '우리의'라는 의미의 1인칭 소유형용사 단복수형 'notre'와 'nos'를 사용하고 있다. 하지만 특히 클리타임네스트라의 살해에 대해서는 '나의'라는 의미의 1인칭 소유형용사 단복수형 'mon'과 'mes'를 사용한다. 아르고스 주민들 앞에서 최후의 연설을 할 때도 마찬가지다.

이와 같은 사실은 그대로 오레스테스의 행동이 아직은 집단적 차원으로까지 발전하지 못하고 개인적 차원에 머물고 있음을 분명하게 보여 준다고 하겠다. 그럼에도 『구토』의 로캉탱에서 『파리떼』의 오레스테스까지의 거리는 꽤 멀다. 오레스테스는 그 자신이 구체적인 상황 속에 있다는 사실을 각성하면서 자신의 무상의 자유를 미련 없이 내던지고 있다. 또한 그는 자신을 상황에 연루된 존재로 파악하면서

---

[229]   『EN』, pp. 684-685.

그만의 고유한 행동을 하고, 그에 따르는 무거운 책임을 걸머지는 것을 마다하지 않고 있다. 이런 오레스테스의 모습은 정확히 1939년을 계기로 사르트르에게서 시작된 전회에서 비롯된 참여의 한 양상을 잘 보여 준다고 할 수 있다.

3) 엘렉트라의 변신과 참여

『파리떼』에서 이처럼 유약한 존재에서 결단력 있는 존재로 변신한 오레스테스 옆에는 그와 반대의 길을 가는 엘렉트라가 있다. 그녀의 지금까지의 삶은 오레스테스의 그것과는 대조적이다. 그녀는 어렸을 때부터 왕국에서 하녀로 지냈다. 명색이 공주인 그녀가 하는 일은 청소, 빨래 등과 같은 궂은일이 전부였다. 그런 그녀의 삶을 지탱할 수 있게 해 주는 것, 곧 그녀의 존재 이유는 아이기스토스와 클리타임네스트라에 대한 '증오심'이다. 이 증오심은 아버지 아가멤논의 복수와 직결되어 있다. 물론 아버지를 위한 그녀의 복수는 아이기스토스와 클리타임네스트라의 살해를 통해서만 가능하다. 이것이 엘렉트라가 오래 전부터 마음속에 간직하고 있던 소망이다.

하지만 엘렉트라 홀로 이 소망을 실현하기에는 역부족이다. 왕궁에서 고립무원의 상태에 있는 그녀가 이런 막중한 일을 계획하고 실천하는 것은 거의 불가능하다. 그럼에도 그녀는 최선을 다해 자신의 소망을 실현하고자 노력한다. 이런 노력은 아이기스토스와 클리타임네스트라에 대한 복종의 거부에서 잘 드러난다. 가령, 그들에 대한 그녀의 가장 담대한 저항은 사자들의 축제에서 잘 드러난다. 앞에서 언급한 것처럼 그녀는 관례와는 다르게 하얀 옷을 입고 축제에 참가한다. 모든 사람들은 검은 옷을 입고 있다. 그녀 혼자만이 하얀 옷을 입고 있다. 이것은 이미 기성의 정당치 못한 권력에 대한 가장 강력한 저항의 기호이다.

또한 이와 같은 도전과 저항의 과정에서 엘렉트라가 사용한 무기는 "말", 곧 언어이다. 그녀는 사자들의 축제에서도 말을 통해 이 축제가 권력 유지를 위한 기만적인 유희에 불과하다는 것을 아르고스 주민들에게 보여 주고자 했다. 하지만 언어는 효율적인 무기가 되지 못한다. 그 이유는 언어의 본질 자체에 있다. 언어는 그것을 사용하는 자의 쌍방의 주체성을 요구한다는 점을 지적한 바 있다. 엘렉트라는 주체성의 상태에 있다. 힘겹게 그것을 유지하고 있지만 말이다. 하지만 그녀의 말을 들어주어야 하는 아르고스 주민들은 주체성을 유지하고 있지 못하다. 그들이 모두 주피터와 공모한 아이기스토스와 클리타임네스트라에 의해 회한, 공포, 복종의 상태에 있기 때문이다.

이제껏 말을 저항의 주된 무기로 여겨 왔던 엘렉트라는 전략을 바꿀 필요성을 절감해 오던 참이다. "폭력에 의해서만 그들을 낮게 할 수가 있어요. 악은 또 다른 악으로만 물리칠 수 있으니까요."[230] 이것이 그녀의 전략이다. 다만 이를 위해서는 조력자가 필요하다. 아르고스에는 그녀를 도와줄 사람이 없다. 그녀는 오래 전부터 오빠 오레스

---

[230]　『LMC』, in 『TC』, p. 35.

테스의 출현을 기다리고 있는 것이다. 그녀가 상상하는 그의 모습은 늘 의기양양하고 강한 모습이다. 아니 그런 모습이어야만 한다. 그래야만 그녀는 오랜 꿈을 실현할 수 있게 될 것이다.

이런 소망에도 불구하고 『파리떼』에서 엘렉트라가 처음으로 만난 오레스테스는 '필레보스'라는 이름을 가진 유약한 이방인이다. 그녀는 아르고스에 오는 모든 이방인들이 반가웠다. 특히 오레스테스와 비슷한 나이의 청년인 경우에는 더욱 그렇다. 그 청년이 엘렉트라의 기다림의 대상인 오빠일 수 있을 테니까 말이다. 하지만 첫 만남에서 엘렉트라는 유약한 필레보스에게서 오랫동안 상상했던 오레스테스의 모습을 보지 못한다.

엘렉트라의 실망감은 사자들의 축제일에 더 커진다. 앞에서 언급한 것처럼 축제를 방해할 목적으로 하얀 옷을 입고 나타난 엘렉트라는 아이기스토스로부터 추방령을 받는다. 이때 오레스테스는 위험에 처한 엘렉트라에게 코린토스로 도망칠 것을 제안한다. 하지만 그녀는 이 제안을 단칼에 거절한다. 그리고 오레스테스가 정체를 밝히면서 그 자신이 '필레보스'가 아니라 '오레스테스'라는 사실을 밝힐 때 엘렉트라의 실망감은 극에 달한다.

오레스테스   엘렉트라, 내가 오레스테스란다.

엘렉트라   (소리 지르며) 거짓말이에요!

오레스테스   내 아버지 아가멤논의 망혼에 걸고 맹세하지. 내가 오레스테스야. (침묵) 자, 그런데 왜 내 얼굴에 침을 뱉지 않지?

엘렉트라 　내가 어떻게 그럴 수 있어요? (그녀가 그를 바라본다.) 이 높은 이마는 내 오빠의 이마예요. 빛나는 이 눈도 내 오빠의 눈이에요. 오레스테스 (…) 아! 차라리 당신은 필레보스로 남아 있고, 내 오빠가 죽었다면 좋겠어요. (…)　　　(『LMC』, p. 36)

복수를 위한 공모자를 꿈꿔 왔던 엘렉트라에게 유약한 오레스테스는 그녀의 계획을 망칠 방해자로만 보일 뿐이다. 싸워 본 적도 없고 옆구리에 찬 칼을 사용해 본 적도 없는 오레스테스는 그녀의 계획에 전혀 도움이 되지 않을 것이다. 코린토스로 도망가자는 제안을 반복하는 오레스테스에게 그녀는 계속 아르고스를 떠나라고 응수한다. 그가 그녀의 오빠이고, 아트레우스의 혈족이며, 그녀와 같은 편이라고 강조하지만 소용이 없다. 그녀는 아르고스 주민들과 공통의 기억을 전혀 가지고 있지 않은 필레보스는 결코 오레스테스가 될 수 없음을 강변한다. 요컨대 엘렉트라는 필레보스와 자기는 아무런 관계도 없는 사람이라는 것이다.[231]

하지만 앞에서 본 것처럼 오레스테스는 행동하는 인간으로 변신한다. 지금까지 복수라는 일념으로 살아온 엘렉트라, 그 누구보다도 두려움 없이 현재의 왕과 왕비의 부당한 권력에 도전하고 저항해 온 엘렉트라는 그의 변신을 진심으로 반긴다. 그녀는 '오레스테스'라고 오빠의 이름을 처음으로 부른 후에 이렇게 말한다.

[231]　같은 책, p. 40.

엘렉트라   그래요. 바로 당신이지요. 당신은 오레스테스에요. 당신은 내가 기대하던 바와 달랐기 때문에 인정하지 않았어요. (…) 그런데 당신은 왔어요. 오레스테스, 당신은 결심했고, 그리고 나는 꿈꾸었던 대로 역시 돌이킬 수 없는 결정적인 행동의 문턱에 서게 되었군요. 또 그리고 나는 겁이 나는군요. 오오 얼마나 기다리고 얼마나 두려워하던 순간인가! (…) 그 모든 피! 그것을 쏟게 할 사람이 바로 당신, 그렇게 부드러운 눈빛을 지녔던 당신이군요! 아아! 그 부드러움도 필레보스도 결코 다시는 볼 수 없겠군요. 오레스테스, 당신은 나의 오빠이고 우리 집안의 가장이에요. 날 품에 안아 보호해 주세요. 우리는 이제 아주 커다란 고난 앞에 나서야 하니까요.   (『LMC』, p. 41)

이렇게 해서 엘렉트라의 오랜 복수의 꿈이 실현될 순간이 다가온다. 그녀는 오레스테스를 기꺼이 아이기스토스에게로 안내한다. 그리고 그를 살해할 때 적극적으로 돕는다. 엘렉트라는 오레스테스의 칼을 맞고 죽어 가는 아이기스토스의 모습을 두 눈으로 직접 확인한다. 15년 이상 고대하던 장면이 연출된 것이다. 그러고 나서 오레스테스는 자기를 클리타임네스트라의 방으로 안내할 것을 엘렉트라에게 부탁한다. 하지만 이때부터 엘렉트라의 태도에 변화가 나타나기 시작한다. 엘렉트라는 그녀까지 죽이고 싶지는 않은 것이다.

오레스테스   (…) 그에게는 어쨌든 모든 것이 끝났다. 나를 왕비의 방으로 안내해 다오.

엘렉트라　　오레스테스…

오레스테스　왜 그러지?

엘렉트라　　그녀는 더 이상 우리를 해칠 수 없어요.

오레스테스　그래서? (…) 나는 네 속을 알 수 없구나. 조금 전만
해도 너는 그렇게 말하지 않았잖아.

엘렉트라　　오레스테스, 나도 역시 오빠를 알 수가 없어요.

오레스테스　좋아, 나 혼자 가겠다. (…)　　　　　　(『LMC』, p. 51)

　　이렇게 해서 오레스테스는 클리타임네스트라를 혼자서 살해하게
된다. 왕비이자 친모의 비명 소리를 듣고 난 뒤에 엘렉트라는 오랜
복수의 꿈을 실현한 것에 기뻐한다.[232] 하지만 기쁨은 오래가지 못한
다. 그도 그럴 것이 그녀는 어머니를 살해했다는 회한에 사로잡히기
시작하기 때문이다. 엘렉트라는 회한의 상징인 파리떼를 의식하기
시작한다. "강한 회오리바람처럼 어디에나 우리 뒤를 뒤따라 올 거에
요. 끔찍해요! 그것들의 눈, 우리를 보는 그것들의 무수한 눈이 보여
요."[233] 왕과 왕비를 살해한 후 아폴론 신전으로 피신한 엘렉트라는 오
빠 오레스테스를 원망하는 태도를 보이게 된다. 그녀는 우선 왕과 왕
비를 죽인 장본인이 자기가 아니라 오레스테스라는 점을 강조한다.

---

[232]　같은 책, p. 52.
[233]　같은 책, p. 54.

"오빠가 그들을 죽였지요. 그들을 죽인 건 당신이에요. (…) 당신이 그들을 죽였어요."[234]

이것은 왕과 왕비를 죽인 회한의 책임 소재의 문제와 연관된다. 주피터는 복수의 여신들인 에이리니Eyrinnies의 위협을 받고 있는 두 남매에게 구제책을 제시한다. 죄를 뉘우친다면 용서해 주겠다는 것이다. 오레스테스는 이 제의를 거절한다. 하지만 엘렉트라는 우선 오빠를 원망한다. 자기는 상상 속에서 복수를 꿈꾸면서 지내왔는데, 오빠가 와서 모든 것을 훔쳐갔다는 것이다. 오빠의 책무는 그녀를 보호하는 것이었는데, 이번 사건으로 오히려 그녀 자신을 "피바다"에 빠뜨리고, "가죽 벗긴 소처럼 피투성이로" 만들었다는 것이다.[235] 최후에 그녀는 주피터에게 간다. 오레스테스가 인간으로서의 자유를 끝까지 유지한 데 비해, 엘렉트라는 그녀의 자유를 포기한 것이다.

> 엘렉트라   더 이상 듣고 싶지 않아요. 당신은 내게 불행과 불쾌감만 주는군요. (그녀는 무대 위에서 펄쩍 뛴다. 에이리니들이 천천히 접근한다.) 도와주세요, 주피터! 신과 인간의 왕, 나의 왕이여! 나를 당신의 품에 안고 데려가서 보호해 주세요. 나는 당신의 법을 따르고 당신의 노예, 당신의 것이 될 것이며, 당신의 발과 무릎에 입 맞추겠어요. 나를 파리떼와 내 오빠와 내 자신으로부터 보호

---

[234]   같은 책, p. 57.
[235]   같은 책, p. 66.

해 주소서. 날 혼자 버려두지 마세요. 나는 남은 생을 속죄에 바치겠어요. 참회합니다, 주피터여, 참회하나이다. (그녀는 뛰어나 간다.) 　　　　　　　　　　　　　　　　　　　　　　　(『LMC』, p. 67)

　이렇듯 『파리떼』에서 엘렉트라의 여정은 오레스테스의 여정과 대조적이다. 작품의 앞부분에서 그녀는 필레보스라는 이름으로 등장한 오레스테스보다 훨씬 더 용감하게 기존의 부당한 권력에 도전하고 저항하는 자세를 견지했다. 그것이 바로 15년 동안의 하녀 생활을 오로지 복수심과 증오심으로 견딘 그녀의 존재 이유였다. 게다가 그녀가 왕국에서 고립무원의 상태에 있다는 사실, 그리고 특히 그녀가 여성이라는 사실을 고려하면, 그녀의 그런 태도는 예외적이라고 할 수 있을 정도이다. 하지만 작품의 끝부분에서 그녀는 이런 태도를 스스로 포기했다. 그녀는 오히려 필레보스와 같은 유약한 인물로 변신하게 된 것이다.

　이와 같은 엘렉트라의 이중적인 행동을 어떻게 이해해야 할까? 먼저 그녀의 저항과 참여도 오레스테스의 것과 마찬가지로 개인적이라는 점을 지적할 수 있다. 그녀 역시 아르고스의 그 어떤 집단적 세력과도 힘을 합친 적이 없다. '말'을 통해 아르고스 주민들을 설득하려고 했지만 효율적이지 못했다. 악을 통한 악의 극복에서도 그녀는 자신의 힘이 아니라 오빠의 힘을 빌 수밖에 없는 상황이었다. 그로부터 왕과 왕비의 살해에서 그녀는 소외를 경험할 수밖에 없었다. 그녀가 사용하는 소유형용사 2인칭 단복수형 'votre'와 'vos'가 그 좋은 예이다. 특히 클리타임네스트라의 살해는 전적으로 오빠 '당신의' 행동의 결과인 것이다.

또한 엘렉트라에게는 현실에서의 구체적인 참여보다는 오히려 상상 속에서의 복수에 더 큰 의미를 두었다고 할 수 있다. 아버지의 살해범들인 아이기스토스와 클리타임네스트라에 대한 복수심과 증오심은 엘렉트라의 참여적 저항의 자양분이었다. 하지만 그녀는 자기가 그 저항의 주인공이고 싶었던 것이다. 문제는 그녀가 그런 힘을 가지지 못했다는 것이다. 그녀는 도움이 필요했고, 그 도움은 오레스테스로부터 올 수밖에 없었다. 오레스테스가 왕을 살해하고 특히 왕비를 혼자서 살해했을 때, 엘렉트라의 오랜 꿈, 즉 자기가 직접 주인공이 되고자 하는 꿈은 증발될 수밖에 없는 상황이었다. 이런 측면에서 엘렉트라의 변신의 한계, 즉 그녀의 현실에 대한 저항과 참여에서의 한계를 지적할 수 있을 것이다.

보부아르의 『군식구』

1) 작품 주변

보부아르의 『군식구』는 1945년 처음으로 공연되었다. 이 작품은 그녀의 첫 번째이자 유일한 극작품이다. 보부아르는 1943년 『파리떼』의 리허설에 참석했다가 이 작품을 쓰기로 마음먹었다고 회상하고 있다.[236]

204

그 해 내내 나는 많은 작업을 했다. 내가 9월에 시작했던 새로운 소설부터 말이다.[237] 이 소설에 대해서는 뒤에서 말할 것이다. 왜냐하면 내가 그것을 쓰는 데 오랜 시간을 투자했기 때문이다. 7월에 나는 3개월 전에 착수했던 희곡 작품을 완성했다. 『군식구』라는 제목이 붙은 작품이다. 『파리떼』의 리허설에 참석한 이후, 나는 한 편의 희곡을 써야겠다고 생각했다. 사람들이 내게 『초대받은 여자』에서 가장 훌륭한 부분이 대화라고 말해 주었다. 나는 극작품의 언어가 소설의 언어와 다르다는 것을 알고 있었다. 하지만 그로 인해 희곡을 써 보고 싶은 욕망이 커져 갔다. (『FA』, p. 672)

이렇듯 『군식구』는 『파리떼』와 거의 비슷한 시기에 구상되고 집필되었다. 이 사실은 두 가지 점을 내다보게 한다. 하나는 그 시기에 두 사람이 모두 시의적인 문제, 곧 점령된 조국의 해방을 위한 노력에 큰 관심을 가졌다는 점이다. 다시 말해 문학 창작을 통한 참여의 행진을 계속하고 있었다는 것이다.[238] 다른 하나는 그런 이유로 이 작품

---

236 사르트르는 『파리떼』를 1941년부터 집필하기 시작했다. 보부아르는 『군식구』의 집필이 1943년 『파리떼』의 리허설 이후에 시작되었다고 말하고 있다. 하지만 그녀의 전기를 쓴 베어는 『군식구』의 집필 시기가 1942년부터라고 말하고 있다.(『보전』, 258쪽.) 프랑스 중부에 위치한 라 푸에즈(La Puèze)로 여행 갔을 때 시작되었다는 것이다. 또한 베어는 『파리떼』와 『군식구』 사이에 "많은 공통점"이 있다고 주장한다.(같은 곳.) 그 중 하나는 사르트르와 보부아르의 사유의 핵심 개념인 '자유, 결단, 선택'이라는 것이다.(같은 책, 258-259쪽.) 하지만 우리의 의도는 그런 공통점에도 불구하고 이 두 작품을 통해 두 사람의 참여에서의 차이점을 찾고자 하는 데 있다는 사실을 지적하자.
237 1945년에 출간된 『타인의 피』를 가리킨다.
238 레지스탕스 조직 '사회주의와 자유'의 실패 이후에 사르트르와 보부아르에게는 유일하

을 집필하면서 보부아르 역시 독일군의 검열을 염두에 두었을 것이라는 점이다. 물론 『군식구』는 종전 이후에 공연되었다. 하지만 이 작품을 구상하고 집필할 때는 여전히 전쟁 중이었기 때문에 그녀는 검열을 생각하지 않을 수가 없었을 것이다.

앞에서 본 것처럼 사르트르는 검열을 피하기 위해 『파리떼』의 시대적, 지리적 배경을 고대 그리스로 설정하면서 그 당시의 신화와 비극에서 주제를 가져오는 전략을 구사했다. 보부아르도 비슷한 전략을 택한다. 다만, 그녀는 작품의 시대적, 지리적 배경을 14세기 중세와 플랑드르Flandre[239] 지역에 있는 보셸Vaucelles로 설정하고 있다. 또한 이 작품의 주제를 이웃 도시 부르고뉴Bourguignon[240]에 의해 포위당한 보셸에서 턱없이 부족한 식량으로 인해 발생하는 주민들의 분열과 단결로 설정하고 있다.

먼저 주제의 구상을 보자. 보부아르는 이 작품의 주제를 찾는 과정을 상세히 적고 있다. 그녀를 도운 것은 사르트르였다. 보부아르는 1942년 부활절 바캉스를 이용해 떠난 여행 중에 라 푸에즈[241]에서 시스몬디Sismondi[242]의 이탈리아 연대기를 읽을 기회를 가졌다. 사르트르

게 문학 창작을 통한 저항밖에 남아 있지 않았다고 할 수 있다.

[239] 현재의 프랑스 북부와 벨기에, 네덜란드 일부에 걸쳐 존재했던 백국의 영역을 의미한다. 그 뜻은 '낮은 땅'이며, 네덜란드어로는 '플란데런(Vlaanderen)', 영어로는 '플랜더스(Flanders)'로 지칭된다.

[240] 부르고뉴는 9세기-15세기, 프랑스 동부에 존재했던 공작령, 곧 부르고뉴 공국이다. 독일어로는 '부르군트(Burgund)', 영어로는 '버건디(Burgundy)'로 표기된다.

[241] 프랑스의 서부에 위치한 라 마린에루와르(La Marine-et-Loire)도의 한 마을이다.

[242] Jean Charles Léonard Simonde de Sismondi(1773-1842년)는 스위스에서 태어난 역사가,

가 그녀를 위해 12권으로 된 연대기를 도서관에서 빌렸던 참이었다. 보부아르는 이 연대기에서 흥미로운 이야기를 읽었고, 처음에는 그 것을 소설의 주제로 삼고자 했다. 하지만 곧 생각을 바꿔 이 이야기를 극화하기로 결정했다.

> 여러 마을에서 발생한 한 사건이 나를 강타했다. 포위가 된 동안에 기근에 맞서 싸우기 위해 병사들이 여자들, 노인들, 어린아이들, 곧 모든 군식구를 참호로 쫓아냈다. 나는 이 이야기를 소설에서 써 먹어야겠다고 생각했다. 그런데 내가 아주 훌륭한 극적 상황을 발견한 것 같았다. (…) 그때 그 희생자들에게 그런 운명을 선고한 그들의 부모들, 형제들, 애인들, 남편들, 아들들은 무엇을 느꼈을까? 보통 죽은 자들은 말이 없다. 만일 그들이 입을 가지고 있다면, 살아남은 자들은 어떻게 그들의 절망과 그들의 분노를 견딜 수 있을까? 내가 처음에 보여 주고자 했던 것이 바로 이것이다. 즉, 사랑받은 자들에게 일어난 유예 상태의 죽음을 앞둔 자들로의 변신, 화가 난 유령들과 뼈와 살을 가진 살아 있는 자들과의 관계가 바로 그것이다.
>
> (『FA』, pp. 672-673)

하지만 보부아르의 계획은 처음과 달라지게 된다. 그녀는 이렇게

정치 경제 분야 에세이스트로, 프랑스사와 이탈리아사를 집필했다. 아담 스미스의 『국부론』으로부터 영향을 받아 경제 분야의 저서를 집필하기도 했다.

생각했다. 만일 식량이 부족해 죽음에 내몰린 사람들(뒤에서 다시 보겠지만 "여자들, 노인들, 어린아이들"이며, 이들이 이 작품의 제목인 '군식구'에 해당한다)이 그들의 운명을 수동적으로 받아들이는 데 그친다면, 그들의 신음으로부터 활기 없는 행동만을 끌어내게 될 뿐이라고 말이다.[243] 그래서 보부아르는 그들이 자신들의 운명에 정면으로 맞설 수 있도록 하기 위한 장치가 필요하다고 판단했다. 이렇게 해서 보부아르는 처음의 계획을 수정하게 된다. 식량 부족으로 죽음에 내몰린 자들이 자신들의 운명을 스스로 개척해 나가는 방향으로 말이다.

이런 방향 수정은 그 시기에 여전히 보부아르가 무신론적 실존주의의 주요 원칙들, 가령 자유, 선택, 결단, 책임을 수용하고 있다는 사실을 보여 준다. 하지만 이런 방향 수정은 독일의 점령하에서 고통받고 있는 프랑스인들로 하여금 자발적으로 자신들의 운명을 타파할 수 있도록 유도하는 것을 염두에 둔 조치였다고 할 수도 있다. 다시 말해 보부아르는 이 작품에 저항적, 참여적 성격을 부여하고자 했다고 할 수 있을 것 같다.

『군식구』에서 부르고뉴에 의해 포위당한 보셀은 독일에 의해 점령당한 프랑스에 해당한다고 볼 수 있다. 또한 포위당한 보셀에서 부족한 식량으로 인해 분열된 두 세력, 곧 지도 세력과 이 세력에 의해 죽음으로 내몰린 세력, 곧 군식구의 대립은 페탱 원수를 수반으로 하는 비시 괴뢰정부와 자유 프랑스 지역zone libre의 대립에 해당한다고 할

---

243   『FA』, p. 673.

수 있다. 이런 상황에서 보부아르는 보셀의 해방을 위해 분열된 세력이 다시 단합하고 연대해야 하는 것과 마찬가지로 점령당한 조국을 해방시키기 위해서는 분열된 동포들 모두가 힘을 합해야 한다는 메시지를 이 작품에 담고자 했다고 할 수 있다. 요컨대 그녀는 『군식구』에서 독일군의 검열을 의식해 14세기 중세의 한 도시를 배경으로 하는, 또 전쟁 중에 턱없이 부족한 '식량'을 이 작품을 "지배하는 은유"[244]로 삼았다고 할 수 있다.

이와 같은 주제 설정과 시대적, 지리적 배경 설정에도 불구하고 『군식구』에는 또 다른 주제들이 함축되어 있다. 그 중에서도 '목적-수단'의 문제(곧, 윤리의 문제), 여성의 역할 문제가 두드러진다. 첫 번째 주제에 대해서는 보부아르 자신이 직접 언급하고 있다.

> 얼마 전에 민주 체제를 세운 한 도시cité가 한 전제자tyran의 위협을 받고 있다. 이때 목적과 수단의 문제가 제기된다. 집단의 미래를 위해 개인들을 희생시킬 권리가 있는가? 부분적으로는 극적 구성의 필요 때문에, 또 부분적으로는 그 시기에 내가 관심을 가지고 있던 윤리의 성향 때문에 나는 윤리의 문제로 경사되었다.   (『FA』, p. 673)

보부아르에게서 1939-1947년이 '윤리의 시기'라는 사실과 1944년 『피로스와 키네아스』를 출간하면서 실존주의 윤리학의 정립 초기 단

---

244 『보전』, 259쪽.

계에 있었다는 사실을 기억하자. 우리는 앞에서 그녀가 '목적-수단'의 문제, '진보적 폭력'의 문제, 윤리의 문제 등과 관련해 사르트르의 사유를 선취하면서 그런 문제들을 부분적으로나마 이미 다루었다는 사실을 지적한 바 있다. 위의 인용문에서 특히 "집단의 미래를 위해 개인들을 희생시킬 권리가 있는가?"라는 질문이 거기에 해당한다. 요컨대 보부아르는 『군식구』에서 이런 문제들을 극으로 형상화시켰음을 지적하고 있는 것이다.

또한 보부아르는 이 작품에서 같은 시기에 출간된 『타인의 피』에서 저지른 실수를 반복해서 저질렀다고 술회하고 있다. 그 실수란 『군식구』의 인물들을 "윤리적 태도"로 환원시켰다는 것이다. 특히 『타인의 피』의 장 블로마르Jean Blomart는 『군식구』의 장피에르 고티에 Jean-Pierre Gauthier의 "분신double"이라고 말하고 있다. 두 인물 모두 처음에는 현실적인 문제에 "불간섭abstention"의 태도, 곧 '비참여'의 태도로 임하다가 나중에는 행동, 곧 참여로 나아가고 있다.[245]

보부아르는 또한 『타인의 피』의 엘렌Hélène 역시 『군식구』의 클라리스Clarice와 마찬가지로 "완고한 개인주의individualisme buté"에서 관용 générosité"으로 나아간다고 지적한다. 보부아르는 결국 『군식구』에서 정치 문제를 지나치게 윤리적 용어로 제시했다고 지적하고 있다. 보부아르에 의하면 이것은 『군식구』의 단점에 해당된다. 그러니까 그녀가 이 작품에서 지나친 "교훈주의didactisme"로 경도되었다고 스스로

---

[245] 『FA』, p. 673-674.

비판하고 있는 것이다.[246] 그럼에도 이런 지적은 이 작품의 주요 주제 중 하나가 실존주의 윤리학의 정립과 무관하지 않다는 점을 잘 보여 준다.

『군식구』의 또 하나의 중요한 주제는 여성의 사회 참여이다. 이 작품에는 4년 후에 출간될 페미니즘의 경전으로 여겨지는 『제2의 성』에서 다뤄질 주제들이 예견되어 있다고 여겨진다. 이런 의미에서 이 작품은 『제2의 성』을 낳은 "종자가 되는 작품a seminal work"[247]으로 간주된다. 『군식구』에는 클라리스, 잔Jeanne, 카트린Catherine이라는 3명의 주요 여성인물이 등장한다. 이 숫자는 5명의 주요 남성인물들 ―루이 다벤Louis d'Avesnes, 장피에르 고티에, 조르주Georges, 프랑수아 로즈부르François Rosebourg, 자크 반 데르 벨데Jacques Van Der Welde이다― 에 비해 적은 숫자이다. 하지만 수적으로 열세에 있는 이 세 명의 여성들의 역할은 5명의 남성들의 그것에 결코 뒤지지 않는 것으로 보인다.

이런 사실과 관련해 이 작품이 14세기 중세를 배경으로 하고 있으며, 그런 만큼 이 작품에서 남성 중심의 사회의 특징들이 두드러진다는 점에 주목할 필요가 있다. 이런 점을 고려하면 3명의 여성들의 역할은 그대로 보부아르가 후일 『제2의 성』에서 제시하고자 했던 여성상을 미리 보여 주고 있다고 할 수 있을 것 같다. 그녀들의 적극적이고 능동적인 저항과 참여는 앞에서 살펴본 『파리떼』의 엘렉트라의 그

---

[246] 같은 곳.

[247] Ted Freeman, *Theatres of War: French Committed Theatre from the Second World War to the Cold War,* University of Exter Press, 1998, p. 83.

것과는 대조되는 것으로 보인다.

　이런 사실을 토대로 우리는 거의 같은 시기에 집필된 『군식구』와 『파리떼』에서 보부아르와 사르트르의 참여가 어떤 점에서 차이점이 드러나는지를 엿볼 수 있을 것이다. 여기에 더해 『군식구』의 장피에르 고티에의 참여와 『파리떼』의 오레스테스의 참여도 유사하기는 하지만, 그럼에도 특히 각자의 참여의 마지막 단계에서 현저한 차이를 보이고 있다는 사실 역시 사르트르와 보부아르 사이의 차이점을 드러내는 데 도움이 될 수 있을 것이다.

　2) 장피에르 고티에의 변신과 참여

　『군식구』와 『파리떼』를 비교하기 위해 『군식구』의 가장 중요한 인물로 보이는 장피에르 고티에의 행적을 보자. 그는 보셀 시의회의 3인 공동 의장 중 한 명인 루이 다벤의 양아들이다. 그는 잔의 친오빠이기도 하다. 또한 그는 루이와 카트린의 딸인 클라리스와 연인 관계이다. 클라리스는 그의 아이를 임신한 상태이다. 장피에르는 보셀의 주민들로부터 큰 신뢰를 얻고 있다. 또한 양어머니 카트린의 두둑한 신뢰를 받고 있기도 하다. 실제로 카트린은 장피에르와 클라리스의 결혼을 적극적으로 권유한다.

　지금 보셀에서는 혁명을 통해 전제적 통치자였던 공작Duc을 내쫓아 과거보다 조금 더 민주적인 분위기가 형성되어 있다. 이 도시는 3인의 시의회 공동 의장에 의해 통치되고 있다. 루이를 위시해 프랑수아와 자크가 그들이다. 또한 이들 3명이 주재하는 시의회에서 모든 것이 결정된다. 하지만 이런 혁명 상황으로 인해 보셀은 부르고뉴에 의해 1년 전부터 포위되어 있는 상황이다. 아마도 부르고뉴에서는 혁명의 여파를 우려했을 수도 있다. 어쨌든 보셀이 직면한 상황은 독일에 점령된 프랑스와 흡사한 것으로 보인다.

막이 오르면 장피에르는 첩자로 오인되어 보셀의 성곽을 지키는 보초 중 한 명에게 붙잡힌다. 실제로 그는 3개월 전에 루이의 요청으로 프랑스에 특사로 파견되었다가 막 돌아온 참이었다. 보셀을 포위하고 있는 부르고뉴를 물리치기 위해 프랑스 왕에게 도움을 청하는 임무를 맡았다. 프랑스 왕은 보셀을 도와주겠다고 약속했다. 하지만 3개월 후인 봄에나 원정이 가능하다. 프랑스 왕은 보셀을 도와주기 전에 먼저 부르고뉴를 물리쳐야 한다는 것이다.[248]

때는 겨울이다. 추운 날씨보다 더 큰 문제는 지금 보셀의 창고에는 6주 동안 버틸 식량밖에 남아 있지 않다는 것이다.[249] 장피에르가 3개월 전에 프랑스로 떠났던 시기에 비해 상황이 급속도로 악화되었다. 3개월 전에는 거리에서 아이들이 뛰어놀고, 여인들의 노래 소리가 들리기도 했다.[250] 하지만 지금은 식량이 턱없이 부족해 배급제가 실시되고 있으며, 기껏해야 밀기울 죽에 건초로 된 빵을 먹어야 하는 상황이다. 아이들은 지푸라기를 먹기도 한다.

장피에르는 이런 상황을 개탄한다. 물론 그는 보셀의 미래가 밝을

---

248   『LB』, p. 49.
249   같은 책. p.32.
250   같은 책, p. 23-24.

것이라는 희망을 잃지 않고 있다. 하지만 보셀의 상황에 대한 그의 태도는 개인적이고 유아론적唯我論的이라고 할 수 있다. 보셀에 돌아온 후에 누이 잔과 나눈 대화를 통해 그것을 알 수 있다. 그는 주민들의 큰 신뢰를 받고 있다. 그렇지만 그는 자기에게 도움을 청하는 듯한 그들의 시선을 "비난이나 간구懇求"로 여기면서 불편해 한다.

> 잔   3개월이 지났어요.
>
> 장피에르   3세기 같아! 아! 난 여기서 멀리 도망가고 싶어. 이곳 담을 넘은 이후로 내가 들이마시는 공기에 회한의 맛이 있어. 하지만 그 어떤 것도 내 잘못이 아니야.
>
> 잔   괴로워하지 말아요.
>
> 장피에르   내가 접하는 모든 시선이 비난이나 간구 같아. 이곳에는 거지들밖에 없어. 난, 나는 아무에게도 아무것도 부탁하지 않았어. 난 사람들이 날 그냥 혼자 편하게 놔뒀으면 해.
>
> 잔   곧 익숙해질 거예요.   (『LB』, p. 24)

보셀의 주민들은 지금 프랑스 왕이 도와준다고 약속한 봄까지 6주의 식량으로 3개월을 버텨야 하는 어려운 상황이다. 이런 상황에서 시의회는 뭔가 조치를 취해야 한다. 그것도 빠른 시간 안에 그래야만 한다. 어떤 조치가 취해질까? 그 조치는 분명 보셀의 '입bouche', 즉 인구를 줄이는 것일 공산이 크다. 그 외에 다른 뾰족한 방법이 없다. 전쟁이 일어나게 되면 당연히 남자들이 싸워야 할 것이다. 그들은 또한

214

보셀을 위한 다양한 일을 계속할 것이다. 따라서 그들은 '유용한 입들 bouches utiles'이다.

그렇다면 누구의 입을 줄여야 할까? 당연히 '무용한 입들bouches inutiles'이 될 수밖에 없을 것이다. 지나가면서 이 작품의 제목인 『군식 구』에는 정확히 이런 의미가 함축되어 있다는 점을 지적하자. 그렇다 면 어떤 부류의 사람들이 거기에 해당할까? 답은 극빈자들에게 나눠 줄 빵을 빼앗으려는 석공의 대사에 들어 있다.

> 첫 번째 석공 그 빵을 우리에게 줘. 일하지 않는 자들은 먹을 필 요가 없어. (…)
> 루이   손대지 마시오. 당신들은 노인들, 어린아이들, 여자 들의 빵을 훔칠 셈이오?
> 첫 번째 석공 우린 강해질 필요가 있습니다. 그들은 무엇에 필요 하지요?
> (『LB』, p. 44)

과연 시의회에서 노인들, 어린아이들, 여자들, 곧 군식구의 수를 줄이는 조치가 취해질까? 시의회가 열리기 전에 루이는 장피에르를 만나 특사 임무를 잘 수행한 것에 대해 보상하고자 한다. 그는 일종 의 "보셀의 구세주"인 것이다.[251] 루이는 그에게 함께 보셀을 통치하자 고 제안한다. 루이는 시의원들에게 장피에르를 위해 "생필품 관리직"

---

[251] 같은 책, p. 53.

을 창설해 줄 것을 요청하게 될 것이라고, 또 그들이 이 요청을 받아들일 것이라고 말한다. 하지만 장피에르는 이 직책을 수락할 수 없다고 답한다.[252]

하지만 루이는 장피에르를 설득하고자 한다. 그는 다음과 논리를 편다. 지금 보셀은 6주의 식량으로 3개월을 버텨야 하는 비상시국이다. 장피에르는 주민들로부터 큰 신뢰를 얻고 있다. 따라서 그가 합심해서 보셀을 통치하는 데 힘을 보탠다면, 앞으로 시의회가 취하게될 가혹한 조치로 인해 발생할 주민들의 소동을 어느 정도 진정시킬수 있을 것이라고 말이다. 하지만 장피에르는 이런 루이의 주장을 받아들일 생각이 전혀 없다. 장피에르는 노인들, 어린아이들, 여자들을 짓누르는 운명의 "공모자"가 될 생각이 없는 것이다.[253]

하지만 루이도 물러서지 않는다. 그는 계속해서 보셀의 불안한 미래의 모습을 그리며 장피에르를 설득하려 한다. 만약 그가 팔짱을 끼고 사태를 관망하고, 또 공작에게 항복한다면, 보셀에는 더 큰 불행이 닥쳐올 것이라고 주장한다. 또한 그는 지금까지 공작의 가혹한 통치하에서 "짐승"처럼 살았다는 것을 강변하기도 한다. 다시 그런 상태로 돌아가서는 안 된다는 것이다. 하지만 장피에르의 태도도 완강하다. 그는 "타인들의 피와 땀으로 대가를 지불하는 것을 원치 않는다." 한 마디로 그는 "깨끗한 손mains pures"을 간직하고 싶은 것이다.[254] 결국

---

[252] 같은 쪽, p. 39.

[253] 같은 책, p. 41.

[254] 같은 곳.

루이는 장피에르 없이 시의회를 열겠다고 선언한다.

그런데 이와 같은 장피에르의 태도는 『파리떼』에서 '필레보스-오레스테스'의 그것과 비슷한 것으로 보인다. 장피에르도 보셀에서 가벼운 자유를 향유하고자 한다. 하지만 그의 양어머니인 카트린은 그에게 "모험가"로 남기를 원하느냐고 묻는다.[255] 우리는 앞에서 보부아르가 모험가를 타인들의 실존을 고려하지 않으면서 자기의 고유한 실존을 주장할 수 있다고 생각하는 사람, 목적과 수단에 대해 무관심하고, 타자들을 하찮은 존재로 여기고 희생시키는 사람 등으로 규정하고 있다는 것을 보았다. 한 마디로 모험가는 진정으로 자유로운 인간이 아닌 것이다. 카트린은 장피에르에게 묻는다. 그가 보셀의 생필품 관리직을 맡지 않겠다고 한 것이 게으름 때문인지 아니면 비겁함 때문인지 말이다.[256]

그리고 카트린은 장피에르에게 권고한다. 진정으로 너그러운 인간, 자유로운 인간이 되는 기회를 놓치지 말라고 말이다. 보부아르가 모험가보다는 너그러운 인간, 진정한 의미에서 자유로운 인간을 애매성의 윤리학 모델에 합당한 사람으로 여기고 있다는 것을 떠올리자. 하지만 장피에르는 그 자신이 스스로의 삶의 주인이라는 생각을 가지고 있다. 물론 그렇다고 해서 그가 보셀의 상황에 전적으로 무관심한 것만은 아니다. 그 역시 고통스러운 감정을 느끼고 있기는 하

---

[255] 같은 책, p. 52.
[256] 같은 곳.

다. 다만 그는 "힘주어 대지를 누르고자" 하지 않을 뿐이다.[257]

뒤에서 다시 보겠지만, 장피에르를 설득하는 과정에서 카트린이 보여 주는 이런 태도는 보부아르의 애매성의 윤리를 구현하고 있는 사람의 그것이라고 할 수 있다. 카트린은 '우리'가 보셀의 '주인'이라는 사실을 강조한다. 그러면서 한 인간의 기투의 결과가 타인들의 실존의 출발점이 될 수 있음을 강변한다.[258] 게다가 카트린은 자기 딸 클라리스와 장피에르의 결혼을 바라고 있다. 물론 그는 카트린이 원하는 대로의 결혼에 반대한다. 그렇게 되면 그 자신이 클라리스를 자기 집에 가두고, 그녀를 지키는 "간수"가 되는 것이라고 응수한다. 하지만 그는 그 자신이 간수의 "영혼"은 가지지 않았다고 주장한다. 이에 카트린은 "사랑은 감옥이 아니"라고 응수하나, 그는 "모든 서약은 감옥"이라고 답한다. 카트린은 마지막으로 부부 사이의 공동 노력, 공동 의지의 실현을 통해, 또 장차 태어날 자식들을 통해 "불가분의 방식"으로 얽혀 있다는 사실을 강조한다. 하지만 장피에르의 태도는 단호하다. 그에 따르면 "각자는 혼자 살고, 혼자 죽는다." 그리고 클라리스의 생각도 그의 생각과 같다고 확신한다.[259]

장피에르와 카트린 사이에 이런 대화가 오고가는 동안에 시의회에서는 보셀을 구할 대책이 논의되고 있었다. 논의가 끝나고 루이가 집으로 돌아온다. 어떤 결정이 내려졌을까? 항복? 아니다. 그는 이웃

---

[257] 같은 책, p. 53.
[258] 같은 책, p. 54.
[259] 같은 책, p. 56-57

에 있는 브뤼즈Bruges[260]에게 도움을 청해 볼 것이라고 했다. 항상 거절 당했음에도 말이다. 루이는 카트린에게 진실을 밝힌다. 그것은 바로 "군식구"를 처리하는 것이다.

> 루이　　(…) 시의회는 군식구를 처리하기로 결정했소. 내일, 해가 뜨기 전에 불구자들, 노인들, 어린아이들, 여자들을 참호로 추방하게 될 거요.　　　　　　　　　　　　(『LB』, p. 71)

이와 같은 결정이 내려진 이후 『군식구』에서는 보부아르가 언급했던 '목적-수단'의 문제를 놓고 의견 대립이 심화된다. 특히 루이와 카트린, 클라리스 사이에 언쟁이 높아진다. 루이는 이번 결정의 궁극적인 목표는 보셀이라는 공동체를 구하는 것이라는 점을 강조한다. 현재 이것보다 더 중요한 일은 없다는 입장이다. 포위하고 있는 자들에게 성문을 열어 준다면, 그 결과는 과거로의 회귀일 것이다. 보셀 주민들의 노예화가 그것이다. 그들은 다시 짐승 같은 삶을 영위하게 될 것이다. 루이는 또한 다른 도시들이 전제자를 몰아낸 보셀을 "희망에 찬 눈으로" 주시하고 있다는 점도 내세운다.[261] 이와 같은 결정에 대해 카트린과 클라리스는 강하게 반대한다.

260　네덜란드어로 'Brugge(브뤼헤)', 독일어로 'Brügge(브뤼게)', 영어로 'Bruges(브루즈)'로 지칭되는 벨기에의 유서 깊은 도시이다. 플랑드르 지역에 위치해 있던 보셀의 이웃 도시로 여겨진다.

261　『LB』, p. 81.

이런 반대에도 불구하고 루이는 보셸을 구한다는 대의명분을 결코 포기할 수가 없다. 보셸을 살리기 위해 어쩔 수 없이 군식구의 죽음을 선택했다는 것이다. 하지만 카트린은 이때 사는 것은 남자들이고, 죽는 것은 여자들뿐이라고 항변한다.[262] 결국 군식구는 죽음을 선고받게 될 것이다. 이 사실을 알게 된 장피에르 역시 이 조치에 반대한다. 그는 카트린 앞에서 주민들이 군식구를 추방하는 "죄악"을 용납하지 않을 것이라고 말한다. 심지어 그는 주민들에게 이 사실을 밝히고 그들을 설득하겠다고 나선다.[263] 그러나 카트린이 어제, 즉 시의회의 결정이 나기 전에 대책을 강구했어야 한다며 말해 보았자 소용이 없다고 장피에르를 탓한다. 장피에르는 어제 "깨끗한 손"을 갖기를 원하면서 자신의 책임을 회피했기 때문이다. 결국 카트린은 "살인자"든, "형리자"든 그에게 주어진 "운명"을 받아들일 수밖에 없다고 강변한다.[264]

보셸의 주민들 앞에서 시의회의 결정을 공포하러 가는 루이, 자크, 프랑수아 3인의 공동 의장을 만났을 때, 장피에르는 더 단호해진다. 만일 그들이 이 결정을 철회하지 않으면, 주민들이 반란을 일으킬 것이라고 말한다.[265] 아니, 이번에는 그가 직접 앞장서서 3인의 공동 의장에게 맞서겠다는 것이다.

---

[262] 같은 곳.
[263] 같은 책, pp. 90-91.
[264] 같은 곳.
[265] 같은 책, p. 93.

루이   우린 지금 자네 말을 들을 수 없네. 주민들이 우리를 기다리네.

장피에르   기다리고 하죠. 난 당신이 그들에게 준비한 말이 뭔지를 알고 있어요. 조심하세요. 보셀의 주민들은 그처럼 원시적인 결정에 반란을 일으킬 것입니다.

자크   그들은 그들의 도시를 좋아하오. 그들은 법에 복종할 거요.

프랑수아   저리 비켜. 아니면 호위병으로 하여금 너를 체포하게 할 거다.

장피에르   그들은 반란을 일으킬 거요! 내가 그들의 신뢰를 받고 있다는 것은 당신 자신이 인정한 바요. 이제 난 내가 소용되는 것을 주저하지 않을 거요. 난 그들이 당신에게 맞서 싸우도록 할 거요.

자크   자넨 그렇게 할 수 없을 걸세. 자넨 이 도시를 배신할 수 없을 걸세.

장피에르   이곳에는 도시가 없어요, 그 대신 수형자들과 그들의 희생자들이 있소. 나는 당신들의 공모자가 아니오.

프랑수아   이 자를 감옥에 가둬야 합니다.

루이   물러가라!

장피에르   나는 이 죄악이 저질러지는 걸 방해하겠소.

(『LB』, pp. 92-93)

이 부분에서 장피에르의 변신이 시작되었다고 할 수 있을 것 같다. 다시 말해 지금까지의 개인주의적인 태도에서 벗어나기 시작했다고 말이다. 하지만 아직은 행동으로 옮기기 전이다. 어쨌든 시의회의 결정이 루이에 의해 공표되는 중에 클라리스는 단도로 자결하려 한다.[266] 잔과 카트린의 만류에도 막무가내이다. 여자인 자기를 포함해 군식구를 참호로 추방한다면, 그녀가 거기에서 죽으나 지금 자결하나 마찬가지라는 생각이다. 하지만 이 장면을 목격한 장피에르는 그녀에게 사랑을 고백한다. 또한 지금까지와는 달리 그녀를 그냥 죽게 내버려 두지 않겠다고 다짐한다.

> 장피에르   우리는 이 땅에 속해 있소. 난 지금 그것을 아오. 나는 이 세상과 단절되어 있다고 주장했소. 그리고 이 땅 위에서 남자로서의 내 임무를 피해 왔소. 이 땅 위에서 난 비겁자였소. 난 침묵으로 당신에게 죽음을 선고한 거요. 나는 당신을 이 땅 위에서 사랑하오. 나를 사랑해 주시오.
>
> 글라리스   사람들이 이 땅 위에서 어떻게 사랑하지요?
>
> 장피에르   함께 싸우는 거예요.   (『LB』, pp. 100-101)

이 부분에서 장피에르의 변신은 진일보한다. 그는 그 자신의 과거의 신조, 곧 "각자는 혼자다"라는 신조에 종지부를 찍고 있다. 그 요

---

[266] 같은 책, pp. 97-98.

인은 클라리스와의 상호적인 사랑이다. 하지만 그의 변신은 여전히 개인적인 차원에 머물고 있다. 클라리스와의 사랑을 확인한 후 장피에르는 시청 앞에서 주민들에게 연설을 한다. 하지만 그들은 여전히 시의회의 결정을 따라야 한다는 생각을 버리지 못하고 있다.

장피에르의 변신이 완전히 집단적 성격을 띠게 되기까지에는 다른 요소가 더해진다. 바로 누이동생 잔의 죽음이다. 잔은 조르주와 3인 공동 의장 중 한 명인 프랑수아가 루이와 자크를 처치하고 보셀을 차지할 음모를 꾸미고 있다는 것을 몰래 엿듣게 된다.[267] 그로 인해 잔은 조르주에 의해 살해된다. 하지만 죽기 전에 잔은 오빠 장피에르에게 두 사람의 음모를 일러준다.

이 사건을 계기로 장피에르의 변신은 완결되고, 또 집단적 성격을 띠게 된다. 뒤에서 다시 보겠지만, 부인 카트린과의 오랜 대화 끝에 마음을 바꾸게 된 루이는 시의회를 다시 소집하고자 한다.[268] 보셀의 군식구를 성 밖으로 추방하려는 결정을 되돌리기 위해 재투표를 하기 위함이다. 루이가 시의회에 입장을 표명하고 부르고뉴를 습격하기 위해 여자들과 어린아이들을 포함해 모든 주민들에게 무기를 제공할 것을 제안한다. 하지만 3인 공동 의장 중 한 명인 프랑수아를 비롯해 시의원들은 여기에 동의하지 않는다. 그들은 힘과 승리를 원하며, 심지어는 전제자를 원하기도 한다.[269] 그리고 프랑수아의 주장에

---

[267]   같은 책, p. 106.

[268]   같은 책, p. 120.

[269]   같은 책, p. 122, 125.

따라 투표를 하기로 한다.

이때 장피에르가 의사당으로 들어선다. 프랑수아가 그의 참석은 위법이라고 주장하지만 소용없다. 장피에르는 참석할 명분을 이미 마련해 두었다. 시의회에서는 3인의 공동 의장의 참석이 요구된다. 하지만 오늘은 이 조건이 충족되지 않았기 때문에 어떤 결정도 내려질 수 없다는 것이다. 왜일까? 장피에르가 그 이유를 밝힌다. 그는 살해된 누이 잔으로부터 들은 이야기를 밝힌다. 3인 공동 의장 중 한 명인 프랑수아가 "배신자"이고, 그가 루이와 자크를 처단하고 혼자 보셀을 지배하고자 하는 음모를 꾸몄다는 것이다. 프랑수아는 이 사실을 강하게 부인한다. 하지만 조르주가 증인으로 나선다. 결국 두 사람은 체포된다.[270]

자크는 장피에르에게 프랑수아의 체포로 공석이 된 3인 공동 의장 중 한 명이 되어 줄 것을 권하고, 장피에르는 이를 수락한다.[271] 그런 다음 장피에르는 여자들, 노인들, 어린아이들을 참호로 추방하는 결정을 번복해야 할 필요성을 강조하면서 토론에 참여한다. 지난번에 내린 결정을 번복하자는 안건에 대해 반대하는 의원들도 있다. 하지만 루이와 자크, 새로운 3인 공동 의장의 한 명이 된 장피에르가 의원들을 설득하는 데 성공한다. 결국 시의회는 지난번 결정을 만장일치로 기각시킨다.[272]

[270]   같은 책, pp. 127-129, 131.
[271]   같은 곳.
[272]   같은 책, p. 136.

『군식구』의 마지막 장면은 저녁에 성곽 아래에서 펼쳐진다. 보셀의 많은 주민이 그곳에 집결해 있다. 남자들, 여자들, 어린아이들, 노인들 할 것 없이 말이다. 대장은 그들에게 무기를 나눠 준다. 카트린과 클라리스는 수프와 빵을 나눠 준다. 아마도 마지막 식사가 될지도 모르는 상황이다. 보셀 주민들이 2주 치 식량을 한꺼번에 먹은 것이다. 새벽 두 시가 되면 그들은 하나가 되어 부르고뉴를 기습하려고 한다. 기습이 실패하게 되면 모두 죽을 수도 있다. 하지만 반대로 성공하면 보셀은 다시 자유를 되찾을 수도 있을 것이다. 드디어 "성문을 열라"라는 명령이 떨어진다.[273]

이 마지막 장면에서 장피에르의 변신은 완료된다. 과거의 개인주의적인 태도를 버리고 타인들을 위해 살아가는 자로 완전히 변신한 것이다. 그 단적인 증거는 다음과 같은 그의 대사이다. "우리는 항상 대지를 누르고 있어요."[274] 과거에 그는 이 대지 위에서 보셀 주민들의 고통과 불안에 거리를 두고 있었다. 하지만 그는 클라리스의 사랑 덕분에 일차적인 변신을 했다. 인간은 혼자 사는 것이 아니라는 사실에 대한 자각이었다.

마지막 장면에서 장피에르는 2차 변신을 감행한다. 그의 변신은 이제 보셀 주민들 전체의 운명과 관련된다. 그는 이제 그들의 고통, 불안, 위험이 그 자신의 것이라는 것을 자각하게 될 것이다. "이제 난

---

[273] 같은 책, p. 141.
[274] 같은 책, p. 140.

분명히 알고 있소. 우리의 몫, 그것은 이 위험, 이 불안이요." 그리고 이런 그의 태도는 루이의 다음과 같은 대사에 잘 드러나 있다. "죽어서건 살아서건, 우리는 승리자들이오"[275] 이 대사에서 "우리"라는 1인칭 복수대명사의 사용은 의미심장하다. 이 대명사는 좁게는 루이와 카트린이라는 부부를, 넓게는 보셀 주민 전체를 가리킨다고 볼 수 있기 때문이다.

그런데 『군식구』에서 장피에르의 변신은 『파리떼』의 오레스테스의 그것과 유사하면서도 다르다. 장피에르의 1차 변신은 클라리스의 사랑 덕분이었다. 오레스테스가 아르고스를 떠나지 않겠다고 결심한 것이 엘렉트라의 노력 덕분이었던 것과 마찬가지다. 그리고 두 사람은 각자의 변신에서 각각 보셀과 아르고스의 주민들의 고통, 불안, 회한 등을 떠맡기로 결심한 것 역시 비슷하다.

하지만 장피에르와 오레스테스의 공통점은 거기에 그친다. 장피에르의 변신은 결국 집단적 성격을 띠게 된다. 또한 그의 변신을 도왔던 클라리스와 카트린도 끝까지 그와 행동을 같이한다. 물론 누이 잔은 죽어서 그와 함께한다. 또한 장피에르는 보셀을 떠나지 않는다. 그 반면에 오레스테스는 아이기스토스와 클리타임네스트라를 살해하는 과정과 그 이후에 엘렉트라와 다른 길을 가게 된다. 게다가 오레스테스는 아르고스 주민들 곁을 떠나기로 결정한다.

이런 사실을 고려하면 최소한 『파리떼』와 『군식구』가 구상되고 집

---

275   같은 책, pp. 140-141.

필되던 1943년 무렵에는 사르트르보다 보부아르가 훨씬 더 급진적인 저항과 사회 참여의 태도를 보여 준다고 할 수 있다. 그리고 이런 태도는 여성들의 사회 참여가 문제가 될 때 더 큰 차이를 드러내는 것으로 보인다. 이제『군식구』의 여성 인물들의 저항과 참여를 살펴보도록 하자.

3) 카트린과 클라리스의 변신과 참여

앞에서『군식구』에는 5명의 주요 남성 인물과 3명의 주요 여성 인물이 등장한다는 사실을 언급한 바 있다. 또한 수적 열세에도 불구하고 여성들의 역할이 남성들의 그것에 비해 작지 않다는 사실도 언급한 바 있다. 하지만 이 작품의 시대적 배경은 14세기 중세로 설정되어 있다. 그런 만큼 이 작품이 남성 중심의 사회라는 점을 내다보게 된다.

여기에서는 먼저 이런 사회에서 자신들의 뜻과는 무관하게 죽음을 선고받고 군식구의 일원이 되어 버린 카트린과 클라리스의 변신과 참여를 살펴보고자 한다.[276] 그리고 이를『파리떼』의 엘렉트라의

---

[276] 3명의 여성 인물 중 잔의 변신과 참여는 다른 두 사람의 그것에 비해 비중이 작은 것으로 보인다. 물론 잔이 살해되면서까지 조르주와 프랑수아의 음모를 장피에르에게 알려 주었기 때문에 군식구의 의미 없는 죽음을 막을 수는 있었다. 이런 점에서 잔의 역할도 결코 무시할 수 없다고 할 있다. 다만, 그녀의 변신과 참여가 카트린과 클라리스의 그것에 비해 뚜렷하지 않아 보인다. 또한 잔은 조르주와의 결혼 문제 등에서 양어머니 카트린의 견해를 그대로 따르고 있어 남성 중심의 사회에 대한 저항이나 도전을 강하게 구현하고 있는 인물로 보이지 않는다. 이런 이유로 여기에서는 잔의 변신과 참여는 다루지 않는다.

그것과 비교해 보고자 한다. 또한 그 과정을 통해 1939년부터 시작된 전회의 초기에 보부아르와 사르트르의 참여에서 어떤 차이점이 있는지를 보고자 한다. 아울러 『군식구』가 그로부터 4년 뒤에 출간되는 『제2의 성』의 주제들을 상당 부분 선취하고 있다는 사실에도 주목할 것이다.

『군식구』의 배경이 되고 있는 보셀은 남성 위주의 사회로 보인다. 그 증거는 많다. 그중 하나는 직업군이다. 이 작품에 등장하는 직업은 예외 없이 남자들의 직업이다. 군인, 보초, 헌병, 석공, 나사 직조공, 시의회 의원, 시의회 공동 의장, 대장 등등 이렇듯 보셀에서 거의 모든 일은 남자들의 몫이다. 주민들에게 수프와 빵을 배급하는 자들도 남자들이다. 특히 보셀의 지도자들은 예외 없이 남자들이다.

물론 루이의 부인 카트린은 보셀에서 많은 주민들의 존경을 받고 있기는 하다. 그녀는 보셀을 위해 기억에 남을 만한 일을 하기도 했다. 가령, 종탑의 주춧돌을 놓았다든지, 시청에 나부끼는 깃발을 손수 바느질했다든지, 남성 지도자들이 그녀에게 시의 운영에 대해 자문을 구한 것 등이 그 예이다.[277] 그렇다고 해서 그녀가 보셀의 공식적인 직함을 가지고 있는 것은 아니다. 그녀는 시의원도 아닐뿐더러 시의회의 3인 공동 의장도 아니다.

이렇듯 『군식구』에서는 남자들의 직업만이 소개되고 있다. 그 반면에 여자들은 오직 가사와 육아에만 관심을 갖는 것으로 그려지고

---

[277] 『LB』, p. 54.

있다. 장피에르가 프랑스에 특사로 파견되었다가 돌아왔을 때 들은 얘기가 이를 단적으로 보여 준다. "여자들은 매일 약간의 양식을 동냥질을 하러 와요. 아! 나는 그런 그녀들을 보는 것을 좋아하지 않아요."[278] 또한 이 작품에서 아이들은 항상 여자들 옆에 있다.

보셸에서 여자들이 식량을 준비하고 아이들을 돌보는 일이 갖는 중요성을 결코 과소평가해서는 안 될 것이다. 특히 '의식주' 중에서 '식'을 준비하는 일의 비중은 가히 절대적이다. 현대사회에서도 여성의 가사노동의 가치를 제대로 평가해야 한다는 요구가 높지 않은가. 이와 마찬가지로 보셸에서 여성들의 역할이 가진 중요성이 남성들의 그것에 비해 더 작다고 단정지울 수는 없다. 그럼에도 보셸에서 여성들과 남성들의 활동이 불균형적이라는 사실은 부인할 수 없을 듯하다.

게다가 이 작품의 배경이 되는 보셸이 남성 위주의 사회라는 것은 자칫 남자들에 의한 여성 비하와 억압으로 이어질 가능성도 농후하다. 조르주가 그 좋은 예이다. 루이의 아들인 그는 일 년 후면 아버지의 뒤를 이어 3인의 공동 의장에 선출될 수도 있는 인물이다.[279] 그는 잔의 사랑을 받고 있다. 카트린은 양녀인 잔이 자기 집안의 며느리이자 조르주의 아내감으로 손색이 없다고 생각하고 있다.

하지만 조르주는 잔 대신에 누이 클라리스를 탐하고 있다.[280] 그렇

---

278 같은 책, p. 17.
279 같은 책, p. 48.
280 중세 때 유럽에서 근친혼은 엄격하게 금지되었던 것으로 알려져 있다. 따라서 조르주가 누이 클라리스와 결혼을 바라는 것은 아니다. 그런 만큼 조르주는 그녀를 그저 성적 욕망의 대상으로 생각하고 있다고 할 수 있다.

기 때문에 그는 클라리스와 장피에르의 관계가 어느 정도 진척이 되었는지를 알고 싶어 한다. 가령, 장피에르가 보셀로 돌아온 직후에도 조르주는 잔을 통해 두 사람이 만났는지 등을 집요하게 캐묻는다. 이때 조르주는 폭력에 가까운 언어와 행동으로 잔을 대한다.

조르주   (…) 장피에르가 내 누이를 보았나?

잔   예. 오늘 아침에요.

조르주   둘만 함께 오붓하게 있었나?

잔   왜 저에게 그런 질문을 하는 거죠?

조르주   오늘 클라리스는 예쁘던데! 그녀는 아주 예쁘게 화장을 했어. 그녀의 눈이 그처럼 빛난 적이 없었어.

잔   그녀는 예뻐요.

조르주   그녀는 장피에르를 사랑하지, 그렇지?

잔   전 모르는데요.

조르주   둘 사이에 무슨 일이 있지?

잔   전 모르는데요.

조루주   너 거짓말하는 거지!

잔   당신에게 아무것도 말하지 않을 거예요.

조르주   난 너에게 강제로 말을 시킬 거야.

(그가 그녀의 손목을 비튼다.)

잔   아파요.

조르주   난 너에게 강제로 말을 시킬 거야.

잔	난 당신에게 아무것도 말하지 않을 거예요!

(『LB』, p. 51)

조르주의 이런 언행은 또 다른 장면에서도 나타난다. 그가 집밖에서 문을 열라고 외치는 주민들을 죽이겠다고 활을 겨누는 장면에서이다. 잔은 그가 활을 쏘지 못하도록 방해한다. 그러자 그는 잔에게 욕을 한다.

> 목소리들   우리는 개처럼 죽고 싶지 않소! 문을 열어 주시오! 문을!
>
> (잔과 조르주가 뛰어서 들어온다.)
>
> 잔   저 사람들이 다시 왔어요!
>
> 조르주   나는 저들의 외침소리가 목구멍으로 쏙 들어가도록 해 주겠어.
>
> (그는 활을 꺼내 들고 창문을 열고 겨눈다.)
>
> 잔   쏘지 마세요!
>
> (그녀가 달려들어 그의 팔을 잡아챈다.)
>
> 조르주   아! 망할 년! 네가 활을 빗나가게 했어!

(『LB』, pp. 57-58)

조르주의 이런 태도는 클라리스를 대하는 한 장면에서 극에 달한다. 조르주는 그녀가 장피에르를 사랑한다는 사실에 질투한다. 그녀가 장피에르의 아이를 가졌다는 것을 알게 되었을 때, 조르주는 그녀를 잡아 흔들고, 또 그녀에게 "갈보, 화냥년" 등과 같은 심한 욕을 퍼부어 댄다. 그리고 그는 루이에게 그녀를 수도원에 감금시켜야 한다고 주장하기까지 한다. "아버지, 무슨 생각을 하시는 거예요? 저 계집애를 수도원에 감금시켜야 해요."[281] 누이에게 치근대는 것을 알게 된 루이는 조르주와 부자의 연을 끊는다.[282] 또한 조르주가 프랑수아와 함께 자기를 죽이려는 음모를 꾸몄다는 것을 알게 되었을 때, 루이는 조르주를 포기한다.

하지만 보셀이 남성 위주의 사회라는 것을 가장 잘 보여 주는 증거는 바로 군식구, 특히 여자들에 대한 추방 결정이라고 할 수 있다. 실제로 이 결정을 계기로 카트린과 클라리스는 저항과 참여의 주체로 변신하게 된다. 시의회에서 군식구, 즉 노인들, 어린아이들, 여자들을 참호 밖으로 내쫓는다는 결정이 내려졌을 때, 가장 분노한 사람은 카트린이다. 그녀는 그 결정에서 자기가 완전히 소외되었음을 밝힌다. 그리고 그녀는 그것을 용납할 수 없다는 강경한 태도를 보인다.

여러 정황으로 보아 카트린은 루이와 무난하게 지낸 것 같다. 두 사람은 평소 "비밀" 없이 지낸 것으로 보인다.[283] 카트린의 삶이 루이에게 순종적이었다는 증거는 없다. 그녀가 루이에게 반항적이었다는 증거도 없다. 최소한 군식구 추방이 결정될 때까지는 그렇다. 카트린

---

281 『LB』, pp. 66-67, 69.
282 같은 책, p. 86.
283 같은 책, p. 70.

과 자식들과의 관계도 무난한 것으로 보인다. 조르주와 클라리스와도 특별히 문제가 있어 보이지는 않는다(조르주의 행동이 마음에 걸리는 것은 사실이긴 하지만 말이다). 장피에르는 특히 카트린이 자기와 누이에게 "어머니" 이상의 의미를 가지고 있다고 말하고 있다. 게다가 카트린은 보셀의 공적 업무도 마다하지 않았던 것 같다. 요컨대 그녀는 가족은 물론 보셀 주민들의 행복을 위해 많은 노력을 경주했다고 할 수 있다.[284]

이런 카트린이기에 군식구 추방 결정에 대해 누구보다도 분노한다. 그 이유는 당연히 그녀 자신이 여자이고, 따라서 군식구의 일원이기 때문이다. 또한 그 과정에서 그녀가 남자들에 의해 소외되고 배척당했기 때문이다. 이런 사실은 특히 그녀가 3인의 공동 의장과 남편 루이 앞에서 이번 결정에 대해 분노를 폭발시키면서 '우리'라는 1인칭 복수대명사, '우리(들)의'라는 1인칭 단복수 소유형용사를 사용하고 있다는 사실에서 찾아볼 수 있다.

앞에서 '우리'가 사르트르와 보부아르의 삶과 사유에서 갖는 의미를 살펴본 적이 있다. 이 인칭대명사는 한 공동체 구성원들의 하나됨, 곧 융화 집단의 상징이었다. 그런 만큼 이 집단에는 나와 타자들 사이에 완전한 상호성이 함축되어 있었다. 이 집단에서는 내가 곧 그들이고, 그들이 곧 나였다. 가령, 카트린은 3인의 공동 의장 앞에서 이렇게 말하고 있다.

---

[284] 같은 책, pp. 53-55.

카트린　　　(…) 난 이 의자 위에 앉아 있었고, 당신들은 내게 조
언을 구하곤 했지요. 당신들은 내 눈에서 희망을 찾곤 했어요.
당신들과 나를 위한 동일한 희망을요. 우리는 이렇게 말하곤 했
어요. 우리의 고통, 우리의 승리라고 말예요. 우리는 단 하나의
미래만을 가지고 있었어요. 그런데 갑자기 난 이렇게 여기 혼자
있어요. 당신들 앞에 말이에요. 당신들은 나를 참호 속에 내던질
거예요. 재, 껍질, 뼈, 넝마를 집어던지는 그곳에 말예요. (…)

(『LB』, p. 78)

이 부분에서 카트린은 '우리'와 '우리의'라는 1인칭 복수 인칭대명
사와 1인칭 단복수 소유형용사를 사용하면서 군식구 추방 결정이 잘
못되었다는 것을 주장하고 있다. 그녀에 따르면 이 잘못은 '당신들'이
라는 2인칭 복수대명사의 사용과 더불어 극명하게 드러난다. 이 인
칭대명사는 '구분'과 '대립'을 전제로 한다. 카트린이 보셸의 '남자들'
에 대해 "증오심"을 갖는 것은 당연해 보인다.[285] 군식구를 참호로 내
쫓아 죽이는 것이 보셸의 승리를 위해서, 보셸이 살아남기 위해서 어
쩔 수 없다는 논리에 카트린은 이렇게 응수한다. 그것은 '남자들'의
보셸이 승리하고 살아남는 것을 의미하는 반면, '군식구', 특히 '여자
들'의 보셸은 죽는다는 것을 의미한다고 말이다.[286]

---

[285]　같은 책, p. 79.
[286]　같은 책, p. 81.

234

또한 카트린은 3인의 공동 의장에게 이렇게 묻는다. 여자이며, 군식구에 불과한 그녀가 참호로 내쫓기는 것을 거절한다면 자기를 어떻게 할 거냐고 말이다.[287] 그녀는 죽음은 두렵지 않다고 말한다. 보셸을 위해서라면 그녀는 이미 죽을 각오가 되어 있다는 것이다. 하지만 '남자들'의 보셸을 위해 군식구, 특히 '여자들'이 왜 희생되어야 하느냐고 묻고 있는 것이다. 요컨대 카트린은 어린아이들, 여자들, 노인들이 없는 보셸이 무슨 의미가 있으며, 보셸은 그들의 "살과 피"로 이루어졌음에도 남자들이 마치 "썩은 손을 잘라 내듯이"이 그들을 쳐낼 수 있느냐고 묻고 있는 것이다.

자크   우리의 성문을 포위자들에게 열어 주기로 결정해야
한단 말입니까?
카트린   우리는 공작의 군대에 맞서 우리 몸을 내던질 수 있
었어요. 우리의 집에 불을 지르고, 또 모두 함께 죽을 수도 있었
어요.
루이   보셸은 살아남아야 하오! (뜸을 들인다.) 그 어느 곳에
서도 아직 일어나지 않은 뭔가가 이곳에선 완성되었소. 한 도시
가 통치자를 쫓아냈소. 주민들은 자유롭게 되길 선택했고, 또 그
들의 행복을 원하고자 선택했소. 그리고 플랑드르, 프랑스, 부르
고뉴의 다른 도시들은 보셸에 희망에 가득 찬 눈을 고정시키고

---

287   같은 책, p. 79.

있소. 우리에겐 승리가 필요하오.

카트린   당신들의 여자들, 당신들의 아버지들, 당신들의 아
이들이 죽을 것이오. 그리고 보셀은 살아남게 될 거요! 우리는
보셀의 살이고 피가 아니었나요? 썩은 손을 자르듯 우리를 쳐낼
수 있는 건가요?   (『LB』, pp. 79-80)

　카트린과 3인의 공동 의장 사이의 언쟁은, 보부아르가 직접 지적
했던 '목적-수단'의 문제, 곧 윤리의 문제에 다름 아니다. 3인의 공동
의장을 비롯해 시의회는 보셀의 승리와 잔존이라는 목적을 내세운
다. 이를 위해 군식구의 희생이라는 수단을 정당화시키고자 한다. 반
면, 카트린은 이런 수단이 정당화될 수 없음을 주장한다. 장피에르,
클라리스, 잔도 같은 입장이다. 이런 논리적 충돌과 관련해 부부인
카트린과 루이의 대화와 화해는 흥미롭다.

　보셀의 군식구를 구하려는 카트린의 희망은 점차 사라지고 있다.
3인의 공동 의장의 강경한 태도에 맞서고자 하지만 역부족이다. 믿
었던 장피에르도 시민들을 설득하는 데 실패한다. 이런 상황에서 카
트린은 허리춤에서 단도를 꺼낸다.[288] 참호로 내쫓겨 죽기 전에 자결
하려는 생각일까? 아니면 남편 루이를 죽이고 그녀도 따라 죽으려는
생각일까? 어쨌든 카트린과 루이는 진지한 대화를 나누게 된다.

　루이는 카트린을 "부인"이라고 부른다. 하지만 그녀는 이 호칭을

---

[288]　같은 책, p. 111.

거부한다. 그리고 그녀는 스스로를 사용된 뒤에 쓰레기통에 내던져진 하나의 망가진 "도구"로 여긴다. 카트린의 주장은 3인의 공동 의장 앞에서 했던 주장과 유사하다. 남편으로서의 루이가 그녀를 배신했다는 것이다. 그가 그녀를 세상에서 지워 버렸다는 것이다. 지금까지는 일심동체였지만 그들 부부의 사랑과 약속은 한낱 "거짓"에 불과했다는 것이다.[289]

이렇게 완강한 카트린 앞에서 루이 역시 시의회의 결정을 "받아들이라"고 거듭 그녀를 설득하고자 한다. 하지만 카트린은 그 결정에서의 소외와 배척을 용납할 수 없음을 거듭 강조한다. 과거에는 각자가 상대방에게서 그 자신의 고유한 의지를 확인하지 않은 채 행동한 적이 없었다고 회상한다.[290] 두 사람은 '우리'였다. 하지만 지금은 "이방인들"에 불과하다는 것이다. 더군다나 루이는 "형리"이고, 카트린은 "희생자"라는 것이다.

> 루이　　　당신에게 다시 한 번 말하오. 당신은 나에게 여전히
> 답을 할 수 있소. 우리의 칙령을 받아들여요. 그 안에서 당신의
> 고유한 의지를 확인해 봐요. 모든 대가를 치르고서라도 보셀을
> 구할 수 있는 우리의 공동의 의지를 말이오.
>
> 카트린　　너무 늦었어요. 당신은 나 없이 결정했어요. 그리고

---

[289]　같은 책, p. 112

[290]　같은 책, p. 113.

내가 할 모든 말은 노예의 말 이외의 다른 것이 아닐 것이오. 난

당신의 희생자고, 당신은 나의 형리예요.

(뜸을 들이고, 아주 슬프게)

우린 두 명의 이방인이오.   (『LB』, p. 113)

　이런 대화를 하고 있는 중에 루이와 카트린은 아들 조르주의 배신
소식을 접한다. 프랑수아와 조르주의 얘기를 엿들었던 잔이 피를 흘
린 상태로 종탑 아래에서 발견되었는데, 그녀가 조르주의 배신을 밝
혔다는 것이었다.[291] 이 일로 루이는 큰 타격을 입게 된다. 그는 시의회
의 결정으로 이미 카트린과 클라리스를 잃게 될 입장에 있다. 그리고
지금 조르주가 자기를 죽이려는 음모를 꾸몄다는 믿을 수 없는 얘기
를 들었다.

　카트린은 이렇게 큰 타격을 입은 루이와 함께 생을 마감하려는 생
각을 품은 것으로 보인다. 자기에게 용서를 구하는 루이와 그녀가 일
심동체였다고 카트린은 말한다. 그리고 그녀는 감춰 두었던 단도로
그를 찌르려고 한다. 그를 죽이고 그녀도 뒤따라 죽으려고 했던 것
같다. 하지만 실패한다. 그런데 루이는 단도로 자기를 지르려는 카트
린의 행위를 그 어떤 것보다 두 사람을 더 단단하게 묶어 주는 행위
로 해석한다.

291　같은 책, p. 114.

루이   나를 용서하지 않은 채 떠날 거요?

카트린   내가 당신을 용서할 수 있나요? 아니면 내가 당신을 저주할 수 있을까요? 우린 단 하나의 몸뚱이가 아닌가요? 내 손을 잡아요.

(그녀는 왼손을 그에게 내밀고 그를 자기 쪽으로 당긴다.)

카트린   단 하나의 몸, 단 하나의 운명. 어떤 것도 우리를 갈라놓지 못할 거예요. 죽음도, 삶도!

(그녀는 그를 찌르려고 한다. 그는 그녀의 손목을 잡는다. 단도가 바닥으로 떨어진다.)

루이   내 사랑! 그러니까 당신은 나를 아직도 사랑한단 말이오?

카트린   당신은 살게 될 것이고, 나는 당신을 잃어버렸어요!

루이   여기 나에게 돌아온 당신이 있소, 부인. 어떤 입맞춤도, 어떤 서약도 이 단도 공격보다 우리를 서로 이렇게 단단하게 묶어 주지 못했소. 당신은 나를 사랑하고, 나는 당신을 내 팔에 안을 수 있소.

(그는 그녀를 팔에 안는다.)   (『LB』, p. 117)

    이렇듯 루이와 카트린은 서로의 사랑을 최종적으로 확인하기에 이른다. 하지만 슬픈 소식이 전해진다. 잔이 죽은 것이다. 잔은 죽기 전에 자기를 죽인 장본인이 조르주라는 사실을 밝혔다고 한다.[292] 이 소식에 카트린은 괴로워한다. 그녀가 잔의 죽음에 책임이 있다고 생각한 것이다. 왜냐하면 그녀 자신이 잔을 조르주와 결혼시키려고 마음 먹었기 때문이다. 이런 이유로 카트린은 루이에게 자기를 참호로 내쫓아 죽게 내버려 두라고 말한다. 하지만 루이의 마음은 이미 바뀌어 있었다. 그는 시의회를 다시 소집하겠다는 의사를 밝힌다. 물론 그 목적은 군식구를 참호로 내쫓는 결정의 폐기일 것이다.

> 루이   난 내 주민의 절반을 부정했소. 그리고 시 전체가 법과 사랑이 없는 부족으로 변해 버렸소. 만일 우리가 먼저 살아 가야 할 모든 이유를 없애 버린다면, 어떻게 더 높은 삶에 이를 수 있겠소?
> (그는 카트린을 품에 안는다.)
> 단 하나의 몸, 단 하나의 운명! 우린 함께 승리할 거요. 아니면 우린 함께 땅에 묻히게 될 거요.
> 카트린   당신 뭐 하시게요?
> 루이   시의회를 다시 소집할 거요.   (『LB』, pp. 119-120)

『군식구』의 마지막 장면에서 카트린은 클라리스와 함께 부르고뉴를 기습하기 위해 모여 있는 주민들에게 음식을 나눠 주고 있다.[293] 이렇게 된 것은 당연히 군식구의 추방 결정이 폐기되었기 때문이다. 이

---

292   같은 책, p. 118.
293   같은 책, p. 137.

240

것은 여러 사람의 노력이 합해진 결과이다. 하지만 그중에서도 카트린의 노력은 빼놓을 수 없을 것 같다. 그녀는 남편이자 3인의 공동 의장 중 한 명인 루이의 마음을 돌려놓는 데 성공했다. 그녀는 장피에르를 설득하는 데도 기여했다. 그녀는 또한 클라리스에게도 선한 영향을 미쳤다. 이런 점을 고려해 장피에르는 마지막 장면에서 카트린에게 이렇게 말하고 있다. "오늘 그들의 운명은 그들의 손에 있어요. (…) 보셀이 당신에게 구원을 빚진 거예요."[294]

이런 사실을 토대로 우리는 카트린의 변신과 참여를 말할 수 있다. 보셀에서 뭇 사람들의 존경을 받고 있기는 하지만 그녀는 지도자는 아니었다. 그녀는 공직 생활을 하는 남편을 돕고 또 자식들을 보호하고자 하는 평범한 주부에 불과했다. 보셀를 위해 공적인 일에 가담했지만 말이다. 하지만 식량 부족으로 인해 시의회에서 노인들, 어린아이들, 여자들을 참호로 내쫓아 죽음을 선고한 결정이 내려진 이후 카트린은 물불 안 가리는 투사로 변신한다. 그녀는 3인의 공동 의장, 남편인 루이, 장피에르 등을 차례로 설득해서 이 결정이 번복되게 하는 데 결정적인 역할을 하고 있다.

이와 같은 카트린의 저항과 참여는 『파리떼』의 엘렉트라의 경우와는 완전히 대조적이라고 할 수 있다. 또한 군식구를 배려하는 카트린의 태도는 보부아르가 실존주의 윤리에서 모델로 내세웠던 전형적인 인간, 곧 '너그러운 인간'에 해당된다고 할 수 있을 것이다. 이런 의미

---

[294] 같은 책, p. 140.

에서 카트린은 『군식구』보다 4년 뒤에 출간된 『제2의 성』에서 타자화된 여성의 지위를 극복한 한 예에 해당한다고도 할 수 있을 것이다.

카트린의 경우에 이어 클라리스의 변신과 참여를 보도록 하자. 카트린과는 달리 클라리스는 군식구의 추방이 결정되기 전까지는 보셀의 현실에 전혀 관심을 가지지 않았다. 카트린은 3인의 공동 의장 루이의 부인이기 때문에 보셀의 공적 일에 가끔 참여하기도 했다. 하지만 클라리스는 철저하게 개인주의적이었고, 또 보셀의 주민들에게 거의 경멸하는 듯한 태도를 보여 주기 일쑤였다. 『파리떼』의 엘렉트라와 비교해 보면 그녀는 『군식구』의 초반부에서는 완전히 반대되는 모습을 보이고 있다고 할 수 있다. 복수에 이를 갈고 지내던 엘렉트라와는 달리 클라리스의 관심은 주로 사랑, 안락, 사치, 쾌락 등에 있었다. 이런 그녀가 군식구의 추방 결정을 계기로 카트린과 마찬가지로 열렬한 현실 참여자로 변신한다. 그 과정을 추적해 보자.

클라리스는 루이와 카트린 사이에서 태어난 딸이고, 조르주가 그의 오빠이다. 클라리스와 장피에르는 연인 사이이다. 그녀는 그의 아이를 가진 상태이다. 카트린은 두 사람의 결혼을 바란다. 하지만 루이의 생각은 다르다. 루이는 그녀와 3인 공동 의장 중 한 명인 자크를 클라리스와 결혼시키고자 한다. 클라리스를 괴롭히는 문제는 친오빠 조르주가 그녀를 육체적으로 탐하고 있는 것이다. 앞에서 본 것처럼 그녀가 장피에르의 아이를 가졌다고 털어놓았을 때, 조르주는 그녀에게 욕설을 퍼부으면서 그녀를 극도로 비하하는 태도를 보이기도 했다.

이런 힘든 상황 때문이었을까? 아니면 타고난 기질 때문이었을까? 극이 시작되면서부터 클라리스는 매사에 개인주의적 태도로 일관한다. 가령, 그녀는 3개월 전에 프랑스에 특사로 파견되었다가 보셀로 돌아온 장피에르를 불평과 냉소로 대한다. 심지어 그녀는 그를 사랑하기는커녕 미워한다는 말까지 하고 있다. 아마도 그는 그 기간에 그녀에게 아무런 소식도 전하지 않은 것 같다. 그녀는 "나는 유령들을 좋아하지 않아요"라고 말하면서 그에게 핀잔을 준다. 그녀는 두 사람이 그 기간에 "이방인들"[295]처럼 지냈다고 말하기도 한다. 심지어 그녀는 장피에르에게 왜 다시 돌아왔느냐고 묻는다. 자기 같으면 다시 돌아오지 않고 그냥 프랑스에서 혼자 자유롭게 살았을 것이라고 말하고 있다. 이런 태도를 장피에르가 자기에게 보여 준 무관심에 대한 클라리스의 원망의 표현으로 이해할 수도 있을 것이다. 하지만 그와는 달리 그녀의 개인주의적인 태도의 발로로 이해하는 것 역시 가능할 것 같다.

클라리스 　 (뜸 들인다.) 왜 돌아왔어요?
장피에르 　 다시 오려고 떠났어요.
클라리스 　 나라면 돌아오지 않았을 거예요.
장피에르 　 당신은 당신 도시를 잊어버릴 수도 있을 텐데요?
클라리스 　 난 모든 걸 잊어버렸을 거예요. 난 혼자 자유롭게

---

[295] 　 같은 책, pp. 26-27.

살았을 거예요. 난 그렇게 살았을 거예요.　　　　　　　(『LB』, p. 28)

　　하지만 클라리스의 이런 태도는 역설적이라고 할 수 있다. 왜냐하면 이것은 그녀의 겉모습일 뿐이기 때문이다. 그녀는 누구보다도 장피에르의 사랑에 목말라 있다. 카트린의 증언에 따르면 클라리스는 밤낮으로 그를 그리워하면서 괴로워한다.[296] 실제로 장피에르는 클라리스를 열렬히 사랑한다. 다만, 그는 "사랑"이란 단어에 큰 의미를 부여하고 있지 않을 뿐이다. 그는 사랑을 구속과 같은 것으로 이해하고 있다. 이것은 그의 평소의 삶에 대한 신조 때문일 수도 있다. 이를테면 그는 인간은 혼자라는, 매우 굳은 신념을 가지고 있다. 그렇기 때문에 그는 극 초반에 보셀의 문제에 관여하는 것을 거절하기도 했었다.

　　그런데 장피에르의 이런 신조는 그대로 클라리스의 것이기도 하다. 그녀는 비교적 자유분방하게 성장한 것으로 보인다. 그녀는 자크의 구혼에 자기가 현모양처 풍의 여자가 아니라는 점을 강조한다. 자기는 "쾌락"을 즐기고, 또 어머니 카트린과는 달리 시의회 의장에 합당한 여자가 아니라는 것이다.

　　자크　　　　　난 당신을 결코 떠나지 않을 것이오. 나는 쾌락을
　　좋아하지 않소.
　　클라리스　　　난, 나는 그것을 좋아해요.

---

[296]　같은 책, p. 65

244

(뜸을 들인다.)

　　나는 공동 의장에 적합한 여자가 아니에요. 나는 내 어머니와 닮

　지 않았어요. (『LB』, p. 34)

　　이와 같은 클라리스의 말은 자크의 구혼을 거절하기 위한 구실일
수도 있다. 하지만 이런 모습이 그녀의 실제 모습에 더 가까워 보인
다. 그녀의 이런 모습은 장피에르에 의해 다시 확인되고 있다.

　　장피에르　　클라리스는 당신 같은 부류가 아니에요. 그녀는 이

　　　세계의 이방인이며, 미래로부터 아무것도 기대하지 않아요. 그

　　　녀는 그녀 자신으로 족해요. 나는 그녀에게서 아무것도 받을 게

　　　없어요. 그녀에게 아무것도 주지 않을 거예요. (『LB』, pp. 56-57)

　　클라리스가 가지고 있는 이와 같은 개인주의적인 태도는 일상생
활에서도 그대로 나타난다. 그녀의 이런 태도가 타인들에 대한 배려
가 전혀 없는 태도로 나타나는 경우도 있다. 가령, 종탑에서 일하던
석공 중 한 명이 발판에서 떨어진 다친 상황에서 클라리스가 보여 준
태도가 그 한 예이다.

　　(끔찍한 외침소리. 혼잡. 한 남자가 달려 지나간다. 그는 외친다. "의사, 의사를

　　불러 주시오!" 여러 명의 남자가 몸뚱이를 안고 작업장을 지나간다.)

　　자크　　　　처다보지 마시오.

클라리스   왜요?

(자크는 지나가던 두 명의 석공을 세운다.)

자크   무슨 일이오?

첫 번째 석공 저 사람이 발판에서 떨어졌어요.

두 번째 석공 힘이 없어 떨어진 겁니다. 우리 모두가 그럴 수 있어요.

(그들이 나간다.)

클라리스   잘 되었네요.

자크   뭐라고 한 겁니까?

클라리스   잘 되었다구요. 그들은 개미들보다 더 고집이 세요. 곧 벌레들이 그들의 심장을 파먹을 거예요. 개미들이 돌을 쌓으면서 좋아할 거예요.　　　　　　　　　　　　　　　　　　(『LB』, p. 35)

이처럼 다른 사람의 불행과 고통에 공감하지 못하는 클라리스의 태도는 개인주의적이라기보다는 오히려 유아론적이고 소아병적이라고도 할 수 있을 성싶다. 식량 부족으로 보셀 주민들 전체가 고통받고 있는 상황에서 화려한 옷과 보석으로 치장하는 클라리스의 모습도 거기에 해당된다.

루이   클라리스, 이 치마는 대체 뭐냐? 넌 부끄럽지도 않니? 네 치마를 만든 천으로 두 명의 병사를 입힐 수 있겠다. 그리고 포위가 끝날 때까지 보석을 다는 것을 금했잖아.

클라리스   내가 죽어야만 나를 가만히 둘 건가요?

루이   집으로 돌아가. 나는 너를 네 방에 가둘 거야. 나는
부르고뉴 사람들이 떠나기 전에는 네 방에서 나오지 못할 거야.

(『LB』, pp. 35-56)

클라리스의 유아론적이고 소아병적인 태도는 자기 집 문밖에 보셀
주민들이 몰려와 먹을 것을 달라고 부르짖을 때에는 그들에 대한 경
멸적인 태도로도 나타난다. 그녀는 '먹을 것'만을 입에 달고 사는 그
들을 보고 "먹을 것 이외의 다른 것을 생각하지 못하는 것" 같다고 말
한다.

클라리스   저들의 입을 다물게 해요! 저들은 먹을 것 이외의
다른 것을 생각할 수 없나?

잔   클라리스!

클라리스   저들의 입을 다물게 해요!

카트린   저들에게 뭐라고 말하리? 네 아버지가 돌아오시는
걸 기다려야 한다.

클라리스   기다려라! 여전히 기다려라!   (『LB』, p. 46-47)

하지만 클라리스의 자기만을 앞세우는 이런 성숙하지 못한 태도는
군식구의 추방이 결정되고 나서부터 급변한다. 3인의 공동 의장과
격렬한 언쟁을 하던 중에 카트린은 클라리스와 잔을 부른다. 그 기회

에 클라리스는 시의회의 군식구 추방 결정의 구체적인 내용을 알게
된다.

> (그녀[카트린]가 부른다.)
>
> 잔, 클라리스!
>
> (잔과 클라리스가 들어온다.)
>
> 다가와라. 이 남자들을 보아라. 이들은 다른 30명의 다른 남자들
> 과 모여서 이렇게 말했다. 우리는 현재와 미래다. 우리는 도시 전체
> 이다. 우리만이 존재한다. 우리는 보셀의 여자들, 노인들, 어린아이
> 들이 군식구에 불과할 뿐이라고 결정했다. 이들은 내일 도시 밖으
> 로 추방되어 참호 속에서 배고픔과 추위로 인해 죽을 운명에 처할
> 것이다.   (『LB』, p. 80)

카트린의 이 말을 듣고 클라리스는 3인의 공동 의장과 그 중 한 명
이자 그녀의 사랑을 구하고 있는 자크에게 이렇게 말한다.

> 클라리스   그러니까 이게 당신들이 찾아낸 것이에요? 당신들
> 은 당신들의 배를 채우고자 우리를 죽이려고 하네요! (뜸을 들인
> 다.) (자크에게) 당신이 사랑이라고 부르는 것이 바로 이거예요?
>
>   (『LB』, p. 81)

이 장면에서 카트린과 클라리스 ―잔도 그렇다― 는 보셀의 남자

들과 대립하는 군식구, 특히 '여자들'의 일원으로서 같은 배를 탔다고 할 수 있다. 그리고 정확히 이 순간에 클라리스의 내부에서 큰 변화가 발생한 것으로 보인다. 자크가 일러주는 도피 방법을 그녀가 일언지하에 거절하는 것이 그 일차적인 증거이다. 그리고 그녀는 심지어 벽에 걸려 있는 "단도"를 만지작거리기도 한다.

자크   오늘 밤, 모든 사람이 잠들 때 당신 방 밖으로 빠져나오세요. 내 집으로 와서 문을 두 번 두드리세요. 골목길로 나 있는 문입니다. 두 번 두들기세요. 내일 헌병들이 시내를 수색할 겁니다. 하지만 누구도 나를 감히 의심하지 않을 겁니다. 포위가 끝날 때까지 당신은 안전할 겁니다.

(침묵)

나는 당신을 사랑받는 누이처럼 지킬 것을 동정녀 마리아에게 맹세합니다.

(침묵)

어! 왜 당신은 아무런 대답도 하지 않죠?

클라리스   당신은 내가 당신의 손에 입을 맞추면서 무릎 꿇기를 기대하는 건가요? 당신 선물을 잘 간직하세요.

자크   당신은 추위와 배고픔으로 죽고 싶어요?

클라리스   나는 내 죽음을 선택할 수 있어요. 가세요.

자크   밤새도록 당신을 기다릴 겁니다.

(그가 나간다. 그녀는 문들 닫고, 벽에 있는 단도를 내려 그것을 본다. 그리고 발

걸음 소리가 들리자 그것을 제 자리에 재빨리 놓는다.) (…)　　　(『LB』, pp. 82-83)

자크가 밤을 새워 기다려 보았자 소용이 없을 것이다. 클라리스는 결코 그의 집의 문을 두드리지 않을 것이기 때문이다. 그녀는 군식구 추방 결정이 시청 앞에서 공표되기 바로 직전에 단도로 자결하려고 한다. 잔이 말리지만 클라리스는 막무가내다.

잔　　　　클라리스, 나를 혼자 남겨 두지 마세요.

클라리스　　넌 혼자야. 그리고 나도 혼자고! 잘 있어!

잔　　　　안돼요. 나와 함께 있어요. 당신이 내 품에 있다면 밤은 덜 추울 거예요. 최소한 그건 우리에게 남아 있어요. 마지막 숨을 쉴 때까지 우리는 아직 웃을 수 있고, 우리를 사랑할 수 있고, 함께 울 수 있을 거예요.

클라리스　　난 미소를 지을 줄도 울 줄도 몰라. 나는 사랑할 줄도 몰라. 그들은 내가 사는 것을 허락하지 않았어. 하지만 그들이 내 죽음을 훔치지는 못할 거야.

(그녀는 단도를 든다. 그녀들은 다툰다.)　　　(『LB』, p. 98)

이 다급한 상황에서 잔은 장피에르에게 도움을 청한다. 그가 클라리스에게서 단도를 빼앗는다. 하지만 그녀는 단도를 돌려주지 않으면 종탑에서 뛰어내리겠다고 위협하기도 한다. 이렇듯 클라리스는 군식구 추방 결정에 따라 참호 속에서 죽느니 차라리 자결하겠다는

250

군은 의지를 보인다. 하지만 그녀의 이런 행동은 아직 개인적인 차원에 머무는 것으로 보인다.

이렇게 해석할 수 있는 근거는 바로 클라리스의 신조, 곧 인간은 혼자라는 신조를 여전히 간직하고 있기 때문이다. 다시 말해 클라리스는 자기 혼자 죽으면 그만이라는 생각에서 벗어나지 못하고 있다. 자크의 도주 제안을 거절할 때 그녀가 자신의 죽음을 선택할 수 있다는 것을 강조했던 사실을 떠올리자. 그때와 마찬가지로 여기에서도 클라리스는 그녀의 죽음만큼은 그녀의 것이라는 생각에서 벗어나고 있지 못한 것으로 보인다.

클라리스의 이와 같은 태도가 완전히 바뀌게 되는 결정적인 계기는 바로 장피에르와의 사랑의 확인이다. 우선 그녀는 장피에르의 고백을 통해 그가 보셀 주민들의 힘든 삶에 무관심한 태도를 버렸다는 것을 알게 된다. 그는 지금까지 손을 더럽히고자 하지 않았던 "비겁자"였다.[297] 또한 그는 자기의 침묵으로 클라리스를 사지死地로 내몬 것을 후회하면서 그녀에게 자신의 사랑을 확인시켜 준다. 이에 클라리스 역시 그에 대한 사랑을 고백하면서 둘은 변신을 하게 된다. 이 변신은 "인간은 혼자다"라는 신조의 포기와, 그 포기에 대한 당연한 결과로 현실에서의 '투쟁'을 전제로 한다.

클라리스   어제 이 단어[298]가 의미가 없다고 말했잖아요.

---

[297]   같은 책, p. 100.

장피에르   어제였다고요? 너무 멀리 느껴지는데요!

(…)

클라리스   당신은 이렇게 말했어요. 각자는 혼자다.

장피에르   내 마음 속의 이 고통, 이것이 바로 당신, 클라리스
요. 하지만 그건 내 자신이오. 당신은 나의 생명이오. 왜냐하면
나는 당신의 죽음으로 인해 죽을 것이기 때문이오.

클라리스   내 안에서 막 태어난 이 기쁨, 이것이 바로 당신이
지요?

(장피에르는 그녀를 안는다.)

장피에르   내게 나를 사랑한다고 말해 줘요.

클라리스   내 사랑! 당신을 사랑하지 않았을 때 내가 얼마나
괴로웠는지!   (『LB』, pp. 100-101)

앞에서 클라리스는 자크가 알려 준 도피 방법은 단칼에 거절했었
다. 그런데 그녀는 참호 속에 내던져질 상황에서도 슬픔에 빠진 카트
린에게 장피에르가 제시한 프랑스로 가는 방법을 얘기하면서 희망을
가지라고 말한다.

클라리스   사랑하는 엄마!

(카트린이 그녀를 본다.)

<u>298</u> '사랑'을 가리킨다.

252

엄마, 너무 슬퍼 보여요. 무슨 일이 있으세요?

카트린   무슨 일이냐구, 클라리스?

클라리스   예, 알아요. 슬퍼하지 마세요. 장피에르가 우리를 구할 거예요.

카트린   그가 보셀 남자들에게 말했니?[299]

클라리스   그가 그들에게 말했어요. 그런데 그들은 그의 말을 듣길 원치 않았어요. 시의회가 결정했고, 그걸로 그들에게 충분해요. 하지만 우리는 그들에게서 벗어날 거예요. 장피에르가 부르고뉴 들판을 가로지르는 길을 안대요. 오늘 밤 그가 참호로 잠입할 거예요. 그리고 그가 우리를 도주시킬 거예요. 우리는 프랑스로 갈 거예요.

카트린   프랑스!

클라리스   만일 우리가 붙잡히면 우리 모두 죽을 거예요! 아! 지금 저는 죽음도 삶도 더 이상 두렵지 않아요.

(『LB』, pp. 100-101)

이 부분에서 과거의 개인주의적, 유아론적, 소아병적인 태도에서 벗어난 클라리스의 모습을 볼 수 있다. 과거 같으면 그녀는 장피에르

---

[299] 시의회의 추방령 결정이 공표되고 난 뒤에 사람들이 다시 시청 앞으로 모여든 상황이다. 남자들이 한 그룹을, 여자들과 노인들이 한 그룹을 형성하고 있다. 장피에르는 이 기회에 군식구 추방령이 잘못 되었다는 것을 남자들 그룹 앞에서 말함으로써 그들을 설득하려 했다는 사실을 가리킨다. (『LB』, pp. 101-102 참조.)

와 둘만 살아남는 방법을 강구했을 것이다. 하지만 여기에서 그녀는 카트린을 포함해 군식구 모두를 살리기 위한 도피 방법을 생각하고 있다. 물론 위의 인용문에서 클라리스가 사용하는 '우리'라는 1인칭 복수 인칭대명사와 1인칭 목적보어 대명사의 사용은 애매하다. 그것이 클라리스와 카트린만을 지칭할 수도 있다. 또한 추방된 모든 군식구를 지칭할 수도 있다. 하지만 어느 쪽이든 간에 클라리스가 타인들에게 과거와는 다른 태도를 보이고 있다는 것은 분명해 보인다.

이런 태도를 보여 주는 클라리스에 대해 카트린은 자기에게는 모든 것이 끝났다고 말한다. 앞에서 보았듯이 그녀가 3인의 공동 의장과 격렬한 논쟁을 벌였지만 별무신통이었다. 또한 주민들의 신뢰를 받고 있는 장피에르가 그들을 설득하는 데 실패했다는 소식도 들었다. 이렇듯 카트린은 상황이 절망적이라고 판단하고 있는 것이다. 이런 상태에서 그녀는 클라리스의 행복을 빈다. 더 정확하게 말하자면 클라리스와 장피에르와 장차 태어날 아이의 행복을 빈다.

클라리스는 이런 카트린에게 그녀를 혼자 남겨 둘 수는 없다고 강변한다.[300] 앞에서 살펴본 것처럼 클라리스는 장피에르의 사랑을 확인하고 살아남기 위해 함께 투쟁할 것을 다짐했던 참이다. 그런 클라리스이기에 이번에는 카트린에게 희망을 가질 것을 권유한다. 그녀는 카트린에게 앞으로 태어날 자기 아이의 미소를 보면서 미래를 꿈꾸고 또 행복을 꿈꿀 수 있다는 사실을 강조한다. 이에 대해 카트린

---

[300]   같은 책, p. 100.

은 이 모든 것은 클라리스의 몫이라고 말한다. 그리고 카트린은 그녀의 삶, 그녀의 미래를 원한다고 말한다.[301] 마치 카트린과 클라리스의 과거의 태도가 바뀐 것 같은 인상이다.

아마도 이때 카트린은 단도로 루이를 죽이고 자기도 그의 뒤를 따라 죽는 것을 생각했던 같다. 다음 대사에서 그녀의 생각의 일단을 엿볼 수 있다. "아니야. 그럴 순 없어. 우리 사이에 이별은 없을 거야. 모든 것은 그 전에 멈춰야 돼."[302] 이 대사에서도 카트린이 사용한 1인칭 복수 인칭대명사 '우리'가 누구에 해당하는지 애매하다. 단순히 카트린과 루이일 수 있다. 또는 카트린과 루이를 포함한 모든 식구일 수도 있다. 어쨌든 앞에서 본 것처럼 카트린은 루이와의 긴 대화를 통해 서로의 사랑을 확인하면서 화해를 하게 되었고, 또 시의회를 재소집하겠다는 루이의 결심으로 이어졌다.

그리고 이미 장피에르와 카트린의 변신과 참여의 과정에서 살펴본 것처럼 보셀의 시의회가 재소집되었고, 거기에서 군식구 추방 결정이 폐기되었다. 이 조치는 곧장 부르고뉴에 대한 기습 공격으로 이어진다. 이를 위해 보셀 주민들 전체가 한데 모여 있는 장면이 『군식구』의 마지막 장면이다. 이 장면에서 클라리스는 카트린과 함께 그들에게 음식을 나눠 주고 있다는 것은 앞에서 지적한 대로이다. 이런 클라리스 모습에서 과거의 개인주의적, 유아론적, 소아병적 태도는 찾

---

[301] 같은 곳, p. 111.
[302] 같은 곳.

아볼 수가 없다.

  실제로 클라리스는 죽음을 무릅쓰고 싸우기로 작정한 보셀 주민들을 보고 놀라 카트린에게 묻는다. 그들이 어제의 그들과 같은 사람들이냐고 말이다.

> 카트린   모두 제 자리에! 남자들은 앞에! 여자들과 어린아이들은 뒤에!
> (그들은 부딪치고 서두른다.)
> 클라리스   이 사람들이 어제 그 사람들이에요?   (『LB』, p. 140)

  죽음을 두려워하지 않으면서 보셀 주민들과 운명을 함께하고 있는 클라리스의 모습을 보고 우리는 똑같은 질문을 던질 수 있다. 지금의 클라리스가 과거의 클라리스와 같은 사람이냐고 말이다. 이렇듯 그녀는 작품의 도입부와 끝부분에서 천양지차의 모습을 보여 주고 있다. 개인적이고, 유아론적이고 소아병적인 태도로부터, 죽을 각오를 하면서까지 타인들을 배려하고, 또 그들의 아픔에 공감하는 태도와 보셀의 승리와 잔존을 위해 싸우고자 하는 집단적 태도까지의 간격은 멀기만 하다. 이 거리에는 1939년 이후에 시작된 보부아르 자신의 윤리적 전회의 내용이 함축되어 있는 것으로 보인다.

  또한 클라리스에게서 볼 수 있는 이런 변화는 그대로 4년 후에 출간될 『제2의 성』에서 제시될 타자화된 여성의 모습에서 주체로 우뚝 선 여성의 한 전형으로 간주될 수 있을 것이다. 또한 이런 면에서 클

라리스는『파리떼』의 엘렉트라와는 정반대의 길을 걸어갔다고 할 수
있을 것 같다. 이런 관점에서 1939년에 시작된 각자의 전회의 초기
단계에서 사르트르와 보부아르의 참여 사이의 차이점을 말할 수 있
을 것이다. 실제로 이 시기에는 보부아르가 사르트르보다 더 적극적
이고 더 과격한 참여를 주장했다고 할 수 있을 것 같다.

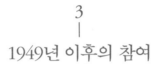

3
1949년 이후의 참여

『제2의 성』: 가장 큰 변곡점

　사르트르와 보부아르의 참여에서 1949년 출간된『제2의 성』이 가
장 큰 변곡점이라는 사실에는 이의가 없을 것이다. 1939년에 각자에
게서 시작된 전회로부터 2차 세계대전이 끝난 1945년까지 두 사람
의 참여는 그 방향과 실제 내용에서 거의 유사하다. 방금『파리떼』와
『군식구』의 주요 인물들에 주목하면서 두 사람의 참여에서의 차이를
부각시키긴 했다. 하지만 그 차이는 급진성의 차이 정도였다.
　또한 두 사람의 참여는 1945년부터 1949년까지도 거의 같은 추세
로 이어진다. 1949년까지 보부아르는 사르트르와 보조로 맞추며 직
접적인 행동과 문학 창작을 통한 참여로 나아간다. 가령, 대독협력

자들의 처벌에 대한 지지, 『레 탕 모데른』지 창간에의 참여, 『타인의 피』, 『모든 인간은 죽는다』, 『애매성의 윤리를 위하여』 등의 출간이 그것이다.

사르트르의 경우에도 비슷하다. 다만, 1945년을 계기로 그는 보부아르보다 더 활발하게 참여한다. 그로 인해 '사르트르 현상phénomène Sartre'[303]이 발생할 정도이다. 보부아르와 공동으로 표명한 대독협력자들의 처벌에 대한 지지와 『레 탕 모데른』지 창간에의 참여를 위시해 "실존주의는 휴머니즘이다"라는 제목의 강연, 『자유의 길』, 『무덤 없는 주검』, 『공손한 창부』, 『더러운 손』 등의 출간과 공연 등등…. 여기에 더해 사르트르는 1947-1948년에 미국과 소련 사이에서 제3의 노선을 지향하는 민주혁명연합RDR: Rassemblement Démocratique et Révolutionnaire을 조직해 직접 정치 일선에 뛰어들기도 한다. 얼마 못 가이 단체가 해산되지만 말이다.

이렇듯 사르트르와 보부아르는 해방에서 1949년까지 각자의 전회의 초기 단계에서와 거의 같은 양상으로 참여한다. 특히 문학 창작을 통한 참여에서도 이런 양상은 계속된다. 예컨대 보부아르는 『타인의 피』에서 레지스탕스 운동과 그 당시에 한창 몰두해 있던 실존주의적 윤리 정립의 문제를,[304] 『모든 인간은 죽는다』에서 인간의 가장 중요

---

303 잉그리드 갈스터(Ingrid Galster)가 편찬한 『"사르트르 현상의 탄생", 성공의 이유(1938-1945)[La Naissance du "phénomène Sartre", Raisons d'un succès(1938-1945)]』(Seuil, 2001)의 제목에서 빌어 왔다.

304 강초롱, 「시몬 드 보부아르의 《타인의 피》: 자기기만 개념에 대한 윤리적 재해석」, 『불

한 실존 조건 중 하나인 '죽음'의 문제를[305] 문학적으로 형상화하고 있다. 사르트르도 대독협력자 문제와 고문(『무덤 없는 주검』),[306] 고립된 인간과 참여의 문제(『자유의 길』) 등을 다루고 있다. 그는 특히 미국의 인종차별주의 문제(『공손한 창부』), 이데올로기 문제(『더러운 손』)[307]를 다루면서 주제를 확장해 나가고 있다.

이렇듯 『제2의 성』의 출간 전까지 사르트르와 보부아르의 참여에서 차이가 드러나지만 그래도 공통점이 더 많은 것으로 보인다. 하지만 이 저서가 출간된 1949년을 기점으로 두 사람의 참여 양상은 확연히 달라진다고 할 수 있다. 여기에서는 이 저서의 출간 이후, 즉 1949년 이후에 두 사람의 참여를 전체적으로 개괄하면서 그 주요 특징을 간략하게 기술하면서 그 차이에 주목하고자 한다.

다른 한편, 사르트르의 경우에는 그의 페미니즘에 대한 시각에도 주목해 보고자 한다. 주지하다시피 페미니즘은 『제2의 성』을 쓴 보부아르에게 친숙한 주제이다. 하지만 사르트르 역시 초기 작품부터 줄곧 여성문제에 적지 않은 관심을 표명하고 있다. 그런 만큼 그의 페미니즘에 대한 입장을 살펴보는 것은 그와 보부아르의 사유가 어떤

어불문학연구』, 99, 한국불어불문학회, 2014, 5-40쪽 참조.

305 변광배, 「시몬느 드 보부아르의 《모든 인간은 죽는다》에 나타난 인간의 필멸성과 불멸성」, 『외국문학연구』, 57, 한국외국어대학교 외국문학연구소, 2015, 173-198쪽 참조.

306 변광배, 「Sartre의 *Morts sans sépulture*에 나타난 두 죽음의 해석」, 『불어불문학연구』, 33, 한국불어불문학회, 1996, 473-489쪽 참조.

307 강충권, 「《더러운 손》이 지닌 애매성의 문제」, 『불어불문학연구』, 46, 한국불어불문학회, 2001, 1-22쪽 참조.

점에서 차이가 나는지를 알아볼 수 있는 길 중 하나라고 할 수 있다. 여기에서는 『자유의 길』 1권에 해당하는 『철들 나이』에 나타난 '낙태'에 관련된 주제와 그의 다른 문학작품의 주요 여성인물들을 중심으로 그의 페미니즘에 대한 생각의 일단을 살펴보고자 한다.

그다음으로 보부아르의 경우에는 『제2의 성』을 단순히 페미니즘 운동의 장을 열어젖힌 저서로 보기보다는 그 이전에 그녀가 계속 고심해 왔던 '실존주의 윤리'와의 연속선상에서 이해할 필요가 있다는 점을 지적하고자 한다. 그리고 1970년에 출간된 『노년』에 대해서도 같은 지적을 하고자 한다. 이렇게 함으로써 우리는 사르트르와 보부아르의 사유와 참여에서의 차이점을 종합적으로 파악할 수 있을 것이다.

사르트르의 거시적 참여

1) 1949년 이후의 행보

1949년, 더 정확하게는 1945년 이후에 이루어진 사르트르의 참여에서는 '거시적' 성격이 두드러지는 것으로 보인다. 해방과 더불어 시작된 냉전의 기류를 타고, 특히 1950년 한국전쟁을 계기로 그는 이데올로기 문제에 깊이 관여한다. 이 시기에 그 유명한 '사르트르-카뮈', '사르트르-메를로퐁티'의 이념적 논쟁이 발생했다는 것은 잘 알려져 있다.[308] 사르트르는 그 시기에 소련을 위시해 공산주의 진영과는 불편한 동반자compagnon de route의 관계를 유지한다. 반면, 그는 미국을 위시해 서유럽의 자유민주의 진영과는 일정한 거리를 유지한다. 앞에서도 언급한 것처럼 그는 한때 미국과 소련 사이에서 제3의 길로 나아가기도 한다.

보다 구체적으로 1950년대에 들어서서 사르트르는 인도차이나전쟁, 알제리전쟁 등에 관여하면서 참여 지식인으로서의 역할을 활발하게 수행한다. 1954년에 시작된 알제리전쟁을 반대하는 입장을 표명함으로써 그는 프랑스에서 '가장 미움받는 사람'이 된다. 이로 인해 심지어 1961년에는 그가 살던 아파트가 극우파로부터 폭탄테러를 당하는 일이 발생하기도 한다. 1954년에는 처음으로 소련을 방문하고, 1955년에는 중공을 방문해 공산주의 진영과의 관계를 돈독히 하는 한편, 제3세계에 대한 관심을 갖기 시작한다. 그러는 와중에서도 창작 작업은 계속되어 『악마와 선한 신Le Diable et le Bon Dieu』(1951)과 『알토나의 유폐자들Les Séquestrés d'Altona』(1959)이 공연된다. 이 두 작품은 사르트르의 극작품 중 가장 비중 있는 작품으로 여겨진다.

1960년대에 들어서서도 사르트르의 이론적, 실천적 활동은 그치지 않는다. 우선 1960년에는 그의 후기 사상의 전모를 담고 있으며, 또한 1939년 이래 계속된 그의 전회의 총결산인 『변증법적 이성비판』이 출간된다. 1955년 중공 방문으로 시작되었던 그의 제3세계에 대

---

308 정명환·장 프랑수아 시리넬리·변광배·유기환, 앞의 책, 2004; 윤정임, 「사르트르와 메를로퐁티 - 《현대Les Temps Modernes》지를 중심으로」, 『인문과학』, 98, 연세대학교 인문학연구원, 2013, 117-146쪽 참조. ; 윤정임, 「카뮈-사르트르 논쟁사」, 『유럽사회문화』, 6, 연세대학교 유럽사회문화연구소, 2011, 5-27쪽 참조.

한 관심은 날로 커져 쿠바, 브라질, 유고슬라비아 등의 방문으로 이어진다. 1961년에는 탈식민주의에서 큰 족적을 남긴 파농F. Fanon을 만나고 그의 『대지의 저주받은 자들Les Damnés de la terre』의 '서문'을 집필한다.

1963년 알제리가 독립했으나, 다음 해인 1964년 베트남전쟁이 발발한다. 이에 사르트르는 1966년 러셀B. Russell의 호소에 응해 베트남전쟁범죄 국제재판Tribunal Russel(러셀 법정)을 주재한다. 1966년에는 일본을 방문해 지식인을 주제로 강연을 한다. 이 강연 모음집이 『지식인을 위한 변명』으로 출간된다. 1967년에는 이집트와 이스라엘을 방문해 중동문제에도 큰 관심을 표명한다. 1960년대에 사르트르의 활동 중 가장 특기할 만한 것은 바로 소련과의 불편한 관계의 청산이다. '헝가리 사태'(1963)와 '체코슬로바키아 사태'(1965)를 통해 그는 점차 소련과 거리를 두게 된다. 그 와중에서도 사르트르의 문학 창작은 계속된다. 1964년에는 자전적 소설 『말』이 출간된다.

주지하다시피 사르트르는 1964년 수상을 거부한 노벨문학상 작가로 선정되어 영광의 정점에 선다.[309] 하지만 1960년대 초부터 시작된 구조주의의 거대한 파도에 휩쓸려 그는 점차 영향력을 잃어 간다. 이런 상태에 있던 그의 참여 지식인으로서의 명성은 1968년 5월 혁명을 계기로 일시적으로 회복된다. 앞에서 지적한 것처럼 1939년부터

---

[309] 사르트르가 노벨문학상을 거부한 이유에 대해서는 다음을 참조할 것. Jean-Jacques Brochier, *Pour Sartre. Le Jour où Sartre refusa le Nobel,* Editions Jean-Claude Lattès, 1995.

시작된 그의 인식론적 전회는 1960년에 『변증법적 이성비판』 1권이 출간됨으로써 일단락된다. 그런데 이 저서가 8년 뒤에 발발한 5월 혁명을 미리 예견했다는 평가를 받는다.[310] 어쨌든 그는 혁명 중에 주체 세력인 학생들의 요청으로 소르본대학 강당에서 강연을 한 유일한 지식인이었다. 그 이후에 사르트르는 마오주의자들과 교류하면서 프랑스 사회변혁을 위한 마지막 열정을 불태우게 된다.[311]

이렇듯 사르트르는 1945년부터 마르크스주의 ─그는 『변증법적 이성비판』에서 마르크스주의를 그의 시대의 "뛰어넘을 수 없는 철학 philosophie indépassable"[312]으로 규정한다─ 를 신봉하고 계급투쟁 이론을 원용하면서 사회에서 소외된 자들의 인간성 회복을 위해 노력했다. 이런 그의 노력의 특징 중 하나는 바로 그의 참여가 사회 전체의 변화를 추구하는 '종합적'이고 '전체적'인 양상, 곧 '거시적'인 양상을 띠고 있다는 점이다.

이와 같은 사르트르의 참여가 갖는 특징은 이론과 실천에서 동일한 것으로 보인다. 이와 관련해 그의 참여의 비전이 이미 1945년에 창간된 『레 탕 모데른』지의 창간사에서부터 드러나고 있다는 점은 흥미롭다.

---

[310] 변광배, 「사르트르와 68혁명 (I): 두 가지 형태의 참여」, 『프랑스학연구』, 85, 프랑스학회, 2018, 31-60쪽 참조; 한국프랑스철학회엮음, 『철학, 혁명을 말하다: 68혁명 50주년』, 이학사, 2018, 59-132쪽 참조.

[311] 변광배, 「사르트르와 68혁명 (II): 마오주의자들과의 교류와 지식인관의 변모」, 『프랑스문화예술연구』, 73, 프랑스문화예술학회, 2020, 54-85쪽 참조.

[312] 『CRDL』, p. 14.

요컨대 우리의 의도는 우리를 둘러싸고 있는 사회에 어떤 변화를 일으키도록 힘을 모으려는 데 있다. 허나 그것은 영혼의 변화를 의미하는 것이 아니다. 영혼을 지도하는 일에 관해서는 그 방면의 특별한 고객을 가지고 있는 작가들에게 전권을 위임하려고 한다. 우리는 유물론자는 아니지만 일찍이 영혼과 육체를 구분해서 생각해 본 일이 없었고 인간의 현실이라는 분해할 수 없는 하나의 현실만을 알고 있을 따름이다. 우리는 인간의 사회조건과 인간이 스스로에 대해서 가지고 있는 개념을 동시에 개조코자 하는 사람들의 편에 서 있다. (『현대』지 창간사 중)[313]

이와 같은 기치하에 참여를 부단히 이어간 사르트르를 시인 오디베르티J. Audiberti는 이렇게 부르고 있다. "지성의 전 방위에 있었던 밤의 감시자이자 거대한 일꾼Tâcheron énorme, veilleur de nuit présent sur tous les fronts de l'intelligence"[314]이라고 말이다. 사르트르는 이런 자격으로 특히 한 공동체의 지배세력에 대해 해를 끼치면서 항상 '불편한 의식 conscience malheureuse'이기를 원할 뿐 아니라, 또 이 세력과 '적대관계'에 있기를 바란 것이다. 당연히 그의 이런 태도가 그가 발을 딛고 살았던 사회 전체의 변화와 그 안에서 살고 있는 모든 사람의 인간다운

---

[313] 장폴 싸르트르, 「현대의 상황과 지성 - 《현대》지 창간사」, 『창작과 비평』, 1966년 겨울호 제1권 제1호, 문우출판사, 1966, 124쪽.(우리는 『현대』지를 『레 탕 모데른』지로 표기했다.)

[314] Michel Contat & Michel Rybalka, *Les Ecrits de Sartre,* Gallimard, 1970, p. 11.

삶의 보장을 겨냥하고 있다는 점은 의심의 여지가 없다.

2) 사르트르: 페미니스트?

사르트르의 사유와 문학은 '남성우월주의적machiste' 또는 '성차별주의적sexiste'으로 여겨진다.[315] 가령, 보부아르와의 대담에서 그는 이런 규정을 인정하는 것에 대해 주저하지만, 결국에는 인정하고 만다.[316] 사르트르의 사유 역시 서구 철학의 전통을 이어받아 '남근중심주의phallogocentrisme' 성향이 있는 것으로 여겨진다.[317] 또한 그의 문학작품에서 남자들 사이의 우정에 초점이 맞춰지는 경우가 빈번하다.[318] 이는 어느 정도 그의 실생활에서의 인간관계나 또는 그가 평소 가지고 있던 '융화 집단'에 대한 꿈, 그 중에서도 이 집단이 유지되기 위해 요구되는 '형제애' 개념이 반영된 결과로 여겨진다.[319]

---

[315] 사르트르의 사유와 문학을 이렇게 규정하고 있는 연구자들과 그에 대해 반론을 펼치면서 그를 페미니스트로 볼 수 있다는 주장에 대해서는 다음을 참고하기 바란다. Julien S. Murphy (ed.), *Feminist Interpretations of Jean-Paul Sartre*, The Pensylvania State University Press, 1999.(특히 이 저서의 '서론(Introduction)'에서 사르트르의 철학과 문학이 반페미니즘적으로 규정되는 이유와 그의 철학을 "성차별주의", "가부장적 실존주의", "여성에 대한 비토" 등으로 규정하는 연구들이 소개되고 있다.)

[316] "Simone de Beauvoir interroge Jean-Paul Sartre", in *L'Arc*, no.61, 1975, p. 4.

[317] Céline T. Léon, "L'Existentialisme est-il un féminisme?", in Ingrid Galster, 앞의 책, pp. 305-332.

[318] 하지만 실생활에서 사르트르는 많은 친구들과 헤어지는 아픔을 맛보았다. 그의 실생활과 문학작품에 나타난 남자들 사이의 우정 문제에 대해서는 다음 글을 참고하기 바란다. Jean-Pierre Martin, "Sartre et les garçons. Entre l'amitié fédératrice et l'art de la brouille", *Revue des sciences humaines,* no.308, 4/2012(Autour des écrits autobiographiques de Sartre), pp. 61-70.

[319] 『LC』, pp. 328-332.

가령, 앞에서 언급했던 고등사범학교 재학 시절에 니장, 마외와 형성했던 3인방이 그 한 예이다. 특히 사르트르와 니장의 관계는『자유의 길』시리즈 전체에서 마티외와 브뤼네Brunet의 관계,[320] 미완으로 남아 있는 제4권『기이한 우정Drôle d'amitié』에서 브뤼네와 슈나이더Scneider(나중에 비카리오Vicario로 밝혀진다),[321]『더러운 손』에서 위고Hugo와 외드레르Hœderer, 시나리오「톱니바퀴L'Engrenage」에 나오는 장Jean과 뤼시앵Lucien[322] 등의 관계의 원형으로 간주된다.

하지만 사르트르의 문학 세계에서 여성들의 비중 또한 작지 않은 것으로 보인다. 그를 페미니스트로 볼 수 있다는 견해가 전혀 없는 것은 아니다. 물론 노동자, 흑인, 유대인 등이 겪는 여러 종류의 억압에 대해 비판적인 태도에도 불구하고 사르트르가 여성이 겪는 억압에 대해서는 미온적인 태도를 취하고 있는 것은 사실이다.[323] 하지만 페미니스트로서의 그의 모습이『제2의 성』의 집필을 계기로 대표적인 페미니스트로 완전히 규정되어 버린 보부아르에 의해 오히려 제대로 평가되지 못하고 있는 측면도 없지 않아 보인다.[324]

---

[320] 변광배,「〈마지막 기회〉를 통해 본 마티외의 변신」,『현대문학』, 5, 제545호, 현대문학, 2000, 250-261쪽 참조.

[321] 『기이한 우정』에서는 비카리오로,『자유의 길』의 마지막 권으로 예정되었다가 미완으로 남아 있는「마지막 기회(La Dernière chance)」에서는 슈나이더라는 이름으로 등장한다. 사르트르가 동일 인물에 대해 착각을 한 것이 아닌가 한다.

[322] 변광배,「사르트르 - 폭력 또는 글쓰기」,『외국문학연구』, 한국외국어대학교 외국문학연구소, 제5호, 1999, 137-178쪽 참조.

[323] Gianluca Vagnarelli, "Sartre féministe grâce à Simone de Beauvoir?", Lendemains, Etudes comparées sur la France, no.132, 2008(Le centenaire de Simone de Beauvoir), p. 20.

[324] 같은 글, p. 21.

실제로 어떤 면에서는 사르트르가 보부아르보다도 더 일찍, 더 급진적으로 페미니즘적 테제에 관심을 가졌다고도 할 수 있을 것 같다. 가령, 사르트르는 『자유의 길』에서 보부아르보다도 더 적극적으로 '낙태' 문제를 다루고 있다.[325] 이는 이 문제로 인해 여성들에게 발생하는 여러 현상을 고발하기 위함이다.

앞에서 사르트르와 보부아르에게서 계약결혼의 문학적 형상화를 비교하면서 지적했듯이, 『자유의 길』1권 『철들 나이』에서 마티외와 마르셀이 부딪친 낙태 문제는 이 소설의 주요 주제 중 하나이다.[326] 이 소설의 모든 사건은 "1938년 6월 13일 경의 48시간 동안", 혹은 더 정확하게는 "14일 화요일 22시 30분과 16일 목요일 밤에서 17일 금요일 새벽 2시경 사이"[327]에 발생한다. 그런데 1938년 프랑스에서는 낙태가 법에 의해 금지되어 있었다. 낙태가 법으로 허용되기 위해서는 1975년까지 기다려야 했다. 이 법의 통과를 위해 보부아르도 그 유명한 "343 낙태 선언"에 이름을 올리면서 앞장섰다는 것은 잘 알려진 사실이다.

---

[325] 사르트르는 『철들 나이』에서 남성 동성애 문제도 다루고 있다. 또한 『닫힌 방』에서는 여성 동성애 문제에 대해서도 관심을 표명하고 있다. 특히 이 극작품에서 이런 문제를 다룸으로써 페탱 원수가 비시 괴뢰정부의 수반으로 펼쳤던 이른바 국가와 가정 위주의 "덕성주의(vertuisme)'에 입각한 반페미니즘적 정책에 대한 고발과 저항으로 여겨진다.(『TC』, pp. 1300-1301.)

[326] 변광배, 『사르트르와 폭력: 사르트르의 철학과 문학에 나타난 폭력의 얼굴들』, 그린비, 2020, 266-316쪽 참조.

[327] Jean-Paul Sartre, Œuvres romanesques, Gallimard, coll. Bibliothèque de la Pléiade, 1981, pp. 1983, 1940, 1940-1941, note. 1.

실제로 페탱 원수가 수반이던 비시 괴뢰정부 시절인 1943년에 한 여성이 낙태를 했다는 이유로 기요틴으로 처형당한 적이 있었다.[328] 제2차 세계대전이 한창이던 이 시기에 불법으로 규정된 낙태를 한 자를 처형한 것은 주로 인구 문제 때문이었다. 전쟁에서 전사하는 자들의 수효가 늘어나면서 출생률을 떨어뜨리는 낙태를 금지해야 할 필요성이 제기되었던 것이다.

『철들 나이』에서 마티외는 계약결혼 상태에 있는 마르셀의 임신 소식을 접하자 곧바로 낙태를 제안한다. 마르셀도 처음에는 그의 제안을 받아들인다. 7년 전에 두 사람은 낙태에 대해 합의를 했기 때문이다. 하지만 두 사람은 세 가지 문제에 부딪친다. 불법 시술소의 위생 문제, 비용 문제, 마르셀의 심경의 변화가 그것이다. 그 당시에 낙태가 불법이었지만 비밀리에 낙태를 시행하는 곳이 있었다. 비용도 문제였지만 이런 곳에서는 위생 문제가 더 심각했다. 수술을 받은 사람이 죽는 경우도 있었고, 수술 후에 후유증으로 시달리는 사람들도 있었다.

물론 불법이긴 하지만 위생시설이 조금 더 나은 곳에서 수술이 시행되기도 했다. 하지만 이 경우에는 비싼 비용이 문제가 되었다. 또한 프랑스를 피해 낙태가 법으로 허용된 다른 나라로 가서 수술을 받는 경우도 있었다. 이런 경우는 경제적으로 여유가 있는 일부 사람

[328] Association "CHOISIR", *Avortement: Une loi en procès. L'affaire de Bobigny*, Gallimard, coll. Idées, 1973, pp. 206, note 1, 249; Jean-Paul Sartre, 앞의 책, 1981, p. 1867, note 3.

들에게만 해당되었다. 『자유의 길』에서는 마티외가 위생시설이 좋지 않은 비밀 시술소를 찾아갔다가 돌아서는 장면, 이미 낙태 수술을 받은 경험이 있는 제3자를 통해 의사를 수소문하고 비용을 흥정하는 장면 등등이 그려지고 있다. 그런데 이 작품에서는 마르셀이 결정적으로 낙태를 포기하고 아이를 낳겠다고 생각을 바꾸면서 낙태 문제는 일단락된다.

이 단계에서 하나의 질문이 제기된다. 사르트르가 1938년의 프랑스 사회를 배경으로 하고 있는 『철들 나이』에서 낙태를 주요 주제 중 하나로 다룬 이유는 무엇일까? 이 질문에 대한 답 중 하나는 바로 낙태가 법으로 금지됨으로써 파생될 수 있는 여러 문제에 대한 고발이라고 할 수 있을 것 같다. 낙태 수술을 받는 당사자의 생명, 건강, 위생 문제, 낙태로 인한 비용 문제, 특히 빈곤층에 속한 사람들이 비싼 비용을 감당하지 못해 겪게 되는 경제적, 정신적 고통 등에 대한 고발이 그것이다.

위의 질문에 대한 또 다른 답은 남성 위주의 일방적인 인간관계의 정립과 의사소통에 대한 고발로 보인다. 마티외는 마르셀과의 관계에서 낙태에 대한 그녀의 의견을 거의 고려하지 않는 태도로 일관했다. 물론 그는 7년 전에 그녀와의 대화에서 낙태에 대한 그녀의 뜻을 확인한 바 있었다. 또한 두 사람 사이에는 모든 것을 다 털어놓고 이야기한다는 묵계가 있기는 하다. 그럼에도 낙태 문제에 관련해서 두 사람 사이의 의사소통은 실패로 끝나고 만다는 것은 분명해 보인다.

이런 사실에서 출발해서 페미니스트로서의 사르트르의 모습을 일부나마 제시할 수 있을 것으로 보인다. 그는 후일 『제2의 성』을 쓴 보부아르보다도 먼저 이런 주제에 관심을 표명하게 된다. 그리고 그의 이런 관심은 그의 문학작품 속의 여러 여성인물을 통해서도 드러나는 것으로 보인다. 물론 그의 작품에서 남자들 사이의 우정에 더 큰 비중을 주고 있는 것은 사실이다. 또한 그의 작품에서 수동적이고 타자화된 모습으로 그려지고 있는 여성 인물들도 있다.[329] 하지만 그와 반대되는 유형도 없지 않다.

앞에서 보았던 『파리떼』의 엘렉트라도 그 중 한 명이다. 비록 그녀가 마지막에 주피터의 품으로 뛰어듦으로써 자유로운 인간으로서의 지위를 포기하지만 말이다. 『무덤 없는 주검』에서 친동생의 살해를 직접 결정하는 저항 대원 뤼시Lucie, 『악마와 선한 신』에서 괴츠Goetz에 대항해 '증여'를 통해 '선善'을 행하고자 하는 힐다Hilda,[330] 『알토나의 유폐자들』에서 남성들의 운명을 손아귀에 쥐고 있는 레니Leni와 요한나Johanna[331] 등을 꼽을 수 있을 것이다. 이렇듯 사르트르의 전체 작품에서 페미니즘과 관련된 문제들은 그의 문학 세계를 이해하고 나아가 그의 참여를 이해하는 데 중요한 한 표점標點이 될 수 있을 것으로 보인다.

[329] *Dictionnaire Sartre*, 2004, pp. 185-186.
[330] 오은하, 「폭력 없는 증여라는 꿈: 사르트르, 《악마와 선한 신》의 괴츠와 힐다」, 『불어불문학연구』, 125, 한국불어불문학회, 2021, 81-113쪽 참조.
[331] 변광배, 앞의 책, 2020, 400-421쪽 참조.

보부아르의 미시적 참여

1) 『제2의 성』 이후

앞에서 언급한 『레 탕 모데른』지의 창간사에 들어 있는 인간의 해방과 사회의 변혁은 사르트르에게만 해당되는 참여의 목표가 아니다. 그것은 그대로 보부아르의 것이기도 하다. 그런데 1949년, 곧 『제2의 성』의 출간 이후에 이루어지는 그녀의 참여는 사르트르의 그것과는 다른 성격을 띠는 것으로 보인다. 그녀의 참여는 '미시적'이라고 할 수 있을 것 같다.[332] 그녀는 그 이후에 주로 여성과 노인의 문제에 대해 이론적, 실천적 관심을 갖게 된다. 이런 관심 속에서 그녀가 선택한 참여 노선과 마르크스주의에 입각한 계급투쟁과 이데올로기 투쟁을 내세우면서 사르트르가 선택한 참여 노선 사이에는 상당한 차이가 있어 보인다.[333]

『파리떼』와 『군식구』를 비교하면서 보부아르의 관심이 주로 노인들, 어린아이들, 여자들에 있음을 확인할 수 있었다. 그런데 이 군식

---

[332] 앞에서도 언급한 것처럼 여기에서 보부아르의 참여가 갖는 '미시적' 성격은 상대적이라는 것을 지적하자.

[333] 보부아르가 본격적으로 여성해방운동에 뛰어드는 1971년까지, 또는 그 이후에도 그녀와 사르트르의 현실 참여는 거의 같은 노선에서 이루어진다는 것을 지적하자. 가령, 인도차이나전쟁, 알제리전쟁, 베트남전쟁 등에 대한 반대, 러셀 법정에의 참여, 1968년 5월 혁명의 지지 등에서 두 사람은 같은 태도를 견지하고 있다. 다만, 1971년 이후로 두 사람의 참여의 강도와 방향은 뚜렷한 차이를 보이게 된다. 특히 사르트르는 시력 문제와 건강 문제로 인해 1970년대 후반에는 직접적인 참여를 거의 할 수 없었다. 반면, 보부아르는 오히려 1970년대 후반에 세계 여성해방운동의 지도자로 활동하게 된다.

구와 관련해 그녀가 아리스토텔레스의 『정치학』에서 제시된 시민과 노예의 구별 전통에 충실하다는 점은 흥미롭다. 아리스토텔레스는 『정치학』 3권 1장("시민을 어떻게 정의할 것인가?")에서 여자, 어린아이, 노인을 시민에서 제외하고 있다.[334] 또한 보부아르는 『피로스와 키네아스』와 『애매성의 윤리를 위하여』에서 이미 어린아이의 문제를 거론하고 있으며,[335] 『애매성의 윤리를 위하여』에서는 여성문제가 꽤 심도 있게 논의되고 있다.

하지만 『군식구』는 상상의 세계를 그리고 있는 극작품이고, 『피로스와 키네아스』와 『애매성의 윤리를 위하여』는 실존주의적 윤리의 정립 과정에서 집필된 추상적이고 사변적인 이론서에 속한다. 그런데 보부아르는 『제2의 성』의 출간을 계기로 여성문제에 대한 이론적 성찰을 넘어 그 문제 해결을 위한 실천적 참여로 뛰어들게 된다. 그녀의 실천적 참여가 1960년에야 비로소 본격적으로 시작되지만 말이다. 그해에 그녀는 "남자는 적이다. 오늘날의 사회구조는 여자들에게 가장 큰 전쟁터이다"[336]라고 선언하면서 페미니스트 투사로 활동하기 시작한다.[337]

---

[334] 아리스토텔레스, 『정치학』, 천병희 옮김, 숲, 2009, 131-134쪽 참조.

[335] 『PM』, pp. 51-56. 보부아르의 어린아이에 대한 사유는 사르트르에 의해 그대로 수용되고 있다. 그는 『윤리를 위한 노트』에서 어른에게 어린아이의 존재는 창틀에 내놓고 들여 놓는 "화분(pots)"과 같은 존재, 즉 '객체화된 대상'으로 여긴다.(Jean-Paul Sartre, 앞의 책, 1983, p. 22.) 이런 그의 주장에서 보부아르의 영향이 뚜렷이 나타나 있다.

[336] 『보전』, 632쪽.

[337] 보부아르가 사르트르를 만났던 1929년만 하더라도 그녀는 남자들을 "적"이 아니라 "동료들(camarades)"로 생각했다는 사실을 지적하자.(『FA』, p. 412.)

그리고 보부아르는 1968년 5월 혁명을 계기로 시작된 '여성해방
운동MLF: Mouvement de libération des Femmes'이라는 단체의 일원으로 활동
하면서 1971년부터 보다 더 과격한 투쟁에 돌입한다.[338] 앞에서 언급
한 것처럼 그녀는 그해에 낙태법의 통과를 위해 투쟁했다. 또한 노인
문제에 대한 보부아르의 관심은 1970년 출간된 『노년』에 집약적으로
나타나고 있다. 어쨌든 1949년 이후의 그녀의 참여에서 특기할 만한
점은 바로 그녀의 관심이 여성해방과 노인문제 해결이라는 구체적이
고 현실적인 방향으로 나아가고 있다는 점이다.[339]

이런 사실에 대한 언급만으로도 1949년 이후에 사르트르와 보부아
르의 참여가 어떤 점에서 차이가 나는지를 개략적으로 알 수 있을 것

---

[338] 강초롱, 앞의 글, 2018, pp. 159-203.

[339] 사르트르에 비해 보부아르는 상대적으로 어린아이에 대해 훨씬 더 적게 다루고 있다.
하지만 『제2의 성』에서는 어린 시절에 많은 분량을 할애하고 있으며, 특히 남자아이
와 여자아이의 성장 과정을 비교하고 있다. 반면, 사르트르는 단편집 『벽』에 실린 「어
느 지도자의 어린 시절(L'Enfance d'un chef)」, 『알토나의 유폐자들』, 『말』에서 어린 시절
에 대해 큰 관심을 보이고 있다. 또한 보들레르, 주네, 플로베르, 말라르메 등을 다루고
있는 문학 비평서에서 그들 각자의 어린 시절을 세세하게 분석하고 있다.(*Dictionnaire
Sartre*, 2004, pp. 153-154.) 한편, 사르트르의 문학작품에는 단편집 『벽』에 실린 「방(La
Chambre)」을 제외하면 노인이 거의 등장하지 않는다. 그의 문학작품에는 노인보다는
오히려 아버지가 훨씬 더 빈번하게, 강압적인 아버지나 부재하는 아버지의 모습으로
등장한다. 보부아르의 경우에는 『노년』에서 노인문제를 이론적으로 상세히 검토하고
있으나, 그녀의 문학작품에서 정작 노인은 거의 나타나지 않는다. 오히려 보부아르는
인간의 죽음에 큰 관심을 표명하고 있다. 이에 반해 사르트르는 전쟁으로 인한 죽음,
자살, 살인 등에 대해서는 관심을 표명하나, 극작품 『닫힌 방』과 시나리오 「내기는 끝
났다(*Les Jeux sont faits*)」를 제외하고 자연사에 대해서는 거의 관심을 표명하지 않는다.
이런 점들 또한 두 사람의 사유와 문학 세계의 차이를 구성하는 하나의 요소라고 할 수
있다.

이다. 여기에서는 『제2의 성』과 관련해 이 저서의 바탕에 보부아르 자신의 실존주의적 윤리가 깔려 있다는 사실을 제시하고, 또한 『노년』 역시 그 연장선상에 있다는 사실을 지적하는 것으로 그치고자 한다.

2) 『제2의 성』: 여성을 위한 윤리 선언

이 책의 모두에서 보부아르의 이름은 『제2의 성』과 직결되어 있다고 했다. 그녀에게 세계적인 명성을 안겨 준 이 저서는 지금까지 출간된 여성문제를 다룬 저서 중 "가장 중요하고 광범위한" 것으로 여겨지며, "미치광이처럼 분별 있고 눈부시게 혼란스럽다"는 평가를 받는다.[340] 그에 걸맞게 이 저서는 『르 몽드*Le monde*』 선정 20세기의 책 100권에, 『뉴욕 타임즈*New York Times*』지 선정 20세기 최고의 책 100권에 포함되어 있다. 또한 이 저서는 영국의 일간지 『더 타임즈*The Times*』지의 주간 자매지였다가 독립한 『더 타임즈 리터러리 서플리먼트*The Times Literary Supplement*』에서 1995년 10월 6일에 작성한 '2차 세계대전 이후 가장 영향력 있는 100권의 책The Hundred Most Influential Books Since The War II'의 목록에도 포함되어 있다.

『제2의 성』은 또한 보부아르를 세계에서 가장 유명한 페미니스트로 자리매김해 준 저서이기도 하다. 그녀는 이 저서로 "오늘날의 여성해방 혁명을 일으킨 장본인", 또는 "우리 모두의 어머니"라는 영광스러운 칭호를 받고 있기도 하다.[341] 콜레트 오드리C. Audry[342]의 추도

---

[340] 『보전』, 398-399쪽.

문nécrologie에서 『제2의 성』의 출간을 계기로 보부아르가 "일종의 발키리, 여성참정권자, 여장부une sorte de Walkyrie, de suffragette, de virago"[343]가 되었다고 말하고 있다. 보부아르가 1986년 세상을 떠났을 때 보부아르를 "정신적 어머니mère spirituelle"[344]로 여겼던 엘리자베스 바댕테르E. Badinter가 조사弔詞를 낭독했다. 그 기회에 그녀는 이렇게 외쳤다. "여성들이여, 우리는 그녀에게 모든 것을 빚지고 있다Femmes, nous lui devons tout."[345]

그런데 우리는 이런 평가 앞에서 다음과 같은 질문을 던지고자 한다. 이런 평가로 인해 『제2의 성』이 오히려 '페미니즘'이라는 너무 강한 틀 속에 갇혀 버리는 것은 아닐까? 얼핏 이 질문은 무모해 보이기까지 하다. 이 저서가 '페미니즘의 바이블'[346]로 여겨지고, 또 보부아

---

[341] 같은 책, 718쪽.

[342] 사르트르와 보부아르의 친구로, 좌파 성향의 지식인이다. 보부아르의 증언에 의하면 여성문제에 대한 저서 집필의 아이디어는 원래 오드리의 것이었다고 한다. 하지만 보부아르가 이 문제에 흥미를 느낀 다음 오드리에게 양해를 구하고 『제2의 성』의 집필을 시작했다고 한다.

[343] Le Deuxième Sexe *de Simone de Beauvoir*, Textes réunis et présentés par Ingrid Galster, Presses de l'Université Paris-Sorbonne, coll. Mémoire de la critique, 2004, p. 315.(발키리는 북유럽 신화에 나오는 오딘(Odin)을 섬기는 여전사들로, 용감한 전사자(戰死者)들을 천계(天界)로 인도한다고 한다.)

[344] Catherine Rodgers, Le Deuxième Sexe *de Simone de Beauvoir: Un héritage admiré et contesté*, L'Harmattan, coll. Bibliothèque du féministe, 1998, p. 51.

[345] 바댕테르의 증언에 의하면 이 문장은 원래 "여성들이여! 우리는 그녀에게 많은 것을 빚지고 있다(Femmes, nous lui devons tant)"였는데, 『르 누벨 옵세르바퇴르(*Le Nouvel Observateur*)』지에서 제목을 바꿔 게재했다고 한다. 같은 책, p. 58; 『보전』, 717쪽.

[346] Alice Schwarzer, 앞의 책, 1984, p. 74; Yvette Roudy, "La seconde révolution des Américaines", *L'Arc*, no.61, 앞의 책, 1975, p. 68.

르는 이 저서로 인해 '전 세계 여성 운동의 어머니'로 여겨진다는 것은 누구나 인정하기 때문이다. 하지만 이 저서를 페미니즘의 대표적 저서로 규정함으로써 이 저서의 또 다른 특징이 묻혀 버리는 것이 아닐까? 보부아르는 이 저서로 인해 페미니스트로의 지위만 지나치게 부각되는 것은 아닐까?

이런 문제 제기가 가능한 것은 무엇보다도 『제2의 성』이 보부아르에게서 윤리의 시기로 규정되는 1939-1947년으로부터 시간적으로 멀리 떨어지지 않은 1949년에 출간되었다는 사실 때문이다. 이 시기는 『애매성의 윤리를 위하여』의 출간 2년 후에 해당한다. 그런데 『애매성의 윤리를 위하여』에 포함된 글들은 이미 1946년부터 『레 탕 모데른』지에 게재되었다.[347] 또한 『제2의 성』도 1946년부터 집필되기 시작했다. 이것은 『애매성의 윤리를 위하여』와 『제2의 성』과 거의 비슷한 시기에 쓰였다는 것을 명확히 보여 준다. 이런 사실을 고려하면 『제2의 성』이 그녀의 윤리학적 전회의 연속선상에서 이해될 수도 있다는 것을 내다볼 수 있다.[348]

---

[347] Claude Francis & Fernande Gonthier, *Les Ecrits de Simone de Bauvoir. La Vie – L'Ecriture avec en appendice Textes inédits ou retrouvés*, Gallimard, 1979, pp. 140-141 참조.

[348] 필자는 보부아르가 태어난 지 100주년이 되는 해인 2008년을 기념하기 위해 2007년에 『《제2의 성》: 여성학 백과사전』(살림, e시대의 절대사상 36)을 출간한 바 있다. 이때 그녀의 사유, 특히 실존주의 윤리에 대한 이해의 부족으로 인해 『제2의 성』이 가진 페미니즘적 특징만을 부각시켰던 적이 있다. 여기에서는 이 저서가 가진 실존주의 윤리의 측면을 부각시키고자 한다. 이 저서가 가진 이런 측면에 대해서는 다음과 같은 연구 결과들이 도움이 되었다. 강초롱, 「시몬 드 보부아르의 육체에 대한 윤리적 성찰 - 《제2의 성》을 향한 비판에 대한 재고찰」, 『불어불문학연구』, 102, 2015, 한국불어불문학회, pp. 5-42; 강초롱, 앞의 글, 2013; 문성훈, 「다시 보부아르로! - 실존주의적 논쟁적 재평가」,

물론 보부아르가 『제2의 성』을 집필하게 되기까지에는 그녀에게 고유한 '여자'라는 생물학적 조건에 따르는 개인적 상황과 그 당시의 시대적 상황이 크게 작용했다. 실제로 그녀는 이 저서를 집필하기 전까지는 스스로 페미니스트라고 생각한 적이 없었다. "남자의 두뇌"와 "여자의 감성"[349]을 지녔으며, 특히 지적인 면에서 뭇 남성들보다 더 뛰어나다는 평가를 받았던 그녀가 여성문제에 관심을 가질 이유가 없었던 것이다. 하지만 1946년을 전후해 그녀는 개인적으로 위기를 맞게 된다. 그 이유는 사르트르와의 관계였다. 그 당시에 그는 미국 방문 중 알게 된 돌로레스 바테티와 사랑에 빠진다. 그녀의 존재로 인해 보부아르와 사르트르의 관계는 심각한 위기에 봉착하게 된다.

또한 실존주의의 전 세계적인 유행으로 사르트르의 명성은 커져만 갔다. 그런 그의 옆에서 보부아르는 소외감을 느끼게 된다. 두 사람은 같이 여행을 자주 했고, 또 여러 나라에서 함께 초청되는 경우도 많았다. 그때마다 그녀는 모든 관심과 영광의 스포트라이트가 그에게 집중되는 것을 목격하게 된다. 게다가 1946년에 보부아르는 40대로 접어든다. 그 당시에 여자의 나이가 40세 정도 되면 '늙었다'고 생각하는 것이 통념적 인식이었다. 이런 이유로 그녀는 그녀 자신에 대해 되돌아볼 필요성을 절감하게 된다. 그녀는 이런 문제를 사르트르와 의논하는 기회를 가졌고, 그로부터 여자라는 실존의 조건에 대해

『가톨릭철학』, 25, 2015, pp. 185-213; 우르술라 티드, 『시몬 드 보부아르: 익숙한 타자』, 앨피, 우수진 옮김, 2007; Eva Gothlin, 앞의 책, 2001.
[349]   『FA』, p. 413.

생각해 보면 좋겠다는 의견을 듣게 된다.

'오늘날 여자는 어떤 존재인가? 여자라는 것은 무엇을 의미하는
가? 여자의 상황이 바뀌었다면, 어떤 식으로 바뀌었는가? 여자로 태
어났으면서도 남자들이 누리는 자유를 대부분 누리면서 살아 온 당
신에게 여자라는 사실은 어떤 의미를 갖고 있는가?'　　(『보전』, 319쪽)

이와 같은 사르트르의 권유에 따라 여성문제에 흥미를 갖게 된 보
부아르는 곧장 『제2의 성』의 집필로 뛰어들게 된다. 그녀가 이 저서
를 집필하게 된 이와 같은 개인적인 배경은 이 저서의 주요 주제가
정확히 페미니즘에 관련된 것이라는 사실을 여실히 보여 준다.

다른 한편, 보부아르가 『제2의 성』을 집필하게 된 시대적 배경 역시
이 저서를 페미니즘의 시각으로 읽는 것을 정당화시켜 준다. 해방 이
후 프랑스에서 여성의 활동이 급속도로 늘어나게 된다. 이 나라에서
는 1944년에 여성 선거권이 인정되었고, 1946년에 제정된 헌법에 처
음으로 여성 선거권이 명기되었다.[350] 또한 그 시기에 여성의 경제활
동이 급속도로 증가했다. 전쟁 중에 많은 남자들이 죽었기 때문이었
다. 프랑스는 전후 복구를 위해 여성 노동력이 필요한 상황이었다. 그
로 인해 가정 일과 직장 일을 효율적으로 조화시키기 위해 선결해야
할 문제들이 첨예하게 대두되었다. 가령, 생리휴가, 출산휴가, 피임,

---

[350]　김용자, 「프랑스의 여성참정권, 1876-1944」, 『역사학보』, 150, 역사학회, 1996, p. 337.

낙태 등의 문제가 그것이다. 이렇듯 『제2의 성』이 집필된 시대적 배경 역시 이 저서를 페미니즘 시각에서 보게끔 하는 또 하나의 요인이다.

그런데 『제2의 성』이 1946년부터 집필되기 시작했다는 점을 떠올리자. 이 사실은 이 저서의 또 다른 특징을 드러내는 데 유익하게 소용될 수 있다. 보부아르의 윤리적 전회 과정을 살펴보면서 『피로스와 키네아스』와 『애매성의 윤리를 위하여』에 주목한 바 있다. 그 과정에서 우리는 이 시기에 그녀의 사유가 사르트르의 그것과 차이가 나고, 나아가서는 대립되기까지 한다는 점을 지적했다. 물론 이 시기에도 그녀는 그와 무신론적 실존주의의 원칙들을 공유한다. 하지만 두 사람의 사유는 타자(들)과의 관계 문제, 특히 타자(들)과의 공존의 가능성 여부를 놓고 각자 다른 방향으로 나아간다.

물론 『제2의 성』의 사상적 배경은 무신론적 실존주의이다.[351] 이 사실에는 의문의 여지가 없다.[352] 신의 부재라는 가정하에서 인간은 초월, 기투의 주체라는 주장, 인간에게서는 실존이 본질에 우선한다는 주장, 인간은 자유, 초월, 기투라는 주장, 인간은 책임의 존재라는 주

---

[351] 『제2의 성』에 나타난 사르트르의 사유에 대한 보부아르의 그것의 독립성과 자율성을 강조하는 입장에서는 이 저서에서 특히 헤겔의 사유가 중요한 역할을 하고 있다는 점을 강조하고 있다.(Eva Gothlin, 앞의 책, 2001, p. 45.) 그리고 이 저서에서 보부아르는 사르트르보다 먼저 마르크스주의에 대해 큰 관심을 표명하고 있다. 그녀가 여성이 처한 상황을 설명하면서 마르크스주의에만 의존하고 있는 것은 아니지만 말이다.

[352] 보부아르는 이 사실을 인정하고 있다. 하지만 그녀는 자신의 소설과 다른 저작들에서 사르트르의 영향을 받았다는 사실을 부인한다. 특히 그녀는 『제2의 성』은 '그녀 자신'이 가진 비전과 '그녀 자신'이 느낀 바를 오롯이 담고 있다는 의미에서 "완전한 창작(une création totale)"이라고 강변하고 있다.(Alice Schwarzer, 앞의 책, 1984, p. 114.)

장 등이 이 저서를 가로지르고 있다. 이 저서에서 가장 유명한 "여자는 태어나는 것이 아니라 만들어진다"는 문장 속에 이 개념들이 압축되어 있다. 또한 보부아르는 이 저서에서 마르크스주의와 프로이트의 정신분석학을 사상적 배경으로 원용하기는 한다. 하지만 마르크스주의의 경제결정론과 정신분석학의 핵심 개념인 무의식과 리비도 위주의 범성주의凡性主義, pansexualisme를 거부하고 있다.

그렇다면 과연 보부아르는 『제2의 성』을 집필하면서 어떤 사유를 가장 많이 원용했을까? 답은 그녀 자신의 '실존주의 윤리'라고 할 수 있다. 그녀는 이렇게 기술하고 있다.

우리가 채택하는 관점은 실존주의적 윤리이다. 모든 주체는 기투를 통해 자기를 초월로서 정립한다. 모든 주체는 다른 자유들을 향해 부단한 뛰어넘기에 의해서만 자신의 자유를 완성할 뿐이다. 무한히 열려 있는 미래를 향한 자기 확대를 도모하는 것 이외에 현재의 실존을 정당화하는 다른 길은 없다. 초월성이 내재성으로 떨어질 때마다 실존은 '즉자'로 타락하고, 자유는 사실성으로 타락한다. 만일 주체가 이런 전락에 동의한다면, 그것은 윤리적 과오이다. 만일 이런 과오가 주체에게 부과된다면, 그것은 좌절과 압박의 형태를 취한다. 이 두 경우에 있어서 그것은 절대악이다. 자신의 실존의 정당화에 관심이 있는 모든 개인은 이 실존을 자기 초월의 무한한 욕구로서 경험한다. (…) 여성의 비극은 항상 본질적인 것으로 자기를 정립하려는 모든 주체의 기본적인 요구와 여자를 비본질적인 것으로 구성하는 것을 요구하는 상황 사이의 갈등이다.

(『DSI』, p. 31)

주지하다시피 보부아르는 『제2의 성』에서 여자를 남자의 '타자', 곧 '남자-주체'의 억압의 대상이 되고 있는 존재로 규정한다.

> 인간은 남성이고, 남자는 여자를 그 자체로서가 아니라 자기와의 관계로서 정의한다. 여자는 자율적인 존재로 여겨지지 않는다. (⋯) 그리고 여자는 남자가 규정짓는 존재 이외의 다른 존재가 아니다. (⋯) 남자에게 있어서 여자는 생물학적 성sexe이며, 절대적으로 그렇다. 여자는 남자와의 관계에서 한정되고 달라지지만, 남자는 여자와의 관계에서 그렇지 않다. 여자는 본질적인 것 앞에서 비본질적인 것이다. 남자는 '주체'이다. 남자는 '절대'이다. 하지만 여자는 '타자'이다.

(『DSI』, p. 15)

게다가 이런 생각은 1946년, 곧 『제2의 성』의 집필을 시작하는 보부아르에게 이미 낯선 것이 아니었다. 그녀에게 여자들을 포함해 어린아이들과 노인들은 한 공동체에서 주류를 형성하고 있는 남자들에 의해 배제되고 소외된 인간 부류, 곧 군식구로 여겨졌다. 더군다나 이와 같은 세 부류의 인간군이 1945년에 공연된 『군식구』에서 처음 등장하는 하는 것도 아니다. 이 세 부류의 인간군은 이미 『피로스와 키네아스』, 『애매성의 윤리를 위하여』[353]에 등장한다. 앞에서 언급한 것처럼 보부아르는 『제2의 성』을 출간하기 전에 출간된 이 두 권의 저서에서 어린아이와 여성문제에 대해 이미 깊은 관심을 표명하고 있다.

보부아르는 특히 『애매성의 윤리를 위하여』에서 여성들이 처한 상황이 자신들의 삶을 주체적으로 결단하고 기투할 수 없는 상황, 곧 자유롭지 못한 "노예 상태"에 있다고 진단한다. 한 마디로 여성들은 "유아적인 세계"에 매몰되어 있다는 것이다. 게다가 이런 상황에서 그녀들은 남성들이 만들어 낸 "법, 신, 관습 그리고 진리"에 순응하고 있다는 것이 보부아르의 계속되는 진단이다. 그러면서 여성들은 남성들의 보호 속에서 생활하고 있다는 것이다.

세상에는 유아적인 세계에서 자기 삶 전체를 흘려보내는 존재들이 있다. (…) 예컨대 자신들의 노예 상태의 자각에 아직도 이르지 못한 노예들이 이 경우에 해당한다. (…) 많은 문명 세계에서 여성들이 처한 상황도 이러하다. 이 여성들은 남성들이 만들어 낸 법, 신, 관습, 진리를 따르는 수밖에 없다. 심지어 오늘날에조차 서구 국가들에서 도제 살이의 자유도 누리지 못하는 수많은 여성이 있다. 이런 상태에 있는 많은 여성이 남성들의 그늘 속에서 보호받고

---

353 1947년에 단행본으로 출간되었다. 하지만 이 저서에 포함된 글들은 이미 1946년부터 『레 탕 모데른』지에 게재되었다.(Claude Francis & Fernande Gonthier, 앞의 책, 1979, pp. 140-141 참조.)이것은 이 글들이 『제2의 성』과 거의 비슷한 시기에 쓰였다는 것을 보여 준다.

있다. 이 여성들은 남편이나 애인이 인정하는 의견과 가치를 토론
없이 받아들인다.   (『PM』, pp. 54-55)

보부아르의 여성문제에 대한 진단은 거기에서 끝나지 않는다. 그
녀는 이와 같은 여성들의 이미지가 형성되는 상황을 어린아이가 처
한 상황과 비교함과 동시에 그 차이점도 지적하고 있다. 어린아이의
경우에는 그런 상황이 어른들로부터 "강제로 부과된" 반면, 여성들의
경우에는 그녀 자신들이 그런 상황을 "선택했거나" 또는 거기에 "동
의했다"는 차이가 있다는 것이다. 물론 보부아르는 그런 상황이 역사
적으로 남성에 의해 만들어졌다는 점을 강조하면서 고발한다.[354] 하
지만 그녀는 그런 상황의 창출에서 '주체'가 되고 싶지 않은 여성들의
남성들과의 "공모"를 지적하고 있다.

　　하지만 우리는 어떤 차이점이 여성들과 진짜 아이를 구분해 주
　　는가를 알게 된다. 아이의 상황은 그에게 부과된 반면, 여성(오늘날
　　의 서구 여성을 말한다)은 자신의 존재 상황을 선택했거나 적어도 거기
　　에 동의한 것이다.   (『PM』, pp. 55-56)

　　사실 모든 개인에게는 자신을 주체로 확립하려는 개인의 윤리
　　적 충동 곁에 자신의 자유를 기피하고 자신을 사물로 만들려는 유

---

[354]　『DSI』, p. 216.

혹이 존재한다. 이것은 불행한 길이다. 왜냐하면 수동적이고, 소외되고, 버려진 개인은 자신의 초월에서 이탈되고, 모든 가치를 상실해 다른 사람들의 의지의 포로가 되기 때문이다. 하지만 이것은 안이한 길이다. 이렇게 해서 개인은 진정으로 떠맡아야 할 실존의 고뇌와 긴장을 피하기 때문이다. 따라서 여자를 '타자'로 구성하는 남자는 여자 속에서 뿌리 깊은 공모를 발견하게 될 것이다. 요컨대 여자가 구체적인 수단들을 가지고 있지 않기 때문에, 여자가 상호성을 정립하지 않고 자기를 남자와 묶는 관계를 필수적이라고 느끼기 때문에, 그리고 여자가 '종종 타자'의 역할에 만족하고 있기 때문에, 여자는 자기가 주체가 되는 것을 요구하지 않는다. (『DS I』, p. 21)

하지만 보부아르는 이와 같은 공모를 여성들의 "자유의 포기"의 한 양상이고, 또 거기에는 그녀들의 "자기기만"이 함축되어 있다고 본다. 요컨대 보부아르는 그런 상태를 여성들의 "적극적 과오"라고 규정하고 있다.

18세기 흑인 노예, 하렘에 갇힌 무슬림 여인은 그들을 억압하는 문명을 공격할 수 있도록 해주는 사유, 놀라움, 분노 등의 수단을 전혀 갖지 못했다. 그들의 행동은 주어진 여건에 의해서만 규정되고 판정될 수 있었을 뿐이었다. 모든 인간적인 상황처럼 제한되어 있는 상태에서도 그들이 자유의 완전한 언명을 실현하는 것은 가능하다. 하지만 해방이 가능한 것으로 드러나자마자 그들은 그 가

능성을 이용하지 않은 채 자유를 포기한다. 이런 자유의 포기에는
자기기만이 함축되어 있다. 또한 그것은 적극적 과오이기도 하다.

(『PM』, p. 56)

　더군다나 어린아이들의 경우에도 후일 그들을 억압하고 객체화시
킨 어른들과의 관계에서 주체로 설 수 있는 기회를 갖는다. 다시 말
해 어린아이들도 '우리-주체'로서의 자격을 요구하고 또 회복하게 된
다. 또한 한 공동체에서 억압과 지배를 받고 있는 프롤레타리아트도
미래의 투쟁과 해방을 위해 '우리-주체'의 자격을 얻고자 노력하고
있다. 하지만 여성들은 지금까지, 곧 『제2의 성』이 출간된 1949년까
지 그런 노력을 충분히 하지 못했다는 것이 보부아르의 씁쓸한 진단
이다.

　여자가 자신을 본질로 결코 복귀할 수 없는 비본질로 여기는 것
은 바로 이 여자가 스스로 그 반전을 이루지 못하기 때문이다. 프
롤레타리아들은 '우리'라고 말한다. 흑인들도 그렇다. 그들은 자기
들을 주체로 정립하면서 부르주아들이나 백인들을 '타자'로 바꾸어
놓는다. 여자들은 —추상적인 선언에 머무르는 몇몇의 집회를 제
외하고— '우리'라고 말하지 않는다. 남자들은 '여자들'이라고 말한
다. 그리고 여자들은 이 단어를 자기들을 가리키는 것으로 여긴다.
하지만 여자들은 진정한 '주체들'로서 자신들을 정립하지 않는다.

(『DSI』, p.18)

방금 『애매성의 윤리』에서 인용한 세 부분과 『제2의 성』에서 인용된 두 부분은 거의 같은 내용을 포함하고 있다. 그런데 여성들이 남성들로부터 각자 인간으로서의 고귀한 지위, 곧 자유, 초월, 기투, 결단, 책임의 주체로서의 지위를 포기하도록 강요받거나, 그런 지위를 포기하는 대가로 주어지는 안락한 삶에 동의하거나, 또는 그런 삶을 자기기만적으로 선택하면서 공모한 것, 이것이 바로 보부아르가 '애매성의 윤리' 또는 '실존주의적 윤리'를 통해 타파하고자 했던 것이 아닌가!

이런 시각에서 우리는 『피로스와 키네아스』, 『애매성의 윤리를 위하여』를 통해 『제2의 성』의 지향점을 미리 예견할 수 있다. 남성들에 의해 자신들의 자유가 훼손되고, 따라서 인간다운 삶과 주체적인 삶을 누리지 못한 여성들이 그들에게 자유롭게 호소하고, 또 그렇게 함으로써 그들과 진정한 의사소통을 정립하고, 이를 바탕으로 '공동-존재'를 실현하는 것이 바로 그 지향점에 해당한다고 할 수 있다. 그 지향점은 남성들의 우월한 지위를 무너뜨리기 위해 여성들이 투쟁을 감행하는 지점과 그리 멀지 않다. 이런 이유로 『제2의 성』의 사상적 배경은 보부아르의 윤리적 전회의 시기의 연장선에 있다고 말할 수 있을 것이다.

보부아르는 "해방을 향하여"라는 제목이 붙은 『제2의 성』의 제4부의 마지막 부분에서 "자유로운 여성"이 그 모습을 드러내는 미래의 그 어느 날 랭보Rimbaud의 다음과 같은 "예언"이 적중하게 될 것이라고 말하고 있다.

"시인들이 될 것이다! 여성의 한없는 노예 상태가 깨질 때, 여성이 자신을 위해, 자신의 힘으로 살아가게 될 때, 남성 ─지금까지 끔찍한─ 은 여성을 해방시키므로 여성도 또한 시인이 될 것이다! 여성은 미지의 것을 발견할 것이다! 여성들의 사상의 세계는 우리들 남자의 사상의 세계와 다를 것인가? 여성은 이상한, 불가해한, 불쾌한, 달콤한 것들을 발견할 것이다. 우리는 그것들을 파악할 것이고 그것들을 이해할 것이다." 　　　　　　　　　　　(『DSII』, p. 559)

3) 『노년』: 노인을 위한 윤리 선언

『제2의 성』에 대한 이와 같은 단언은 그대로 1970년에 출간된 『노년』에도 해당되는 것으로 보인다. 보부아르는 이 저서에서도 『제2의 성』에서와 마찬가지로 무신론적 실존주의, 마르크스주의, 정신분석 등을 그 사상적 배경으로 삼고 있다. 물론 『노년』에서는 『제2의 성』에 비해 마르크스주의가 훨씬 더 많이 원용되고 있다. 그럼에도 『노년』을 처음부터 끝까지 가로지르는 사상은 그녀 자신의 고유한 실존주의 윤리로 보인다.[355]

게다가 『노년』은 실존주의 윤리의 '보편성'에 대한 요구라는 면에서 『제2의 성』을 능가한다고도 할 수 있을 것이다. 보부아르의 명성

---

[355] 보부아르는 『제2의 성』에서 이미 여성의 형성 과정에서 노년기의 여성들이 겪는 소외와 고통을 지적하고 있다. 성적 매력과 수태력 상실은 물론, 경제 활동 저하, 경제력 상실과 특히 "탈인격화의 감정"(『DSII』, p. 404.), 그리고 거기에 따르는 여러 가지 이상한 행동을 기술하고 있다.

을 높이는 데 크게 기여한 『노년』은 그녀의 나이 62세 때 출간되었다. 따라서 이 저서는 나이로 보아 이미 노인이 된 그녀 자신의 자화상이라고 해도 무방할 것이다. 그런 만큼 이 저서에서 그녀 자신이 처한 구체적인 상황과 체험에 대한 분석을 토대로 이루어진 노인문제에 대한 밀도 있는 성찰은 모든 인간에게 해당된다. 노인문제는 인간이 피해 갈 수 없는 숙명적이고 비극적인 실존의 조건이다. "노년은 운명"인 것이다.[356] 물론 『제2의 성』 역시 『노년』과 마찬가지로 그녀 자신의 생물학적 조건과 실제 생활에서의 체험을 바탕으로 기술된 것이긴 하다. 하지만 그 적용 범위는 여성들에 한정되고 있다. 물론 여성들의 해방과 인간성 회복을 위한 노력에서 남성들의 획기적인 태도 변화도 요청되고 있지만 말이다.

『제2의 성』에서 여자가 남자의 '타자'로 규정된 것과 마찬가지로 『노년』에서도 노인은 한 사회 전체의 '타자'로 규정된다. 다시 말해 노인은 "이질적인 종에 속하는 인간"[357]으로 여겨진다. 그리고 그 강도 면에서 보면 노인이 겪는 이타성altérité은 여성이나 어린아이가 겪는 그것보다 훨씬 더 크다고 할 수 있다.

어른에 의해 타자화되고 또 객체화된다고 해도 어린아이는 미래의 주역이다. 그가 성장해서 한 명의 독립된 주체로 서게 되면, 그때 그를 타자화하고 객체화했던 어른이 역으로 노인이 되어 타자화되고

[356] 『LV』, p. 301.
[357] 같은 책, p. 9.

객체화되는 처지에 놓이게 된다. 또한 여성도 남성 위주의 사회에서 때로는 억압과 조작된 신화에 의해, 때로는 그녀 자신의 자기기만적 선택과 동의에 의해 남성에 의해 타자화되고 객체화를 겪는다. 하지만 이런 상황에서도 여성은 자신의 해방을 위해 남성과의 투쟁에 나설 수 있다. 마치 백인의 억압과 차별에 시달리는 흑인이 투쟁에 나서는 것처럼 말이다. 게다가 여성은 사회에 엄연히 '필요한 존재'이기도 하다.

하지만 노인의 경우에는 사정이 다르다는 것이 보부아르의 주장이다. 노인도 한 집단에 필요한 존재이다. 가령, 과거 기술이 발달하지 못한 시기에 노인의 경험과 지혜는 이 집단을 단결시킬 수 있는 원동력이 될 수 있었다. 또한 노인은 초자연적인 힘에 대해 중개자 역할을 하면서 이 집단을 온전하게 보존시킬 수 있는 능력을 가질 수도 있다. 노인은 "초인", "마법사", "제사장"일 수 있다. 그렇기 때문에 노인은 위엄과 권위를 가지면서 "경의"의 대상이 될 수도 있다.[358] 이와 관련해 '노인학gérontologie'의 어간에 해당하면서 노령을 가리키는 'Géra, gérôn'은 나이가 가져다주는 '이점', '고참의 권리', '대표'라는 의미를 가지고 있다는 사실은 흥미롭다.[359] 그리고 현대사회에서도 젊은이들 못지않은 육체적 건강, 정신적 능력, 경제적 능력을 가지고 있는 노인들도 없지 않다.

---

[358] 같은 책, pp. 92, 94, 227-228.
[359] 같은 책, p. 108.

하지만 전체적으로 보면 노인이 겪는 이타성은 여성이나 어린아이의 그것에 비해 훨씬 더 크다. 어떤 의미에서 노인의 이타성은 절대적이라고 할 수 있다. 다시 말해 노인은 여성이나 어린아이에 비해 투쟁의 가능성, 이타성을 극복하고 주체성을 회복할 수 있는 가능성이 거의 없는 상황에 처해 있다고 할 수 있다. 노인은 이렇듯 "실체가 사라져버린 축소된, 절단된 인간"이다.[360] 한 마디로 노인은 사회에서 "열등 인간", "쓸모없는 존재"[361]로 여겨진다.

> 노인이 효율성을 간직하는 한, 그는 집단에 통합되어 이 집단과 구별되지 않는다. 그는 한 명의 나이 든 남자 성인이다. 그가 능력을 잃게 되면 그때 그는 '타자'로 보이게 된다. 그때부터 그는 여자보다도 훨씬 더 근본적으로 하나의 순수한 물체가 된다. 여자는 사회에 필요하다. 그렇지만 노인은 아무런 소용이 없다. 그는 이제 교환 화폐도, 재생산자도, 생산자도 아니다. 그는 단지 짐에 불과하다. (…) 흑인의 문제는 백인의 문제이며, 여성의 문제는 남성의 문제라고들 말해 왔다. 그렇지만 여성들은 평등을 쟁취하기 위해 투쟁하고, 흑인들은 억압에 맞서 싸운다. 하지만 노인들은 아무런 무기도 가지고 있지 않다. 그들의 문제는 엄격히 활동하는 성인들의 문제이다.
>
> (『LV』, p. 98)

---

[360] 같은 책, p. 218.
[361] 같은 책, p. 94.

실제로 보부아르는 모든 공동체에서 노인이 "인수를 거절당한 불량품", "거추장스러운 무용지물", "하찮은 존재", 유기된 "폐품", "쓰레기" 등으로 취급된다는 사실에 주목한다.[362] 즉, 노인은 그가 살고 있는 사회에서 가급적 빨리 버려야 할 "짐"[363]으로 여겨진다. 여기에서, 노인에 대한 이와 같은 표현들은 그를 '사물', 곧 '즉자존재'로 여기는 것과 같다.

주지하다시피 즉자존재는 주체성, 자유, 기투, 초월의 특징을 가지지 못하는 사물의 존재방식이다. 따라서 노인을 즉자존재로 취급한다는 것은 그를 '인간'으로 취급하지 않는다는 것과 동의어이다. 그를 인간으로 취급하는 경우에도 "천민parias"으로 취급한다. 아니, 그 이하이다. 노인은 "이미 인간의 조건을 벗어난 자", "집행유예 된 귀신", "집행유예 상태의 죽은 자"[364], "거리를 돌아다니는 시체", 곧 "거의 죽은 자"[365]로 취급된다. 이것이 바로 방금 인용한 부분에서 노인은 "여자보다도 훨씬 더 근본적으로 순수한 물체"에 불과하다는 보부아르의 주장에 담긴 의미이다.

그런데 보부아르는 이런 현상을 정확히 노인이 소속된 사회 전체의 자기기만적인 공모와 전략의 결과로 보고 있다. 한 사회의 자원은 희소하고, 그 구성원들은 다수이다. 이런 사회에서 경쟁과 투쟁의 출

---

362   같은 책, p. 13, 233, 568.
363   같은 책, p. 9, 50.
364   같은 책, p. 91, 231.
365   같은 책, p. 13.

현은 필연적이다. 그런 만큼 이 사회에서 재화와 부의 분배 문제는 모든 구성원의 첨예한 관심사이다. 방금 노인은 이런 경쟁과 투쟁에서 승리를 쟁취할 무기도 거의 가지지 못한다는 사실을 지적했다. 가장 큰 원인은 당연히 신체의 생물학적 노화로 인한 기투, 초월 가능성의 제한이다. 노화 현상은 '신체적 장애, 추함과 질병'[366]과 다름 없기 때문이다.

특히 모든 것이 생산과 이윤 위주로 돌아가는 자본주의 사회에서 신체의 퇴화로 인한 노동력의 저하와 상실은 곧바로 노인의 존재론적 힘의 약화와 그로 인한 퇴출로 나타난다. 그도 그럴 것이 개인의 소유권이 인정되는 사회에서는 '가짐'이 곧 '있음'으로 환원되기 때문이다. 다시 말해 "많이 소유하면 할수록 더 많이 존재한다"는 논리가 성립하는 것이다. 하지만 노인은 당연히 노동력의 저하와 상실로 인해 이와 같은 존재론적 힘의 확보에서 당연히 불리한 위치에 놓이게 된다.

보부아르에 의하면 이런 사회에서 지배세력에 속한 자, 경제활동을 할 수 있는 건강과 젊음을 가지고 있는 자들은 노인에게 가난, 고독, 불구, 그리고 절망의 형을 언도"하는 데 공모하면서 반사이익을 얻게 된다. 다시 말해 그들은 노인의 존재를 "일종의 수치스러운 비밀"로 여기면서 가능하면 노인문제를 금기시하면서 거론하지 않으려는 "침묵의 결탁"[367]을 함으로써 부당한 반사이익을 얻는다는 것이다.

---

366 같은 책, p. 47.

그 반사이익의 내용은 이렇다. 즉, 노인을 사물로 취급한다는 야만성과 비윤리성이라는 비난에서 벗어날 수 있다는 것이 그것이다. 노인도 어엿한 인간인데 그를 한갓 도구로 취급한다는 것은 인간관계의 정립에서 폭력과 억압을 행사하는 것과 동의어이다. 그렇기 때문에 노인을 죽은 자와 다름없는 절대적 타자로 취급하는 자들은 노인문제에 대해 담합해서 침묵으로 일관하는 것을 선택한다. 그렇게 함으로써 그들은 노인을 죽은 자로 취급한다는 죄책감으로부터 벗어나 안도하게 되며, 노인을 인간의 범주에서 추방하는 담론을 확대 재생산하기 위해 노력하게 된다. 작가들도 그렇다.

고대 이집트로부터 르네상스까지 노년이라는 주제는 거의 언제나 상투화된 방식으로 다루어졌다는 것을 알 수 있다. 똑같은 비교들이 이루어졌고, 똑같은 형용사들이 사용되었다. 노년은 인생의 겨울이다. 하얀 머리카락과 하얀 수염은 흰 눈과 얼음을 환기시킨다. 흰색의 차가움은 빨간색 —불, 열정— 과 초록색 —초목, 봄, 젊음의 색— 과 대조된다. 노인은 피할 수 없는 생물학적 운명을 겪어야 하기 때문에 이런 클리셰들은 부분적으로 영원히 반복된다. 하지만 노인은 역사의 주체가 아니기 때문에 그는 관심의 대상이 되지 못하며, 아무도 노년의 진실에 대해 연구해 보려고 하지 않는다. 그리고 심지어 사회 속에는 노인에 대해 침묵을 지키라는 명령이

<hr>

367   같은 책, p. 8.

있기도 하다. 찬양이건 격하이건 문학은 노인을 상투적으로 표현한다. 문학은 노인을 드러내는 대신에 숨긴다. 노인은 청춘과 성인을 돋보이게 하는 장치로 여겨진다. 즉 노인은 인간 그 자체가 아니라 인간의 한계이다. 노인은 인간 조건의 주변부에 존재한다. 노인은 인간으로 인정받지 못하며, 사람들은 노인에게서 자기의 모습을 인정하지 않는다.

(『LV』, p. 175)

앞에서 살펴본 것처럼 『군식구』에서 식량 부족을 이유로 어린아이들, 여자들, 노인들을 군식구로 규정하고, 그들을 성곽 밖 참호로 추방하는 결정을 내린 보셀의 지배세력과 남자들을 떠올리자. 그때 그들은 보셀의 승리와 보존이라는 대의명분을 내세워 그 세 부류에 속하는 인간들을 사물로 취급하는 자신들의 비인간적이고 비윤리적인 행동을 정당화시키고자 했던 것이다.

이렇듯 보부아르는 노인을 그가 속한 사회에서 배제하는 것이 이 사회 전체의 공모에 의해 세워진 인위적인 전략이라고 본다. 예컨대 팽창과 풍요가 우선시되는 자본주의 사회에서 노인의 노동력은 과소평가되는 경향이 있다. 생산성의 저하와 비효율성이 그 근거로 소용된다. 이는 마치 매일 반복되는 여성들의 가사와 육아 등이 사회적으로 창의성과 생산성이라고는 전혀 가지지 못한 행위로 여겨지는 것과 같은 논리이다. 어쨌든 한 사회의 주도 세력은 신체적 퇴화를 이유로 노인을 가능하면 빨리 내던져야 할 사회의 짐, 정리해야 할 폐품 등으로 규정하게 된다. 요컨대 노인들의 "무위 상태"는 "당연한 숙

명이 아니라" 사회 전체에 의해 "강요된" "선택의 결과"라는 것이 보부아르의 주장이다.[368]

이 사회의 주요 구성원들은 이렇게 해서 노인에게서 그들 자신과 주체와 주체, 자유와 자유, 초월과 초월을 토대로 상호적인 인간관계를 맺을 수 있는 권리와 자격을 박탈하게 되는 것이다. 곧 그들은 노인을 자기들과는 근본적으로 다른 존재로 여기게 된다. 노인은 "아무것도 할 수 없는 자"이자 "활동Praxis이 아니라, 다만 현존exis으로 정의" 되는 자이다.[369] 노인의 비극은 바로 그가 원하고자 하는 일을 더 이상 할 수 없다는 사실에 있다. 그 결과는 명약관화하다. 노인의 존재론적 지위는 "바닥으로 치닫는 소용돌이tourbillon ver le bas"[370] 속으로 빠져드는 것이다. 어쩌면 그 끝은 살아가는 이유를 상실한 노인의 자살일 수도 있을 것이다.

> 헤밍웨이는 이렇게 썼다. '어떤 사람에게 있어 최악의 죽음은 자기 삶의 중심, 진실로 그를 현재의 그를 만들어 주는 것을 상실하는 것이다. 퇴직이란 말은 모든 말 중에서 가장 혐오스러운 단어이다. 자발적으로 선택하든, 혹은 운명적으로 강요당해서이든 퇴직한다는 것, 우리를 현재의 우리로 만들어 주는 일을 포기한다는 것, 그것은 무덤 속으로 들어가는 것과 같다.'

368   같은 책, p. 247.
369   같은 책, p. 231.
370   같은 책, p. 288.

우리는 헤밍웨이가 자살했다는 것을 알고 있다. (…) 우리가 자유롭게 자기 일을 선택했을 때, 그리고 일이 자기 자신의 성취일 때, 일을 그만둔다는 것은 사실 일종의 죽음과도 같다. 일이 일종의 제약이었을 경우, 일에서 벗어나는 것도 해방이다. 그러나 실제로 일에는 거의 언제나 양면성이 있다. 일이란 예속이며 피곤인 동시에 관심의 원천이며 균형의 요인이고, 우리를 사회에 통합시켜주는 요인이다. 일의 이러한 모호성은 퇴직에도 반영된다.

(『노1』, 354-355쪽)

아울러 보부아르는 노인에게 발생하는 "동일시의 위기"[371]에 많은 분량을 할애하고 있다. 이것은 노인의 정체성의 위기와 맞물려 있다. 인간은 그 자신의 의식을 통해 자기에 대해 일정한 이미지를 갖게 된다. 인간은 또한 타자로부터 자기에 대한 이미지를 부여받게 된다. 이 두 이미지가 일치하는 경우, 또는 편차가 거의 없는 경우에 그는 정상적인 정체성을 확보할 수 있다. 하지만 이 두 이미지 사이의 편차가 너무 크게 되면 심각한 문제가 발생할 수 있다.

그런데 나이가 많은 사람이 부딪치는 주요 어려움 중 하나는 정확히 자기 동일성에 대한 느낌을 간직하는 것이다. 자기가 늙었다는 것을 안다는 것 자체가 그를 다른 사람으로 변하게 한다. 하지만

---

[371] 같은 책, p. 314.

그는 결코 이 다른 사람의 존재를 대자로 실현시키지 못한다. 다른 한편 노인은 사회적인 자격과 역할을 상실한다. 그는 그 무엇에 의해서도 더 이상 자신을 규정하지 못한다. 그는 더 이상 자신이 누구인지를 모른다. 종종 발생하는 일이지만 '동일시의 위기'를 극복하지 못할 때 노인은 혼란 상태에 빠지게 된다. (『LV』, p. 519)

일반적으로 사람이 자기 스스로를 노인으로 여기는 것은 기본적으로 '타인'을 통해서이다. 그런 만큼 노인으로 여겨진 이 사람은 우선 그의 내부에서 자기와는 '다른 자'로 느끼게 된다. 다시 말해 이 사람은 그의 내부에 밖으로부터 오는, 곧 타인으로부터 오는 이질적인 존재와 조우하게 되는 것이다. 요컨대 보부아르에 의하면 "노년의 진실"은 이렇다.

사람들은 내게 이렇게 말했다. "가짜 문제에요. 당신이 젊다고 느끼는 한, 당신은 젊은 거예요." 하지만 이것은 노년의 복잡한 진실을 모르는 것이다. 노년의 복잡한 진실, 그것은 타자에게 보여지는 나의 존재, 즉 객관적으로 정의되는 나의 존재와 이 존재를 통해 내가 나 자신에 대해 갖는 자의식 사이의 변증법적 관계이다. 나의 내부에서 나이를 먹어가는 사람은 다름 아닌 타자, 다시 말해 타자에게 보여지는 자이다. 그 타자가 바로 나인 것이다.

(『LV』, pp. 301-302)

이와 같은 동일시의 위기에 봉착에 노인은 다음 두 가지 선택지를 갖게 된다. 하나는 노인이 자기에게 부여한 이미지를 유지하면서 타인들로부터 오는 이미지를 거부하는 것이다. 다른 하나는 타인들로부터, 곧 외부로부터 온 이미지에 그 자신을 동화시키는 일이다. 전자는 자기가 젊다는 생각을 고수하는 것이고, 후자는 자기가 늙었다는 사실을 인정하는 것이다. 하지만 보부아르에 따르면 그 어느 경우를 선택하든 간에 노인은 그 자신에게 들이닥친 동일시의 위기를 잘 넘겨야 한다. 그렇다면 그 방법은 어떤 것들이 있을까?

여기에서는 논의의 편의상 후자의 선택부터 보자. 보부아르에 따르면 노인이 타인들로부터 오는 이미지에 그 자신이 동화하려고 할 때에 그에게 나타날 수 있는 반응 대부분의 경우 방어적 태도를 취하는 것으로 나타난다. 그 중 몇 가지만 예로 들어 보자.

첫째, 과거에 바탕을 두고 있는 습관을 피난처로 삼아 거기로 도피하고, 또 거기에 안주하고자 하는 태도이다. 이런 태도를 통해 노인은 "일종의 존재론적 안정감"[372]를 일시적으로나마 맛보게 된다. 앞에서 본 것처럼 사회의 주요 세력으로부터 주어지는 노인에 대한 이미지는 거의 대부분 부정적이다. 무기력, 무위 사태, 그로 인한 폐품, 짐, 쓸모없는 인간, 죽은 자와 같은 이미지에 자기 스스로를 동화시킬 때, 노인이 느끼는 감정은 그 자신의 존재 이유의 박탈, 그로 인한 허망함일 것이다. 그에게 거대한 실존적 불안감으로 다가오는 이런 감

---

[372] 같은 책, p. 493.

정을 불식시키는 방법 중 하나는 매사를 과거에 머물면서 익숙한 습관에 의해 처리하는 것이 될 것이다.

둘째, 의사소통과 인간관계를 거부하려는 태도이다. 노인은 자신에게서 대화 상대자로서의 권리와 지위, 곧 인간으로서의 권리와 지위를 인정하지 않는 자들과 말을 하는 것 자체를 거부하고자 한다. 그렇게 함으로써 노인은 그들로부터 오는 불편한 이미지에 노출되는 기회를 줄이려고 할 수 있다. 노인에게는 말을 하는 것이 곧 위험이다. 그로부터 노인의 오불관언적인 태도가 기인할 수 있다. 그도 그럴 것이 노인이 신뢰할 수 있는 것은 오직 그 자신일 뿐이라고 생각하기 때문이다. 그로 인해 노인은 자기 속으로 은둔하는 성향이 강하다.[373]

셋째, 자기에게 노인이라는 달갑지 않은 이미지를 주는 자들에 대해 무관심으로 일관하거나 또는 그들을 적의를 갖고 공격하는 것이다. 이런 태도와 관련해서 사르트르의 생각이 도움이 된다. 그에 의하면 '무관심'은 타자에 대한 일종의 '맹목적인 유아론'의 상태에 있는 것을 의미한다.[374] 다시 말해 나는 타자에 의해 결코 객체화되지 않는다는 확고한 신념이 바탕에 깔린 태도이다. 또한 이와 같은 무관심은 자칫 원한이나 적개심이 동반된 공격적인 행동으로 이어질 수도 있다. 특히 과거에 혁혁한 업적을 세운 노인에게서 이런 태도가 더 쉽

---

[373] 같은 책, p. 495.
[374] 『EN』, p. 449.

게 나타날 수도 있다.[375] 그는 과거에 그 자신이 했던 노력과 희생 덕분에 지금의 상태가 가능하다는 생각에 사로잡혀 있을 수 있다. 노인은 새로운 세대에 의해 평가되는 것, 그것도 특히 부정적으로 평가되는 것을 거부하는 것이다.[376] 그로 인해, 그는 자기를 무시하고 홀대하면서 정당하지 않다고 여겨지는 이미지를 주는 후세대에 속한 자들에게 원한과 적대감을 품을 개연성이 꽤 높다고 할 수 있다.

그렇다면 노인이 외부로부터 오는 이런 이미지를 거부하고 자기가 젊다는 생각을 고수하는 경우에는 어떤 현상이 발생할까? 가령, 이 노인이 지나치게 화려한 옷을 입고, 젊은이들을 지나치게 모방하는 행동 등을 한다고 하자. 이 경우에는 자칫 이 노인은 비정상적이라는 얘기, 즉 노망이 났다는 얘기를 들을 수 있을 것이다. 그런데 문제는 이런 태도가 노인을 한 사회로부터 더욱 더 고립시키는 촉진제가 될 수도 있다는 것이다.

노인이 자기 방어를 위해 취할 수 있는 이와 같은 태도들, 즉 습관에의 집착, 의사소통과 인간관계의 거부, 이기주의, 무관심과 공격, 노망이 났다는 얘기를 들을 수 있는 행동 등은 모두 그를 더욱 더 사회에서 고립시키는 요인이 될 수 있을 것이다. 하지만 보부아르는 그와는 반대로 이런 태도와 행동 속에서 노인이 인간으로 대접받을 수 있는 실존적 투쟁의 가능성을 엿보고 있다. 보부아르의 말을 들어

---

375 『LV』, p. 502.

376 같은 책, p. 503.

300

보자.

　　왜 노인은 과거 어른이나 어린 아이 시절의 자기보다 더 가치가
있어야 하는가? 건강, 기억, 물질적 재산, 위엄, 권위 등 모든 것을
빼앗기고 났을 때, 한 인간으로 남는다는 것은 벌써 아주 어려운 일
이다. 이를 위해 노인이 하는 투쟁은 비참하거나 덧없는 양상을 띤
다. 노인의 괴벽, 인색함, 음험함은 화를 돋우기도 하고 웃음을 자
아내기도 한다. 하지만 투쟁은 실로 비장한 것이다. 이런 투쟁은 인
간 이하로 떨어지는 것을 거부하는 것이고, 성인들이 노인을 벌레
나 무기력한 사물로 축소시키고자 하지만, 그들은 그렇게 되기를
거부하는 것이다. 이처럼 극도의 비참함 속에서 최소한의 위엄을
간직하고 싶어 한다는 것에는 영웅적인 무엇인가가 있다.

(『LV』, p. 511)

　　그렇다면 "모든 문명의 실패"[377]로 여겨지고 있는 이와 같은 노년
문제를 어떻게 해결할 것인가? 보부아르의 주장에 따르면 이 질문
에 대한 답은 다음과 같은 두 가지 차원에서 모색될 수 있을 것으로
보인다. 먼저 노인 개인의 차원이다. 노인은 자기 스스로 인간이라
는 것을 증명해 내야 할 것이다. 보부아르는 무신론적 실존주의에 입
각해 인간을 자유, 기투, 초월의 존재로 규정한다. 이것은 인간이 대

---

[377]　같은 책, p. 569.

자존재로서 그의 삶이 끝날 때까지 자기 스스로를 기투해 나가야 한다는 것을 의미한다. 노인도 즉자존재가 아니라 대자존재라면 자기 스스로를 미래를 향해 기투하면서 자기 자신을 창조해 나가야만 한다. 보부아르는 노인문제의 해결을 위한 단 하나의 해결책으로 "우리의 삶에 의미를 주는 목표들을 계속 추구하는 것"뿐이라고 지적하고 있다.[378]

그다음으로 노인을 죽은 자로 취급하는 데 공모하는 한 사회의 전체 구성원들의 차원이다. 이들은 노인의 목소리을 듣고 또 그의 행동의 결과에 항상 관심을 가져야 한다. 앞에서 우리는 보부아르의 실존주의 윤리를 거론하면서 인간과 인간 사이의 관계 정립의 가능성은 '기투'에 있다고 했다. 노인이 자기 자신을 기투하면서 그 기투를 받아달라고 호소할 때, 그를 죽은 자 취급했던 전체 구성원들은 그의 호소를 받아들일 준비가 되어 있어야 한다. 그래야만 상호성에 입각한 의사소통과 인간관계가 정립될 수 있을 것이다. 이를 위해서는 당연히 이 구성원들의 윤리적 각성, 곧 윤리적 전회가 필요하다. 다시 말해 그들 모두 참다운 의미에서 '너그러운 인간'이 되어야 한다.

"우리 사회의 죄악"이자 "과학과 기술이 제거할 수 없는" "악"[379]으로 여겨지는 노년의 문제는 이와 같은 두 차원에서 이루어지는 노력이 결합될 때 비로소 그 해결의 실마리를 찾을 수 있게 될 것이다. 이

---

378 같은 책, p. 567.
379 같은 책, pp. 568, 566.

는 『제2의 성』과 마찬가지로 『노년』의 바탕에 보부아르 자신의 고유한 사유라고 할 수 있는 실존주의 윤리가 깔려 있다는 사실을 극명하게 보여 준다. 실제로 보부아르는 『노년』의 결론 부분에서 다음과 같은 질문을 던지고 거기에 답을 하고 있다. "한 인간이 노년에도 인간으로 남아 있기 위해서 사회는 어떤 사회가 되어야 하는가?"[380]

대답은 간단하다. 인간이 항상 인간으로 대우받아야 할 것이다. (…) 노인의 조건이 받아들여질 수 있기 위해서는 인간을 완전히 다시 만들어내야 하고, 인간들 사이의 모든 관계를 재창조해야 한다. 한 인간이 말년을 빈손으로 고독하게 맞아서는 안 될 것이다. 만일 문화가 일단 형성된 후에 곧바로 잊어버리는 무기력한 지식이 아니라면, 만일 문화가 실제적이고 살아 있는 것이라면, 만일 인간이 문화를 통해 자기 주변에 영향력을 행사할 수 있고, 또 이 영향력이 여러 해 동안에 완성되고 경신된다면, 인간은 모든 나이에서 능동적이고 유용한 시민일 것이다. 만일 인간이 어린 시절부터 다른 많은 원자의 틈에 갇히고 고립되어 원자화되지 않는다면, 만일 인간이 자기 자신의 삶과 마찬가지로 매일매일 본질적이고 집단적인 삶에 참여한다면, 그는 결코 유배를 겪지 않을 것이다.

(『LV』, pp. 568-569)

---

[380]　같은 책, pp. 568.

마치며

1

비교하지 못한 것

프랑스 텔레비전 방송 '프랑스2'[381]에 '부이용 드 퀼튀르Bouillon de Culture'라는 프로그램이 있었다. 주 1회 방송되었던 이 프로그램은 1991년부터 2001까지 베르나르 피보Bernard Pivot에 의해 진행되었던 인기 장수 프로그램이었다. 한 주간에 있었던 다양한 문화 행사, 그 중에서도 특히 출간된 책을 소개하는 교양 프로그램이었다. 이 프로그램에서 사르트르에 관련된 내용이 방영된 적이 있었다. 그때 진행자 피보가 사르트르를 '과대망상증 환자mégalomanie'로 규정했던 적이 있던 것으로 기억한다.

피보의 이런 규정은 또한 푸코의 사르트르에 대한 비판을 떠올리

---

[381] 1992년까지는 '앙텐(Antenne)2'로 불리었다.

게 한다. 푸코는 사르트르를 '20세기'를 사유하고자 하는 '19세기 인간'이라고 규정하면서 비판한 적이 있다. 피보와 푸코의 규정과 비판은 모두 사르트르가 너무 많은 분야에서 활동했다는 것을 전제로 하고 있다. 또 거기에는 사르트르가 그 자신의 존재나 능력을 과대평가했다는 것이 전제가 되어 있다. 또한 보부아르도 사르트르 못지않게 여러 분야에서 활동했다. 사르트르의 『존재와 무』나 『변증법적 이성비판』에 맞먹는 『제2의 성』과 『노년』과 같은 저서가 있다. 여기에서 피보와 푸코의 규정과 비판을 떠올리는 것은 이 책의 한계를 지적하기 위함이다.

제일 먼저 지적할 수 있는 한계는 사르트르와 보부아르에게서 중요한 비중을 차지하고 있는 문학적 글쓰기에 대한 비교를 충분히, 또 깊이 있게 하지 못했다는 점이다. 물론 『철들 나이』와 『초대받은 여자』, 『파리떼』와 『군식구』 등을 비교하면서 계약결혼의 문학적 형상화와 두 사람의 1939년 전회의 시작에 이어지는 초기 참여에서의 차이점 등을 부분적으로 살펴보는 기회를 가지긴 했다. 또한 기회가 있을 때마다 두 사람의 다른 작품들에 대해 조금씩 언급하긴 했다. 하지만 그것만으로는 두 사람의 문학적 글쓰기는 물론이거니와 그들의 문학세계의 차이점이나 대립점을 드러내기에는 턱없이 부족하다는 것은 부인할 수 없는 사실이다.

그다음으로 두 사람의 문학 세계에서 작지 않은 비중을 가지고 있는 여행문학과 자전적 문학도 살펴보지 못했다. 가령, 보부아르는 미국과 중국을 방문한 후에 각각 『미국 여행기 *L'Amérique au jour le jour*』(1948)

와 『대장정La Longue marche』(1957)를 출간했고, 사르트르는 자주 찾았던 베니스를 배경을 하는 『알브마를 여왕 혹은 마지막 여행객La Reine Albemarle ou le dernier touriste』(1991)을 출간했다. 두 사람의 여행문학의 비교도 흥미로운 연구 주제일 것이다. 또한 두 사람에게서 큰 비중을 차지하고 자전적 성격의 저작들, 가령 『얌전한 처녀의 회상록』(1958), 『나이의 힘La Force de l'âge』(1963), 『상황의 힘La Force des choses』(1963), 『결국 Tout compte fait』(1972), 『작별의 의식La Cérémonie des adieux』(1987), 『레 망다랭』과 사르트르의 『말』 등을 비교하지 못했다. 이것 역시 광범위하면서도 중요한 연구 주제가 될 것이다.

　마지막으로 두 사람의 사유와 문학작품에서 중요한 주제로 나타나고 있는 '죽음'에 대해 다루지 못했다는 점을 지적해야 할 것이다. 보부아르는 노년에 이어지는 죽음에 대해 『모든 인간은 죽는다』, 『아주 편안한 죽음La Mort très douce』(1946) 등을 통해 죽음을 인간의 유한성과 관련지어 그 의미를 천착하고 있다. 사르트르는 전쟁으로 인한 죽음, 살해, 자살 등에서 대해서는 큰 관심을 갖지만 자연사에 대해서는 관심을 거의 표명하지 않는다. 죽음이라는 주제를 중심으로 두 사람의 사유와 문학세계의 차이점과 대립점을 찾는 작업 역시 의미 있는 주제가 될 것이다.

　또한 사르트르와 보부아르의 사유와 문학작품에서 '자연nature'이 갖는 의미를 비교하지 못했다. 인간 중심의 사유를 펼치고 있는 사르트르에게서 자연 그 자체만으로는 아무런 의미를 갖지 못한다. 인간이 의식의 빛으로 그것을 비춰 줄 때에만 의미를 가질 뿐이다. 그러니까 사르트르에게서 자연은 즉자존재의 범주에 속한다. 그렇기 때문에 그의 사유는 이른바 '에콜로지écologie', 즉 생태주의와는 거리가 멀다. 가령 그는 익히지 않은 음식을 싫어했다. 일본 방문 중에 회를 먹고 밤새 토했다는 일화도 있다.

이에 비해 보부아르는 자전적 회고록에서 간헐적으로 자연에 대해 예찬하고 있는 부분을 읽을 수 있다. 또한 『아름다운 영상Les Belles images』(1966)이나 『모든 인간은 죽는다』 등과 같은 소설에서도 자연에 대해 적극적인 의미를 부여하고 있다. 보부아르에게 있어서 자연은 인간을 에워싸고 있는 실존 조건을 결정하는 한 요소로서 다루어지고 있다.[382] 이렇듯 자연에 대한 비교 연구를 통해 두 사람 사이의 차이를 가늠해 보는 것도 이 책에서 수행하지 못한 작업 중 하나이다.

2

프레너미

이 책을 시작하면서 우리는 사르트르와 보부아르에게서 차이점이나 대립점을 찾는 작업의 어려움을 이미 피력한 바 있다. 두 사람

382 보부아르에게서 자연의 주제에 대한 연구로는 다음 저서를 소개하는 것으로 그치고자 한다. Claire Cayron, *La Nature chez Simone de Beauvoir*, Gallimard, coll. Les essais CLXXXV, 1973.

의 사유의 너무 강한 친연성과 그들의 실제 삶의 중첩 등이 그 이유였다. 게다가 방금 지적한 두 사람의 방대한 활동 등이 그 주된 이유이다. 여기에 더해 이 책의 분량 제한으로 인해 부분적인 영역에서만 그 작업을 수행할 수밖에 없었다.

하지만 그런 제한된 범위에서 이루어진 작업의 결과를 놓고 보더라도 두 사람 사이에는 강한 친연성 못지않게 차이점이 존재하는 것으로 보이며, 어떤 경우에는 그 차이점이 대립점으로까지 나아가고 있는 것으로 확인되었다. 그것은 특히 보부아르의 실존주의적 윤리 때문이었다. 1939년 시작된 그녀의 윤리적 전회의 시기, 곧 1947년까지 그녀는 그녀만의 고유한 사유의 뜰을 경작하는 데 성공했다. 그 성공의 바탕에는 특히 인간관계의 상생과 화해, 곧 '공동-존재'의 실현 가능성이 놓여 있었다. 반면, 사르트르는 인간관계에서 갈등과 대립에 더 많은 의미를 부여했다.

또한 보부아르는 실존주의 윤리를 정립하는 과정에서 사르트르에 앞서 '호소', '증여', '관용' 등과 같은 개념을 선취하고 있다는 점도 드러났다. 물론 사르트르에게도 1939년 시작된 인식론적 전회의 기간에 짧게나마 윤리적 전회의 시기(1947-1948년)[383]가 있었다. 그 시기에

---

[383] 사르트르에게서 윤리적 전회의 시기가 정확히 언제 시작해서 언제 끝나는가에 대해서는 여러 주장이 있다. 후일 유고집으로 출간된 『윤리를 위한 노트』에 포함된 노트들이 작성된 1947-1948년 사이라는 주장, "실존주의는 휴머니즘이다"라는 제목의 강연이 행해졌던 1945년부터 『상황 II: 문학이란 무엇인가』를 거쳐 위의 노트들이 작성된 1948년까지로 보는 주장, 1945년부터 주네에 대한 평론서인 『성자 주네: 희극배우와 순교자』가 출간된 1952년까지로 보는 주장, 1945년부터 『변증법적 이성비판』이 출간

그는 1983년 유고집으로 출간된 『윤리를 위한 노트』를 위한 여러 권의 노트를 작성했다. 거기에서 호소, 증여, 관용 등의 개념을 심화시키고 있다. 또한 해방 직후에는 『문학이란 무엇인가』에서 작가와 독자 사이의 언어를 통한 호소, 그들 사이의 관용의 계약 개념 등을 발전시키고 있다. 하지만 사르트르의 이런 개념들은 『피로스와 키네아스』, 『애매성의 윤리를 위하여』 등에서 보부아르에 의해 이미 제시되었다. 이런 사실로부터 우리는 보부아르가 사르트르의 사유의 형성에 큰 영향을 미쳤다는 사실과 바로 거기에 두 사람의 사유에서의 차이점이 드러난다는 점을 지적할 수 있었다.

이어서 1939년부터 1948년에 이르는 이른바 참여의 초기에 해당하는 기간을 설정하고, 이 기간 동안에 이루어진 두 사람의 참여를 비교해 보았다. 그 과정에서 『파리떼』와 『군식구』를 통해 보부아르가 사르트르보다 더 과격한 참여를 내세웠다는 사실을 확인할 수 있었다. 특히 『군식구』에서 여성들의 사회변혁을 위한 보부아르의 노력이 지대하다는 것을 확인했다. 이는 벌써 1949년 이후에 실현되는 보부아르의 참여의 전주곡에 해당한다고 할 수 있었다.

마지막으로 1949년 이후에 이루어진 두 사람의 참여에서의 차이를 살펴보았다. 『제2의 성』의 출간은 두 사람의 참여를 다른 방향으

된 1960년까지로 보는 주장 등이 그것이다. 어쨌든 1939년부터 시작된 사르트르의 윤리적 전회 시기가 『윤리를 위한 노트』에 포함된 노트들이 작성되고, "실존주의는 휴머니즘이다"라는 제목의 강연이 행해지고 또 『상황II: 문학이란 무엇인가』가 출간된 1945년부터 1948년 사이에 정점을 찍었다는 사실은 분명하다고 하겠다. 이 시기에 대해서는 또 다른 연구가 필요해 보인다.

로 유도하는 변곡점에 해당된다는 사실을 지적했다. 이 저서의 출간을 계기로 보부아르의 참여는 미시적 성격을 띠는 반면, 사르트르의 참여는 거시적 성격을 띤다는 점을 확인했다. 물론 두 사람은 프랑스 국내외의 여러 굵직한 문제에 대해 항상 공동으로 대응했다. 하지만 『제2의 성』을 바탕으로 1960-70년대에 이루어진 보부아르의 여성 해방을 위한 투쟁적 참여와 1970년 『노년』의 출간은 그녀로 하여금 사르트르와는 뚜렷이 구별되는 구체적이고 일상적인 영역에서 참여를 가능하게끔 해 주었다는 점을 보았다. 반면, 사르트르의 경우에는 1960년의 『변증법적 이성비판』, 1966년에 "지식인을 위한 변명"이라는 제목의 강연, 나아가 1968년 5월 혁명과 그 이후의 마오주의자들의 교류와 협력에서 현실적 참여를 통해 계속 거시적 성격을 유지하는 방향으로 흘러갔다는 점을 지적했다.

이런 결과들을 종합해서 다음과 결론을 내릴 수 있을 것 같다.

첫째, 사르트르와 보부아르는 엄밀한 의미에서 '프레너미'는 아니라는 사실이다. 두 사람의 사유와 참여 사이에 차이가 있다고 해도, 그것이 어떤 경우에도 적대 관계로까지 발전하고 있다고 할 수는 없을 것 같다.

둘째, 그럼에도 보부아르의 고유한 사유가 존재한다는 사실이다. 그것은 정확히 1939-1947년 사이에 정립된 실존주의 윤리이다. 다만, 사르트르는 그 비슷한 시기인 1947-1948년에 『윤리를 위한 노트』를 위한 노트를 작성하면서, 또 『문학이란 무엇인가』를 쓰면서 그녀의 실존주의 윤리의 주요 개념인 호소, 증여, 관용 등의 개념을 심화시키고 있다.

셋째, 1949년 이후에 이루어진 두 사람의 참여 사이에는 일정한 거리가 있다는 사실이다. 사르트르의 참여는 거시적인 성격을 띠는 반면, 보부아르의 그것은 미시적인 성격을 띤다고 했다. 사르트르는 마르크스주의를 배경으로 계급투쟁에 입각해 사회 전체의 변혁과 인간 해방을 겨냥하는 성향이었다. 반면, 보부아르는 여성과 노인문제 —어린아이 문제도 포함될 것이다. 하지만 어린아이에 대한 관심의 정도는 상대적으로 낮다고 할 수 있다— 와 같은 구체적이고 일상적인 문제를 통한 사회의 변혁과 인간해방을 겨냥했었다.

그런데 이와 같은 보부아르의 참여서 특히 두드러지는 점은 다음과 같은 사실로 보인다. 즉, 그녀가 모든 인간에게서 결코 피할 수 없는 없는 실존의 조건, 즉 어린 시절과 노년을 문제 삼음과 동시에 세상의 절반을 차지하고 있는 '여성'의 실존 조건과 관련된 참여를 주장했다는 사실이 그것이다. 그리고 정확히 이 점에서 그녀의 참여는 사르트르의 그것과 뚜렷한 차이를 보인다고 할 수 있을 것이다.

3

남긴 것

흔히 사르트르의 사유를 관통하는 두 단어는 '예oui', '하지만mais'이라고 한다. 여기에는 어떤 주장에 대해 긍정하면서도 항상 그것에 이의를 제기하는contester 태도가 함축되어 있다. 그가 몸담고 있는 현실을 긍정하면서도 그것을 넘어서고자 하는 태도가 그것이다. 거기에는 그의 모든 사유 집약되어 있다. 의식의 무화작용néantisation, 참여문학에서 글쓰기를 드러내기, 고발하기, 변화시키기와 동의어로 여기면서 기존 제도에 투척되는 언어 폭탄bombes verbales으로 여기는 태도, 지식인을 지배세력과 피지배세력 사이에 끼어 있는 불편한 의식으로 보는 태도 등이 그것이다. 그로부터 사르트르의 사유와 참여를 결정짓는 두 개념이 기인한다. '부정négation'과 '창조création'가 그것이다.

이 모든 것은 그대로 보부아르에게도 적용된다. 무신론적 실존주의를 수용하는 그녀에게서도 인간은 자기를 미래로 향해 기투하는 존재로 규정된다. 거기에는 자유, 초월, 가능성 등과 같은 개념들이 수반된다. 인간에게서는 실존이 본질에 우선한다는 생각이 두 사람의 사유의 기저에 공통으로 놓여 있다. 또한 두 사람은 인간의 비극적인 실존 조건을 받아들인다. 인간의 유한성, 인간의 절멸성, 인간의 최고의 목표인 신의 존재에 도달하고자 하는 시도의 항구적인 실패, 타인과의 관계에서의 갈등과 투쟁 등이 그것이다.

하지만 두 사람은 그들의 개인적인 관계에서부터 불가능하다고 여겨지는 이상적인 인간관계의 실현을 추구하고자 했다. 주체와 주체, 자유와 자유, 초월과 초월의 자격으로 맺어지는 완벽한 상호성의 실현이 그것이다. 비록 그것이 불가능하게 보인다고 해도 말이다. 그리고 두 사람은 그 목표를 그들이 몸담고 있는 사회 전체에서 구현하기를 바랐다. 그것이 그들의 참여의 진정한 목표이다. 다시 말해 모든 인간이 인간다운 삶을 영위할 수 있는 사회의 건설이 그것이다. 사르트르와 보부아르 모두 인간을 항상 있는 곳에서 벗어나는 존재, 곧 항상 '다른 곳에' 있는 존재로 규정하고 있다는 것을 상기하자. 이것은 사회에도 해당될 것이다. 기존의 사회는 다른 사회, 더 나은 사회가 나아가기 위한 출발점이 되어야 할 것이다.

물론 그러기 위해서는 당연히 불의, 억압, 소외가 가득한 기존 사회에 대한 이의제기와 그것의 변혁을 위한 노력이 필요할 것이다. 그 노력이 보부아르의 경우처럼 미시적 차원에서 이루어지든, 사르트르처럼 거시적인 차원에서 이루어지든 상관없다. 이와 같은 노력의 확인, 바로 이것이 두 사람의 사유, 문학, 참여를 비교하면서 차이점과 대립점을 찾아내고자 했던 우리의 노력을 통해 드러난 결과라고 할 수 있을 것이다. 이런 의미에서 두 사람은 단순히 계약결혼으로 유명한 세기의 연인, 실존주의의 대표적 사상가라는 지위를 넘어 앞으로도 계속 세계의 지성사에 이름을 아로새기게 될 것이다.

Audet, Jean-Raymond(1979), *Simone de Beauvoir face à la mort*, L'âge d'homme, coll. Lettera.

Association "CHOISIR"(1973), *Avortement: Une loi en procès. L'Affaire de Bobigny*, Gallimard, coll. Idées.

Beauvoir, Simone de(1945), *Les Bouches inutiles*, Gallimard.

Beauvoir, Simone de(1949), *Le Deuxième sexe*, I: *Les faits et les myths*, II: *L'expérience vécue*, Gallimard.

Beauvoir, Simone de(1958), *Mémoires d'une jeune fille rangée*, Gallimard, coll. Folio.

Beauvoir, Simone de(1960), *La Force de l'âge,* Gallimard, coll. Folio.

Beauvoir Simone de(1963), *La Force des choses*, 2 vols., Gallimard, coll. Folio.

Beauvoir, Simone de(1970), *La Vieillesse*, Gallimard.

Beauvoir, Simone de(1972), *Tout compte fait,* Gallimard, coll, Folio.

Beauvoir, Simone de(1974, 1944), *Pour une morale de l'ambiguïté* suivi de *Pyrrhus et Cinéas*, Gallimard, coll. Idées.

Beauvoir, Simone de(1981), *La Cérémonie des adieux* suivi de *Entretiens avec*

Jean-Paul Sartre, août-septembre 1974, Gallimard.

Brochier, Jean-Jacques(1995), *Pour Sartre. Le Jour où Sartre refusa le Nobel,* Editions Jean-Claude Lattès.

Cayron, Claire(1973), *La Nature chez Simone de Beauvoir,* Gallimard, coll. Les essais CLXXXV.

Contat, Michel & Michel Rybalka(1971), *Les Ecrits de Sartre,* Gallimard.

Daigle, Christine & Jacob Golomb (Eds.)(2009), *Beauvoir and Sartre: The Riddle of influence,* Indiana University Press.

Dictionnaire Sartre(2004), sous la direction de François Noudelmann & Gilles Philippe, Honoré Champion.

Francis, Claude & Fernande Gonthier(1979), *Les Ecrits de Simone de Bauvoir. La Vie-L'Ecriture* avec en appendice Textes inédits ou retrouvés, Gallimard.

Freeman, Ted(1998), *Theatres of War: French Committed Theatre from the Second World War to the Cold War,* University of Exter Press.

Galster, Ingrid(1986), *Le Théâtre de Jean-Paul Sartre devant ses premiers critiques, I: Les Pièces créées sous l'occupation allemande* Les Mouches *et* Huis clos, Jean-Michel Place.

Gothlin, Eva(2001), *Sexe et existence: La Philosophie de Simone de Beauvoir,* Editions Michalon.

Jeanson, Francis(1966), *Simone de Beauvoir ou l'entreprise de vivre,* Seuil.

Joseph, Gilbert(1991), *Une si douce occupation...: Simone de Beauvoir et Jean-Paul Sartre 1940-1944,* Albin Michel.

Le Deuxième Sexe de Simone de Beauvoir(2004), Textes réunis et présentés par

Ingrid Galster, Presses de l'Université Paris-Sorbonne, coll. Mémoire de la critique.

Léon, Céline T.(2001), "L'Existentialisme est-il un féminisme?", in *La Naissance du "Phénomène Sartre: Raisons d'un succès 1938-1945,* sous la direction de Ingrid Galster, Seuil.

Les Temps modernes(2002), no.619(Présences de Simone de Beauvoir).

Lewina, Anna(2019), "La relation Beauvoir-Sartre ou le dialogue existentiel et intellectuel maître(sse)-disciple", *Quêtes littéraires,* no.9.

Louette, Jean-François(1996), *Sartre contra Nietzsche*, Presses universitaires de Grenoble.

Martin, Jean-Pierre(2012), "Sartre et les garçons. Entre l'amitié fédératrice et l'art de la brouille", *Revue des sciences humaines*, no.308, 4(Autour des écrits autobiographiques de Sartre).

Monteil, Claudine(1999), *Les Amants de la liberté: L'Aventure de Jean-Paul Sartre et Simone de Beauvoir dans le siècle*, Editions I.

Murphy, Julien S.(Ed.)(1999), *Feminist Interpretations of Jean-Paul Sartre,* The Pensylvania State University Press.

Poisson, Christine(2002), *Sartre et Beauvoir: Du je au nous*, Rodopi, coll. Faux titre 225.

Rodgers, Catherine(1998), Le Deuxième Sexe *de Simone de Beauvoir: Un héritage admiré et contesté*, L'Harmattan, coll. Bibliothèque du féminisme.

Sartre(1997), un film réalisé par Alexandre Astruc et Michel Contat, texte intégrale, Gallimard.

Sartre, Jean-Paul(1943), *L'Etre et le néant: Essai d'ontologie phénoménologique*, Gallimard, coll. Biblliothèque des idées.

Sartre, Jean-Paul(1946), *L'Existentialisme est un humanisme*, Nagel, coll. Pensées.

Sartre, Jean-Paul(1948), *Situations, II*, Gallimard.

Sartre, Jean-Paul(1952), *Saint Genet: Comédien et martyr*, (*Œuvres complètes* de Jean Genet, t. I) Gallimard.

Sartre, Jean-Paul(1960), *Critique de la raison dialectique*, t. I: *Théorie des ensembles pratiques*, Gallimard, coll. Biblliothèque de philosophie.

Sartre, Jean-Paul(1976), *Situations X*, Gallimard.

Sartre, Jean-Paul(1981), *Œuvres romanesques*, Gallimard, coll. Bibliothèque de la Pléiade.

Sartre, Jean-Paul(1983), *Cahiers pour une morale*, Gallimard, coll. Bibliothèque de philosophie.

Sartre, Jean-Paul(1992), *Un Théâtre de situations*, Gallimard, coll. Folio/Essais.

Sartre, Jean-Paul(1995), *Carnets de la drôle de guerre, septembre 1939-mars 1940*, Gallimard.

Sartre, Jean-Paul(2005), *Théâtre complet*, Gallimard, coll. Bibliothèque de la Pléiade.

Sartre, Jean-Paul(2010), *Les Mots*, in *Les Mots et autres écrits autobiographiques*, Gallimard, coll. Biblliothèque de la Pléiade.

Schwarzer, Alice(1984), *Simone de Beauvoir aujourd'hui: Six entretiens*, Mercure de France.

"Simone de Beauvoir interroge jean-Paul Sartre"(1975), *L'Arc*, no.61.

Simone de Beauvoir(1979), un film de Josée Dayan et Malka Riwoska, réalisé par Josée Dayan, texte intégral, Gallimard.

Sirinelli, Jean-François(1995), *Deux intellectuels dans le siècle, Sartre et Aron*, Fayard, coll. Pour une histoire du XXᵉ siècle.

Vagnarelli, Gianluca(2008), "Sartre féministe grâce à Simone de Beauvoir?", *Lendemains, Etudes comparées sur la France*, no.132(Le centenaire de Simone de Beauvoir).

강초롱(2013), 「시몬 드 보부아르의 《피뤼스와 키네아스》: 윤리적 실존주의의 밑그림」, 『프랑스학연구』, 64, 프랑스학회.

강초롱(2014), 「시몬 드 보부아르의 《타인의 피》: 자기기만 개념에 대한 윤리적 재해석」, 『불어불문학연구』, 99, 한국불어불문학회.

강초롱(2015), 「시몬 드 보부아르의 육체에 대한 윤리적 성찰-《제2의 성》을 향한 비판에 대한 재고찰」, 『불어불문학연구』, 102, 한국불어불문학회.

강초롱(2018), 「프랑스 "여성해방운동"의 발전과 왜곡 과정: 1970년대와 1980년대 초 사이의 상황을 중심으로」, 한국프랑스철학회 엮음(2018), 『철학, 혁명을 말하다: 68혁명 50주년』, 이학사.

강충권(2001), 「《더러운 손》이 지닌 애매성의 문제」, 『불어불문학연구』, 46, 한국불어불문학회.

강충권(2003), 「《파리떼》에서 전개되는 변형의 유희」, 『프랑스어문교육』, 16, 한국프랑스어문교육학회.

김용자(1996), 「프랑스의 여성참정권, 1876-1944」, 『역사학보』, 150, 역사학회.

로울리, 헤이젤(2006), 『보부아르와 사르트르: 천국에서 지옥으로』, 김선형 옮김, 해냄, 삶과 진실 10.

문성훈(2015), 「다시 보부아르로!-실존주의적 논쟁적 재평가」, 『가톨릭철학』, 25, pp. 185-213.

베어, 데어드르(1991), 『시몬 드 보부아르: 보부아르 전기』, 김석희 옮김, 웅진 문화.

변광배(1996), 「Sartre의 *Morts sans sépulture*에 나타난 두 죽음의 해석」, 『불어 불문학연구』, 33, 한국불어불문학회.

변광배(1999), 「사르트르-폭력 또는 글쓰기」, 『외국문학연구』, 5, 한국외국어 대학교 외국문학연구소.

변광배(2000), 「〈마지막 기회〉를 통해 본 마티외의 변신」, 『현대문학』, 545, 현 대문학.

변광배(2007), 『사르트르와 보부아르의 계약결혼』, 살림, 살림지식총서 282.

변광배(2007), 『《제2의 성》: 여성학 백과사전』, 살림, e시대의 절대사상 26.

변광배(2015), 「시몬느 드 보부아르의 《모든 인간은 죽는다》에 나타난 인간의 필멸성과 불멸성」, 『외국문학연구』, 57, 한국외국어대학교 외국문학 연구소.

변광배(2016), 『사르트르의 《문학이란 무엇인가》 읽기』, 세창미디어, 세창명 저산책 46.

변광배(2018), 「사르트르와 68혁명 (I): 두 가지 형태의 참여」, 『프랑스학연구』, 85, 프랑스학회. [한국프랑스철학회 엮음(2018), 『철학, 혁명을 말하다: 68혁명 50주년』, 이학사.]

변광배(2020), 「사르트르와 68혁명 (II): 마오주의자들과의 교류와 지식인관의 변모」, 『프랑스문화예술연구』, 73, 프랑스문화예술학회.

변광배(2020), 『사르트르와 폭력: 사르트르의 철학과 문학에 나타난 폭력의 얼굴들』, 그린비.

변광배(2020), 『사르트르 vs 카뮈』, 세창출판사, 세창프레너미 7.

보부아르, 시몬느 드(1999), 『연애편지』, 이정순 옮김, 열림원, 2 vols.

보부와르, 시몬느 드(1987), 『초대받은 여자』, 전성자 옮김, 홍성사.

사르트르, 장-폴(1991), 『자유의 길』, 제1부, 『철들 나이』, 최석기 옮김, 고려원.

사르트르, 장-폴(1992), 『자유의 길』, 제2부, 『유예』, 최석기 옮김, 고려원.

싸르트르, 쟝폴(1996), 「현대의 상황과 지성 《현대》 창간사」, 『창작과 비평』, 겨울, 1권 1호, 문우출판사.

아리스토텔레스(2009), 『정치학』, 천병희 옮김, 숲.

오은하(2021), 「폭력 없는 증여라는 꿈: 사르트르, 《악마와 선한 신》의 괴츠와 힐다」, 『불어불문학연구』, 125, 한국불어불문학회.

윤정임(2004), 「《파리떼》의 신화 연구」, 『한국프랑스학논집』, 48, 한국프랑스 학회.

윤정임(2011), 「카뮈-사르트르 논쟁사」, 『유럽사회문화』, 6, 연세대학교 유럽 사회문화연구소.

윤정임(2013), 「사르트르와 메를로퐁티-《Les Temps Modernes》지를 중심으로」, 『인문과학』, 98, 연세대학교 인문학연구원.

임철규(1979), 「사르트르의 파리떼」, 『인문과학』, 40, 연세대학교 인문학연구소.

정명환·장 프랑수아 시리넬리·변광배·유기환(2004), 『한국전쟁과 프랑스 지식인들』, 민음사.

지영래(2010), 「오레스테스 신화의 변용을 통해 본 사르트르의 연극관」, 『프랑스어문교육』, 35, 한국프랑스어문교육학회.

커크패트릭, 케이트(2021), 『보부아르, 여성의 탄생』, 이세진 옮김, 교양인, 문제적 인간 15.

코엔솔랄, 안니(1993), 『사르트르』, 우종길 옮김, 창, 3 vols.

티드, 우르술라(2007), 『시몬 드 보부아르: 익숙한 타자』, 우수진 옮김, 앨피.